Kechenglun

shiyuxia
boyin zhuchi zhuanye
jiaoyu yanjiu

课程论
视域下播音主持专业教育研究

高祥荣 / 著

中国传媒大学出版社
·北京·

图书在版编目(CIP)数据

课程论视域下播音主持专业教育研究 / 高祥荣著. -- 北京:中国传媒大学出版社, 2019.12
(播音主持学术文丛. 第三辑)
ISBN 978-7-5657-2553-1

Ⅰ. ①课… Ⅱ. ①高… Ⅲ. ①播音—语言艺术—教学研究—高等学校 ②主持人—语言艺术—教学研究—高等学校 Ⅳ. ①G222.2

中国版本图书馆 CIP 数据核字(2019)第 187221 号

课程论视域下播音主持专业教育研究
KECHENGLUN SHIYU XIA BOYIN ZHUCHI ZHUANYE JIAOYU YANJIU

著　　者	高祥荣
策划编辑	赵　欣
责任编辑	张　笛　赵　欣
特约编辑	高卓毓
封面设计	拓美设计
责任印制	阳金洲
出版发行	中国传媒大学出版社
社　　址	北京市朝阳区定福庄东街 1 号　邮编:100024
电　　话	86-10-65450528　65450532　传真:65779405
网　　址	http://cucp.cuc.edu.cn
经　　销	全国新华书店
印　　刷	北京玺诚印务有限公司
开　　本	710mm×1000mm　1/16
印　　张	15.5
字　　数	254 千字
版　　次	2019 年 12 月第 1 版
印　　次	2019 年 12 月第 1 次印刷
书　　号	ISBN 978-7-5657-2553-1/G · 2553　　定　价　68.00 元

序 言

已是八月末，假期临近尾声，新学期即将开启。接踵而至的还有第35个教师节。

清晰地记得，第一个教师节，北京广播学院召开了全校大会。礼堂里，老师们因为有了一个被肯定、被尊重、真正属于自己的节日，激动不已。会后每人发了一床浅黄色的毛巾被，至今还收藏在衣橱里。

白驹过隙，弹指一挥间……

“一个又一个媒介新现象令人目不暇接，一个又一个媒介新奇观使人眼花缭乱……媒体发生大变局，传媒教育改革势在必行。这些新变化对高等院校播音主持专业究竟应该培养什么样的播音主持人才、怎样培养播音主持人才带来了新思考、新难题、新机遇、新挑战。”一如高祥荣老师在前言中说的这样，面对新形势、新变化，播音主持高等教育如何改革与发展以回应时代挑战？教什么、怎么教，教学内容和教学目标推陈出新的过程中我们究竟需要继承什么、摒弃什么、发展什么？这是摆在每一位从事播音主持专业教育工作者面前亟待解决的问题。

中国的播音主持高等教育，肇始于1963年。从当年的三年大专到1977年升为四年本科，从1977年设立硕士学位授予点到1999年开始招收博士学位研究生，在以齐越、张颂为代表的几代教育工作者筚路蓝缕、开疆拓土的努力下，播音主持高等教育从小到大，已经形成了具有一定规模和影响的专业教育体系；

而以《中国播音学》为标志的学科理论建设，从无到有，逐步形成了具有中国特色的理论体系，也已经被社会广泛接受。

有学者认为，一个成熟的学科应该具备不可替代的研究领域和方向、标志性的研究成果、可持续的知识产出、稳定的资源获取等。认真比照一下会发现，中国播音学的学科建设在上述几个指标上都有着自己独特的成就，但也有着明显的短板。比如关于播音主持教育教学方面的研究，始终与教学实践有着不小的距离，研究成果很不稳定。

必须感谢高祥荣老师，他以新型媒体和传统媒体走向融合的融媒体时代为背景，从教育学课程与教学论的角度，对全国播音主持专业的教育教学展开了一项浩大又缜密的研究工程。

为了这项工程，他从南到北辗转多地进行调研，采访了数十位播音主持专业的从教者和管理者，拥有了几万字的访谈文字；

为了这项工程，他的文献综述对播音主持专业理论建设的相关文献几乎做了一网打尽的归纳与总结。从播音学的黄皮书、白皮书、蓝皮书到中国播音学丛书，从播音主持艺术系列专辑到应用主持艺术系列丛书等，分了十几个类别，全国范围逐一梳理。

在这项工程里，他将设有播音主持专业的高校分为六种类型：传媒类、艺术类、体育类、理工类、师范类、综合类，又在每一类学校里各选取三所院校，对这六种类型共计十八所院校播音主持专业的培养目标、课程设置进行了详尽的分析比较。

在这项工程里，他先是进行了播音主持专业课程的现实观照，在课程目标、课程内容、课程实施以及课程评价等诸多方面，毫不留情地指出当前的问题所在；继而在对学科追根溯源的基础上，从媒介素养构成的角度对学生的职业诉求予以了理论高度的总结。具有创新意义的是，高老师将在国际上独树一帜的播音主持这门“国家课程”与美国、英国以及中国台湾高校的相关课程设置做比较，以期对新形势下播音主持专业的课程设计与开发起到积极的借鉴作用。

最能激起我共鸣的是文中提及的，现代课程理论对教师与课程之间关系的观点，“教师即课程”。

在高等教育中，课程是对教育的目标、教学内容、教学活动方式的规划和设计，是教学计划、教学大纲等诸多方面实施过程的总和。教师作为课程的开发者、组织者、实施者，当然不是孤立于课程之外，而是课程重要的有机组成。

“教师即课程”的重要性，我想还体现在高等教育的文化功能上。众所周知，大学是实施高等教育功能的场所和载体。在高等教育的诸多功能中，对文化进行选择、保存、传承、传播以及批判与创造的文化功能，总是与社会的发展、人类的进步密切相关，因而也总是比其他的教育功能显得意义深远。

以为广播电视和新媒体输送播音主持人才为培养目标的播音主持高等教育，更应该成为文化传承、传播的重要载体。因而，我们是否可以这样认定，作为一个独特的文化教育机构，衡量一所高校播音主持专业存在的价值，重要的是在于其对文化的汇聚、传播、应用和发展的能力，在于其通过媒体平台对社会进步和文明昌盛的引导能力，在于其培养的播音员主持人对受众(用户)乃至整个社会的文化影响力。而这种文化功能、文化价值能否最终实现，从事播音主持高等教育的教师们起着至关重要的作用。在培养目标的建立上、在专业课程的设置上、在教学形式和教材的研发上、在课堂教学与学生近乎“一对一”的交往上，等等，无一不体现出教师对文化的选择与创造！

文化的选择与创造，从来都是渐进的、曲折的，有时甚至充满了纠结、困惑与斗争。比如当下的人工智能时代，“作为曾经的传媒机构工作者和如今的传媒教育工作者，在大学从事播音主持教学和实践工作中深感新媒体冲击下传统媒体的迷茫，也体味到了新闻传媒和播音主持专业教师及学生的困惑”，高祥荣老师带着他的困惑，进行了课程与教学论的学习，并选定了研究课题，从而嫁接起了播音主持学和课程与教学论，连接起了艺术学和教育学，有了这篇近三十万字的皇皇大作。

我也面临同样的困惑：如何面对高等教育尤其是播音主持专业教育正在进行的这场革命，如何在变幻无穷的人工智能时代对文化进行选择与创造，以实现高等教育的文化功能？在“播博汇”一次题为“人工智能对播音主持的挑战和影响”的研讨中，我谈到我们至少需要三个“变态”——

一是改变心态，学会主动拥抱现实。现实就是技术进步、媒体迭代更新的事实，因为你承认也好不承认也罢，“它就在那里”！当然，接受新技术，享用AI主播为我们带来“劳动力解放”的同时，我们是否应该警醒：人工智能语音合成技术的使用，会不会带来精品的匮乏，语言艺术大师的减少？本雅明所担心的艺术品的“灵韵”真的到了绝境的地步？

二是改变姿态，重新认识教师的角色与定位。阿尔文·托夫勒说，第二次浪潮以后，学校崇尚的是“守时、服从、机械地重复作业”，教师只是将教材上的知识灌输给学生，学生也只会将教材上的知识“转移”到自己的脑子中去。个人的观点创见、情感交流以及团队协作等都难以呈现，都被这种“工业化社会的标准化、同步化”所淹没。现在，我们要重新给教师的角色定位，学会从知识的输出者转变为学生学习的陪伴者、引导者，在教与学的双向互动中，培养出“弘道崇德、经世致用”的传媒人才。

三是改变语态，重新认识专业的内核。一百多年前，爱因斯坦就说过“大学教育的价值不在于记住多少事实，而是训练大脑会思考”。播音主持专业的教学既要注重怎么说，更要注重说什么；既要注重基本功的锤炼，更要注重多重能力的塑形。央视新闻主播沙晨在一次讲座中说，“传统媒体‘掉粉’不是因为专业，而是因为不够专业”。这里的“专业”指什么，值得我们深思。

人工智能技术确实对播音主持带来了不小的挑战和影响，但是至少目前，人类的思考能力、创造能力、审美能力，还是我们的“护城河”。身为教师，我们应该悉心呵护学生的想象力，同时不断开掘学生的创造力，让每一位学生在话筒与镜头前的表达都带有个性的标签，建立个性品牌。

文化的生命在于创新。播音主持专业教师对文化的选择与创造，通过一届又一届产品的输出——未来的播音员主持人的文化影响力，辐射给了社会、时代、历史。这是多么荣耀的工作！

是的，我一直固执地认为，做一名教师尤其是播音主持专业的教师是这个世界上最荣耀也是最快乐的事：一茬又一茬的新苗，一届又一届的成长，身边永远是年轻的身姿、朝气蓬勃的脸庞！专业小课上最能体会教学相长的真谛，课堂之外也总是可以分享到男生女生的小秘密、大胸怀！

当然，最感动的时刻当属每年教师节读到的那好几百条问候。这些天南地北的“桃李”“苹果”（2005 播本小课组同学觉得“桃李”的比喻太过寻常，坚持说他们是“苹果”），有的说刚下直播有点儿累想您了，有的告诉我他们班正计划入学十年、二十年的聚会，有的让宝宝对着手机留言与我隔空对话，说得最多的还是“最怀念的是在广院读书的时光”“师恩难忘，老师节日快乐”……

想起一首歌，“拿什么奉献给你，我的学生，我的朋友”；

想起一首诗，二十年前，导师张颂先生在校庆 45 周年庆典上朗诵的陆建老师创作的《白头发唱给黑头发的歌》——

多么好啊！多么美好的晚上。
在北京，在中国，在这个星球上。
在这个星球上在中国的北京
在这所校园里。
我想把这儿——这台上台下

这块算不上辽阔的地方——这立体的夜
比作一棵树。
同学们,你们像鸟儿一样飞回母校
每个人都唱出了自己的华彩乐段。
师生交谈,朋友汇聚,欢歌笑语。
刚才一位同学对我说
老师您的头发全白了
……
是的,我的头发白了
可我多么爱听黑头发的歌声!
我们奋斗了一生,值得!
我的职责在这儿,我的事业在这儿
我的希望年年在这儿起步!
除了这儿
难道我还能祈求什么别的人生
……

张颂老师一直强调,“教学、科研、播音”三位一体的综合能力是播音主持专业教师的必备。曾经在一线工作多年、获奖无数的高祥荣老师,在专业教学和科研的岗位上,勤恳深耕,令人敬佩。这次应高祥荣老师之约为本书写序,自叹才疏学浅,恐难胜任。但读书稿的过程本身就是一次学习与交流的机会,也给了我思考的空间。

忝为序。

曾志华

2019 年 8 月 28 日

(序言作者系中国传媒大学播音主持艺术学院中国播音学博士、教授、博士生导师)

前 言

英国作家查尔斯·狄更斯(Charles John Huffam Dickens)在其作品《双城记》中开宗明义:这是最好的时代,这是最坏的时代;这是智慧的时代,这是愚蠢的时代;这是信仰的时期,这是怀疑的时期;这是光明的季节,这是黑暗的季节;这是希望之春,这是失望之冬;人们面前有着各样事物,人们面前一无所有;人们正在直登天堂;人们正在直下地狱。

4G改变生活,5G改变社会。面对日新月异的“互联网+”时代,面对层出不穷的新媒体节目,一个又一个媒介新现象令人目不暇接,一个又一个媒介新奇观使人眼花缭乱。一方面,人们面前有了很多信息通道和平台可供选择;另一方面,面对众多鱼龙混杂、良莠不齐的信息,人们又往往感到无所适从。无论是业界还是学界,都需要审慎思考、探寻规律,否则就会迷失在这浩瀚的虚拟传播环境之中。

我们经常听到广播转型、电视停播、报纸停刊的消息。传媒生态和格局发生了重大变化,对此,传媒教育应跟上这一媒介变化的步伐。媒体发生大变局,传媒教育改革势在必行。这些新变化的确也为高等院校播音主持专业究竟应该培养什么样的播音主持人才、怎样培养播音主持人才带来了新思考、新难题、新机遇、新挑战。近年来,学界和业界纷纷举办各类会议或论坛,探索播音主持专业的人才培养路径。

中国播音学在国际上独树一帜,是中国特有的学科。作为新兴学科和交叉学科，播音主持学科不断总结最新的节目实践经验，不断加强与相关学科的关联，特别是汲取了新闻学、传播学、语言学、艺术学、心理学、美学等学科的前沿成果。播音与主持艺术专业已成为中国高等院校的特色专业，成为众多青年学子争相报考的热门专业。目前全国开设播音与主持艺术专业的院校超过三百所，以中国传媒大学、浙江传媒学院、上海戏剧学院为代表的众多院校每年培养数千名播音主持人才。

人才培养、科学研究、服务社会、文化传承与创新是现代大学的基本功能。通常来说，高等学校教育是培养高级专门人才的主要途径。在高等院校以人才培养为首要任务的教育教学活动中，课程居于教育事业的核心，是教育的"心脏"。基于媒介融合的传媒背景以及现代教育的理念，本研究聚焦高等院校播音主持专业人才培养和课程体系的设计开发，并对相关高校的播音与主持艺术专业以及传统媒体和新媒体进行观察走访，同时对业界的播音员主持人、对学界的专家学者进行了深度访谈。另外，笔者结合过去在新闻媒体的播音主持工作经历对现在所从事的播音主持教育教学工作进行审思。

回顾过去，是为了理解现在，把握未来。本研究回顾了播音与主持艺术专业在中国的建立和发展历程，探讨了该专业在中国建立的历史合理性和现实需求性。在研究中我们可以发现，播音与主持艺术专业随着媒体的发展变化，自身也处在不断完善和调整中，如从播音到播音主持的融合，从广播播音员的培养到广播电视播音员主持人的培养等。如今面对新媒体的发展，播音主持人才的培养也应与时俱进，由培养广播电视节目播音员主持人向具有互联网传播特征的网络音视频节目主持人方向演进。

任何创新都应该在传承中创新。播音主持是年轻的学科和专业，播音主持学科的多学科性以及播音主持职业的综合性，决定了播音员主持人同时具备新闻工作者、语言工作者、艺术工作者的身份。播音员主持人应具备较高的思想素养、语言素养、文化素养，尤其要具备较强的语言功力。无论是传统媒体还是新媒体，对语言功力都有较高要求。面对新媒体的出现，播音员主持人又亟待提高新媒体素养。

中外媒体选拔播音员主持人的途径有所不同。中国的播音员主持人主要由院校培养或通过大赛从社会选拔，美国的播音员主持人主要从新闻记者或演员中选拔。学界和业界有“主持无艺术”的观点，也有“主持不能成为专业”的论点，笔者研究发现，在美国等国家虽然没有播音主持专业，但其不少大学开设了公共演讲及播音主持课程，这其实是异曲同工、殊途同归的。我们应该有文化自信，中国播音学课程体系属于具有中国特色的专业课程。

本书的研究对象是高等院校的播音与主持艺术专业。拟分成六种类型，即传媒类、艺术类、体育类、理工类、师范类、综合类，每一类高校选取三所院校，这些院校分布在我国北方、南方、东部、西部等地域。笔者对这六类院校的播音主持专业培养目标、课程设置进行了分析比较。研究发现，课程目标狭窄、内容陈旧，教学方式传统，评价手段单一是这些高校课程设置的共同问题。除了体育类院校有培养体育节目主持人、体育解说评论员或电竞解说员等比较明确的目标外，其他各类高等院校培养目标同质化严重，缺乏特色。不少高等院校播音主持专业培养目标不够明确，有的新媒体课程设置仅仅处在“概论”阶段。

高等院校播音与主持艺术专业应定位于应用型专业，依据对社会、学生和学科的研究确定课程目标。在课程内容方面，在公共课基础上进行拓展，设计有利于播音主持人才提高综合素养的通识课程。同时，应加大实践课程的比例，以适应新媒体时代对学生“一专多能”的职业要求。在课程实施方面，突出学生的主体地位，激发学生对新媒体课程的探究热情；在师资队伍建设上，培养并引进“双师型”教师，把媒体制片人制引进课堂，以节目流程范式开展教学，保证学生课程学习质量和效果。在课程评价方面，改变由学校教师单一评价的机制，采用教师和学生、学界和业界的多元评价机制，使评价反馈形成良性循环，促使播音主持专业课程的调整和发展走向科学理性。

本研究的创新之处在于视域创新。通常从新闻学、传播学、语言学等角度对播音员主持人进行的研究比较多，从播音员主持人培养角度进行的研究大多关注教学方法，而从课程论的角度切入来审视播音主持专业教育的研究还非常有限。本书力图在播音学和教育学研究的结合方面有所创新，以期为高等院校播音主持专业人才培养策略提供有益的思考。

目录

CONTENTS

第一章
导　论

第一节　研究缘起和研究意义

一、研究缘起

21世纪以来，科技以及新媒体的发展势头迅猛，特别是近几年来，移动互联网和自媒体发展更是日新月异。云计算、大数据、物联网等信息技术开辟了移动互联网的全新时代，宣告了传统媒体时代、PC互联网时代的消退。在互联网颠覆式、革命性创新的冲击下，传媒行业也正经历着不可逆转的深刻变革。在这样的大背景下，延续多年的传统媒体的制作与传播思维已不再适用。而大数据时代以及媒介融合的实践给传媒教育也带来了深层次的冲击，甚至已经倒逼传媒人才培养模式的变革创新。以“新闻性”为根本属性的播音与主持艺术专业人才也必须面对这一媒体大变革。

(一)互联网使视听信息传播产生新变革

人类社会发展绵延至今，经历了几次意义重大的传播革命，每一次革命都改变了我们的生产和生活方式。李良荣先生认为，人类社会至今经历了四次意义重大的传播革命：文字的发明、印刷术的发明、电报的发明、互联网技术的推广与使用。①

第一次传播革命是文字的发明。人类文明第一次突破时间、空间的限制，“通之于万里，推之于百年”，保证了信息在传播中不被扭曲、变形、重组和丢失，引导人类由“野蛮时代”迈向“文明时代”。第二次传播革命是印刷术的发明。印刷术的发明不仅改变了中国，也给欧洲和整个世界文明带来了曙光。报纸、杂志、书籍等大众媒介迅速普及，在当时的欧洲直接引发了宗教革命和启蒙运动。寻常百姓有机会学习文化知识，知识的垄断被打破。第三次传播革命是电报的发明，而后又以广播、电视为代表。模拟式电子传播技术与媒介相继出现，挣脱了印刷传播时代必不可少的物质传播束缚，使得人类信息传播的速度空前加快、范围空前扩大、内容空前丰富，复制扩散和保存信息的能力空前增强。电报的发明主要提供了长距离即时点对点传播技术。随后的广播、电视将点对点技术发展到点对面技术，使即时的全球大范围传播成为可能，信息供给达到了空前丰富的程度。人类社会进入了电子时代。而第四次传播革命，即互联网技术的推广与使用，相比于传播革命，不仅传播载体、传播介质更加先进，实现了语言、文字、声音、图画、影像等多种传播方式的统一数字化处理，更以交互性的传播模式，使得传者与受众之间的传统关系发生巨大转变，传播权力面临深层次的结构调整。

互联网正在重塑我们的世界：从全球游戏规则到各国治理统治方式，从科技创新到知识经济，从市场行为到每个人的生活方式，从社会思潮到民主法治建设，都因互联网而改变。有学者统计过一个新的传播媒体普及 5000 万用户的时间：收音机用了 38 年，电视机用了 13 年，互联网用了 4 年，微博用了 14 个月。目前，这场空前浩荡的传播革命仍正处于发展之中，它催生出全新的传播环境，在将人类文明推向更高级阶段的同时，也给社会的各个方面提出了诸多新课题。

（二）新媒体对传媒人才培养提出新要求

媒介是信息的载体，其演进过程与人类历史进程紧密相连。从声音、动作到符号、文字，从“洛阳纸贵”的手抄书写时代到印刷术开启的大众传媒时

---

① 李良荣，郑雯.论新传播革命——“新传播革命”研究之二[J].现代传播，2012(4)：34.

代，从图文阅读的报纸杂志到可传递声音的广播，再到呈现真实动态图像的电视和打破时空阈限的互联网，媒介形态在不断演进，丰富着人们的表达形式，变革着人们获取信息的方式。

诚如麦克卢汉所言："人们曾经以采集食物为生，如今他们要重新以采集信息为生。"随着网络媒介登上历史舞台，信息生产和传播的门槛大大降低，海量的信息在争夺着人们有限的注意力。因此，以报纸、杂志、广播、电视为代表的传统大众传播媒介，和以网络计算机、手机为代表的新媒体都不遗余力地争夺未来的市场生存空间。

在数字技术和互联网技术的推动下，新媒体四处出击，传统媒体四面楚歌。未来的新旧媒体究竟会是怎样的结局？未来的媒介生态又将如何演化？北京大学陆地教授对四种媒体未来的发展趋势做了一个速写般的勾勒和判断：(1)报纸——逐渐淡出舞台的植物标本型媒介；(2)广播——永远长不大的盆景型媒介；(3)电视——活力不再的植物人型媒介；(4)网络——多元共生的热带雨林型媒介。①

新媒体的产生和发展，一方面冲击着传统媒体；另一方面也对传媒人才及传媒教育提出了新课题，对广播电视及新媒体音视频主持人的媒介素养提出了新要求。从媒介素养到新媒体素养，体现着媒体代际不断发展变化的演进过程。媒体的发展呈现出不同于其他文化技术的发展规律，其他文化技术的发展总是以替代的裹挟式路径完成的，而媒体的发展则走出一条不同的道路。人类传播史表明，人类并没有因为新的传播媒介的出现而彻底放弃以往的传播媒介，而是试图建构出一条以"叠加式"共存的传播媒介发展的轨迹。② 报纸、广播、电视、互联网，有人习惯把这四种在不同时间段出现的媒体称为代际媒体。报纸可以看作第一代媒体，广播是第二代，电视是第三代，互联网是第四代。眼下不同代际的媒体共生共存，百花齐放，对于媒体代际的划分，也存在不同的观点。相对于报纸、广播、电视等传统媒体，PC 互联网(依托固定电脑即计算机)被称为"第四媒体"，移动互联网(依托智能移动手机)被称为"第五媒体"。不论对代际媒体如何划分，其核心都

---

① 陆地，敖鹏.四种媒介的未来肖像[J].浙江传媒学院学报，2016(3)：62-68.

② 杨保军.新闻理论教程[M].北京：中国人民大学出版社，2005：47.

是以附载信息的渠道作为区分手段，不同渠道因其媒体介质的不同，信息生产方式也不相同，特别是新媒体的信息生产、传播与收受过程与报纸、广播和电视有着显著的不同。因此不论是媒体历史形成的顺序，还是信息生产与传播的方式，新媒体都区别于传统媒体。相对于传统媒体，新媒体的第一个特点是它的消解力量——消解传统媒体（电视、广播、报纸、杂志）之间的边界，消解国家与国家之间、社群之间、产业之间的边界，消解信息发送者与接收者之间的边界等。

与传统媒体相比，新媒体带来的变化无疑是颠覆性的。从传播学的视角来看，新媒体主要具备以下传播特点：信息海量、受众主动性强、传播组织去中心化、传播过程多元化。新媒体带来了革命性的转变，但新媒体传播过程中是否也存在着负面效应呢？人们如何利用新媒体？新媒体传播过程中如何解决受者从单一接受身份到传受一体化身份的认同？凡此种种，都需要新媒体使用者具备相关的新媒体素养。因此，面对媒体大变局，传媒教育人才培养亟待提高新媒体素养。

（三）教师作为研究者理性倡导的新启发

“教师课程”①一说并非无中生有。现代课程理论对教师与课程之间关系的研究为“教师课程”的孕育和诞生提供了充分的理论依据。施瓦布（J.J. Schwab）的实践课程范式认为，实践的课程是由教师、学生、教材和环境四个要素相互作用而形成的生态系统。在实践课程范式的视野中，“教师即课程”。教师不是孤立于课程之外的，而是课程的有机构成部分、课程的创造者、课程的主体。斯腾豪斯（L.Stenhouse）创立的课程过程范式，反对以外在固定的目标作为课程内容组织的依据，强调从活动及其过程的内在价值出发去思考课程内容的组织。课程过程范式提出了“教师作为研究者”的著名论断，主张教师要以研究者的姿态进入教育过程，并把教室变成实验室。因此，在课程过程范式看来，教师是课程研究和开发的主体。唐纳德·A.舍恩（Donald A.Schon）作为批判课程论的代表，也认为课程即“反思性实践”，课程是由具体教育情境中的行动与反思构成的统一体，教师是课程主体。

---

① 陈佑清.教学论新编[M].北京：人民教育出版社，2011：335.

建构主义和解释学等现代哲学观念为我们确立“教师课程”的概念提供了有力的理论支撑。建构主义认识论与哲学解释学分别从不同的角度指明，认识主体自身的因素，如所处的时代背景、生活阅历、价值取向、认知结构和思维方式等，对其认识事物有重要的影响。按照这样的观念，既有的课程方案或教材对于教师来讲，是一个有待他去理解和解释的“文本”，而不应是具有权威效力和确定意义的“法定文件”。教师有权并且有必要对课程进行解读和重构，这种解读和重构除了要基于教师自己的视阈，更要基于他对学生的了解。解读和重构的目的是形成与学生的兴趣需要、知识经验、认知方式相契合的、有别于“校本课程”的、以学生为中心的“生本课程”，只有这样的课程才会有针对性，也才能被学生能动地吸收，从而引起学生产生相应的经验并促进学生的发展。

作为曾经的传媒机构工作者和如今的传媒教育工作者，笔者在大学从事播音主持教学和实践工作中深感新媒体冲击下传统媒体的迷茫，也体味到了新闻传媒和播音主持专业教师及学生的困惑。作为一名教育工作者和研究者，我心中涌动起了一种责任感。课程与教学论的学习研究打开了笔者的新视野，著名教育家们关于“教师即课程”“教师作为研究者”的著名论断也对笔者起到了启发和激发作用。于是，笔者尝试连接起艺术学和教育学，嫁接起播音主持学和课程与教学论，对播音主持高等教育进行一番观察与思考。

二、研究意义

(一)理论意义

“课程目标”这一概念在现代课程理论中十分重要。在课程编制过程中确定的目标，很大程度上会对学校教学工作起引导和制约作用。在过去的几十年中，众多国内外教育学家对“课程目标”的制定及分类提出了各自的观点，对于课程实施及教学过程起到了很大的指导和启发作用。

我国广播电视的繁荣发展促进了广播电视教育、播音主持教育的发展。除了中国传媒大学、浙江传媒学院等几所专业性传媒院校开设播音与主持艺术专业以外，各类综合性大学也争相开设相关专业。在多学科多专业的高校环境里，很难根据专业特色针对性地制定教育目标。目前，大多数高校播音主持专业人才培养目标和课程目标都还参照中国传媒大学、上海戏剧学院等专业院校制定并执行。

播音主持专业人才培养往往不尽如人意。首先，高校播音主持专业课程目标趋同，培养的学生没有特色，和媒体一线的需求不接轨，人才输送困难。其次，高校播音主持专业教师被束缚在一个虚设的课程目标里，提供给学生的常常是脱离社会实践的知识，很难达成课程目标。

科学设置的课程目标可以对学生学业成就进行测量和评价，但目前部分开设播音主持专业的学校还没有大力开展科学的课程开发工作，忽略了课程目标设置对教学的积极意义。本研究希望通过对前人提出的"课程目标"理论研究，总结"课程目标"中与播音主持专业课程相关的理论，以这些理论为依据，研究播音主持专业理想的"课程目标"。

（二）实践意义

在媒介融合背景下，新闻传播内容与方式的变革对播音主持专业人才培养提供了新的发展空间，也提出了更高的要求。如何适应媒介发展的新需求，培养新型人才，如何实现学科间的融合、知识技能的融合、理论实践的融合，都是我们面临的新课题。

本研究主要基于传统媒体和新媒体走向融合的时代背景，就播音主持课程设置和教学模式两个维度分析当前该专业存在的问题，并探索解决策略。同时，针对播音主持专业教育现状提出建设性意见，包括课程设置、教学模式创新、学生实践能力的锻炼等。播音主持专业教育应与时俱进，对课程体系进行调整，并不断开发设置新课程，在教学中使学生树立互联网思维，更好地适应不断变化的融媒体传播环境。本书试图规范、拓宽、创新播音主持专业人才培养模式，以期使院校为广播电视或融媒体培养出更多优秀的人才。

第二节 相关研究与文献综述

一、国内相关研究

(一)播音主持专业理论及应用研究

播音主持专业教育,特别是学历教育,始于20世纪60年代初期。从1963年9月算起,已有50多年的历史。播音主持专业教育起步时属于三年专科教育;从1977年开始,升为四年本科教育,毕业生属于文学学士;同年,开始招收硕士研究生;1999年起,招收艺术学的广播电视语言艺术方向的博士研究生;2002年起,招收语言学及应用语言学的中国播音学方向的博士研究生;2006年起,进入二级学科,招收新闻传播学所属的广播电视语言传播专业的中国播音学方向的博士研究生。

播音主持专业教育经历了从无到有、从小到大、从单一到综合的发展历程。学科的理论体系建设,围绕有声语言表达"感性—知性—悟性"的独特艺术路径,锤炼语言表达能力,提升有声语言的艺术感染力和艺术境界。其以1994年出版的《中国播音学》为标志,发展至今,逐步形成了独具中国特色的理论体系,不仅属国内首创,在国际上也独树一帜。

中国播音学创始人张颂教授认为播音有学,播音有术①:

其一是播音有学。播音,并不像人们想象的那样,只是照着写好的稿子"念字出声"。它是一种有声语言的创造性活动,它是播音员主持人在话筒前、镜头前"以有声语言为主干或主线,出头露面,驾驭节目进程"的创作过程。它以马克思主义哲学为思想指导,以新闻学与传播学为理论根基,以艺术学为传播重心,以语言学为规范要素,以语言功力为主体特性,以审美价值为创作理想。它总是顺应历史和时代的潮流,继承民族优良传统,吸取世

① 张颂.播音主持艺术论[M].北京:中国传媒大学出版社,2009:275-276.

界文化精华，坚持中国老百姓喜闻乐见的中国作风和中国气派，忠于人民，服务大众，维护祖国利益，充满人文关怀。作为“党、政府和人民的喉舌”，它必须“乐于在场，勇于出席，善于发言”。因此，播音员主持人应该恪尽职守，集思广益，遵循社会公德、职业道德、家庭美德和个人品德的要求，实现大众传播中的公众形象和日常生活中的个人形象的统一；要“以播为主，一专多能”，力求做到“有稿播音锦上添花，无稿播音出口成章”。在传播中，应该达到“信息共享，认知共识，愉悦共鸣”。由此可见，播音学是一个多学科、多层次的交叉学科，并不是某一单个学科的衍生物。以《中国播音学》为标志的学科理论体系和学术价值建树，已经被社会普遍接受。

其二是播音有术。播音，是在实践中生成的，也是经过实践检验的。它的理论具有很强的实践性，它的实践又有独特的操作性。在用气发声、吐字归音的训练中，存在路径和方法，必须循序渐进、持之以恒；在语言表达上，从有声语言的特点、创作的正确道路、思想感情的调动、语言表达的技巧，到话筒前的创作状态，都有一整套规律和一系列要求。播音创作过程，是“理解内容—具体感受—形之于声—及于受众”的过程，应该讲求高质量、高效率，要推进民族化、风格化，体现韵律美、意境美。它强调“语言功力”——宏阔精微的观察力、融会贯通的理解力、条分缕析的思辨力、具体丰富的感受力、精妙高超的表现力、独具慧眼的鉴赏力、应付裕如的调检力、体察入微的回馈力。它要求实现“以事醒人、以理服人、以情感人、以美愉人”的目的。技巧训练，先要“刻意雕琢”，然后再“返璞归真”。在节目策划、文案写作、采访编辑、灯光背景、化妆服饰、体态举止等方面，也都提出了可应用性目标。这些内容须臾不能离开实践，否则，任何理论研究都不过是“隔靴搔痒”。但是，只停留在实践和应用层面，不进行理论提升，就会成为“简单的传声筒”；而脱离实践，凭空进行理论研究，就会成为“辞藻的编排者”，即使有再深厚的文化底蕴，也显示不出有声语言的魅力，揭示不出有声语言的内涵。

关于播音主持的学理和术用，现在的研究还显得稚嫩，有待进一步总结、充实和完善。播音主持专业教育只有在播音主持理论的引导下，才能按照科学人才培养的路径前行。

以下为笔者对播音主持艺术理论建设的相关文献进行的归纳梳理。

1.播音学黄皮书、白皮书、蓝皮书

随着广播事业的产生和发展，播音主持艺术的理论建设也应运而生，并在实践经验的总结中不断发展起来。到20世纪50年代，有了三本书：黄皮书、白皮书、蓝皮书。[①] 黄皮书是播音主持艺术家齐越老师带着代表团跟着梅益（中国新闻学家、翻译家；中华人民共和国成立后，先后任中央广播事业局副局长、局长、党组书记）同志到苏联去考察，吸取了他们的播音经验，搜集了他们的理论文章，汇编成一本《苏联播音经验汇编》；白皮书《播音业务》是中央人民广播电台的几位播音员写的经验文章；蓝皮书《全国播音经验汇编》是中央台和地方台（主要是省台）的播音员谈播音经验。这几本书总结了国外（苏联）、中央台、地方台的播音经验，是对当时播音经验的总结和推广，也为播音理论的建立提供了基本的思路和重要的启迪，具有重要的理论意义与实践价值。

2.中国播音学丛书

张颂教授所著的《朗读学》探索了有声语言表达的规律，为播音主持有声语言创作提供了理论依据。自1983年出版以来，得到各方面肯定和赞誉，徐世荣先生在《朗读学》序言中写道："朗读必须重视，应当建立一套科学性的知识理论。"同时也有一些批评和讨论，认为朗读无学，不可能成为一门学问。对此笔者认为，在中国，"重文轻语"的现象普遍存在，对"朗读"还远未达到"重视"的程度。"写的语言"是学问，备受青睐；"说的语言"也是学问，却少有认同。朗读，作为把文字语言转化为有声语言的再创作活动，被看作简单、容易的事，朗读似乎只是"见字出声"，长期被挤压在语文课的角落，处于可有可无的地位，无论"应试教育"还是"素质教育"都未加以重视。实际上，朗读同文化传承、知识积累、表达能力、审美感受密切相关，如今教育部倡导的中华经典诵读就是对诵读艺术的推崇和肯定。后来张颂教授又出版了《朗读美学》，这是对《朗读学》的进一步丰富和深化。《朗读美学》以《朗读学》为根基，从学理和术用两方面深入探索朗读再创作美学层面中的诸多问题，把美的创造和美的规律融入朗读者的美学理想，把美学的理性思考和审

---

① 张颂.播音主持艺术论[M].北京：中国传媒大学出版社，2009：256.

美感悟化为朗读创作行为，开辟了一条有声语言创作主体进入语感通悟的道路。

20世纪80年代初至90年代初，北京广播学院播音系的老师们编著了一套“中国播音学丛书”：《播音发声学》（徐恒）、《播音学简明教程》（吴郁）、《小说播讲艺术》（汪良）、《播音文体业务理论》（毕征）、《播音创作基础》（张颂，之前油印本内部发行时以及1985年出版时书名为《播音基础》）、《播音心理学》（祁芃）等。另外，齐越等翻译了《苏联功勋播音员》，介绍了几位苏联著名播音员的经历及播音经验。

这套丛书为中国播音学的建立奠定了一定的基础，特别是《播音创作基础》中思考总结出了播音创作的规律。播音创作基础是播音系专科和本科生必修的专业课程之一，是播音系研究生攻读的专业方向之一，是中国播音学的重要组成部分。随着广播电视事业的发展，播音创作基础经过实践—认识—再实践—再认识的多次反复，已经初具规模。播音学的理论，浸润着无数播音前辈的心血。理论功力的不足、实践经验的欠缺，往往会或多或少地造成理论和实践的分离。正因为如此，播音学理论必须更广泛、更深入地研究，而不应故步自封，停滞不前。因此，在学习这门课程的时候，同学们不要囿于它现有的表述，不要厌于它的抽象论证。只有同实践结合起来，在实践中验证、在实践中考察，理论的作用才能发挥出来，缺陷也才能暴露出来。作为初学者，每一位同学都有责任为其科学性、系统性的提升作出自己的贡献。播音的实践，是一种综合性很强的创造性劳动，在理论上涉及许多问题，这些问题不可能同时进行阐述，只能一步步、一层层地分开来说明，但是这很容易令受众产生播音实践也是这样一步步、一层层进行的印象。因此，除了在理论体系的科学性上努力加强各部分的内在联系外，我们还应在个别课上抓紧实践中的综合运用。在教学中，随着播音创作基础课的讲解和老师的具体辅导，同学们会逐步加深对播音创作的理解。因此，在学习过程中，同学们一刻也不能忽视播音实践，只有从实践中得到经验，才能日积月累地消化理论，并用自己领会到的理论指导实践。在理论与实践的结合中，我们的播音理论会日臻完美。①

---

① 张颂.播音创作基础[M].北京：北京广播学院出版社，1990：1-2.

3.《中国播音学》的问世，标志着中国播音学的诞生

1994年《中国播音学》问世，成为中国播音学奠基的经典之作，同时也是播音与主持艺术专业的必读教材。有人说，播音很容易，只需要嗓子好，认识字，照着念就行了。这是一种误解。播音，是一种有声语言创作，有自己的规律和方法。《中国播音学》的问世，宣告了一个新学科的诞生。

2003年，在《中国播音学》问世八年之后，《中国播音学》(修订版)经过修改、增补、扩充，以新的面貌再版了。经过整合、凝练，中国播音学愈加规范、成熟。广播电视事业在发展中，由多样化时期进入了规范化时期，"重视导向""净化荧屏"已经成为人们的共识。播音主持理论不断吸收新鲜的实践经验，不断加强与相关学科的互补，特别汲取了新闻学、传播学、语言学、艺术学、心理学、美学等学科的前沿成果。《中国播音学》在马克思主义哲学的观照下，坚持本学科的主体性和独立性，为科学的、民族的、大众的社会主义文化的先进性作出贡献，为继承中国作风和中国气派的优秀民族传统，为社会主义精神文明和物质文明建设，为充分发挥先进文化的凝聚力和感召力，作出了开拓性、前瞻性阐释。

4.中国播音学博士文库

2006年开始，"中国播音学博士文库"专著陆续出版。

柴璠的《当代广播有声语言的创新空间》①从美学的角度对当代华语广播有声语言传播做了价值研究，对有声语言表达创新在美学空间中的表象作出以下论断："让经验活起来"的主体间性驾驭使有声语言"在场性"和"不在场性"的双重美学价值有效构建起来；"天人和合"的东方美学精神核心使有声语言创新走向悟性和个性相和谐的成熟境界。

张政法在《有声语言大众传播的生命活力》②中认为，在有声语言大众传播中，传播者有效履行传播责任，以丰富的生活体验和深刻的生存理念为底蕴，在传播过程中调动起清醒而积极的主体意识，凭借高超的有声语言传播能力，激活受者的生存生活感悟，实现良好的传播效果和积极的社会意义。有声语言大众传播的生命力取决于传播者主体意识的强化，体现在有声语

① 柴璠.当代广播有声语言的创新空间[M].北京：中国传媒大学出版社，2006.

② 张政法.有声语言大众传播的生命活力[M].北京：中国传媒大学出版社，2006.

言传播的创作里，增殖于主体间的交流与共建中，融会于有声语言传播的整体和谐内。

李凤辉在《语言传播人文精神的阙失与重构》[①]中认为，广播电视及其语言传播是建设先进文化的一支重要力量。它对于全社会的影响广泛，影响力巨大，因此，它承担的责任也非常重大。在当今的广播电视语言传播中存在着一些不尽如人意的地方，如庸俗、媚俗等，受到了社会各界的广泛关注。语言传播中的庸俗化等问题的实质是语言传播人文精神的阙失。这种阙失表现为：引导不当、主体缺席、品位无味、关切不切等。语言传播的本质是人文精神的音声化。语言传播人文精神的表现是：立准、保真、向善、臻美、创新、趋雅、求精。语言传播的人文精神具有主流性、主导性、先进性、音声性、情感性、行动性等。语言传播要强化对人文精神的引导和渗透，帮助人们确立正确的价值观念，铸就社会的共同理想，维护民族文化的独立性，弘扬民族精神，光大中华。因此，重新建构语言传播的人文精神刻不容缓。

金重建在《播音创作主体论》[②]中认为，广播电视互联网时代的播音，指的是有声语言和副语言传播的创作活动。寓题材内容和体裁形式于一体的各种语言表达传播形态，如反映政治的、经济的、文化的、社会的，有准备的、即兴的，包括新闻播音、节目主持、专题解说、影视配音等，都在成为研究对象。该研究立足传播平台，注重传播主体和文本主体、接受主体间的形神互动，注重传播目的与传播效果的和谐贯通，揭示了有声语言和副语言传播的创作原动力，对拓展传播主体的创作视野，有深度、有感染力地运用有声语言和副语言，使之产生一定的传播品位，作出了实践基础上的理论阐述。

曾志华的《中国电视节目主持人文化影响力研究》[③]立足于中国电视文化格局的现状，从文化学及传播学的角度，首次提出了“中国电视节目主持人文化影响力”这一概念并对此进行了科学的界定。在密切结合一线实践的基础上，该研究对主持人文化影响力的发生机制、功能与作用进行了理性思考与深入的学理论说；同时，还从主持人自身的文化自觉、电视组织的策划以及受众效果分析等三个方面，对主持人文化影响力最大化实现之途径

① 李凤辉.语言传播人文精神的阙失与重构[M].北京：中国传媒大学出版社，2006.
② 金重建.播音创作主体论[M].北京：中国广播电视出版社，2008.
③ 曾志华.中国电视节目主持人文化影响力研究[M].北京：北京大学出版社，2009.

提出了战略上的思考与对策。

5.“播音主持艺术”系列丛书

“播音主持艺术”系列丛书由中国传媒大学播音主持艺术学院编辑，中国传媒大学出版社出版，基本上每年出版一本，截至 2017 年已出版 15 辑。包括学术视野、教学研究、人才培养、节目研究、诵读研究、人物访谈、来稿选登等。该系列主要由中国传媒大学播音主持艺术学院教师发表的相关理论和实践文章组成，也是全国从事播音主持教育和各电台、电视台播音员主持人的理论交流平台和实践探索空间。

6.张颂文集

2009—2012 年，中国传媒大学出版社陆续整理出版了张颂先生相关播音主持的理论研究成果，结集出版包括 6 本专著的“张颂文集”：《播音主持艺术论》、《语言和谐艺术论》、《朗读学》（第三版）、《朗读美学》（修订版）、《播音创作基础》、《播音语言通论》（第三版）（本来文集中计划出版的《朗读教学法》因张颂先生病逝而未能出版，甚为遗憾）。张颂文集为播音主持有声语言传播在学理和术用方面的全面深入研究留下了十分宝贵的财富。

7.“主持人”系列丛书

1991—2003 年，中国广播电视学会节目主持人节目研究会编辑了 10 本“主持人”系列丛书，其中 1—8 辑由中国广播电视出版社出版，9—10 辑由中国国际广播出版社出版。这套丛书是会员发表作品的园地，是研究会联系会员的纽带和桥梁，也是外界观察研究会的一个窗口。它以广播电视节目的主持人、监制、编辑、记者等为主要读者对象，探讨理论、交流经验、沟通信息、评议节目、介绍人物、开阔视野，为我国主持人节目及节目主持人的产生和发展提供了比较翔实的研究资料。

8.训练手册系列丛书

1998 年和 2001 年，北京广播学院出版社出版了北京广播学院教师编著的“训练手册系列丛书”，分别为《播音员主持人训练手册：语音发声》（王璐）、《播音员主持人训练手册：绕口令》（王克瑞、杜丽华）、《播音员主持人训练手册：语言表达技巧》（白龙）、《播音员主持人训练手册：诗歌朗诵》（张颂)。本套丛书为播音员主持人、教师学生以及朗诵演讲爱好者提供了实训资料。

9.播音主持艺术技巧丛书

从2002年开始,中国广播电视出版社推出了一套“播音主持艺术技巧丛书”,包括《播音发声技巧》(白龙)、《播音语言表达技巧》(柴璠)、《主持人语言表达技巧》(吴郁)、《朗读技巧》(王宇红)、《诗歌朗诵技巧》(李红岩)、《文艺作品演播技巧》(罗莉)、《电视新闻播音技巧》(白龙)、《节目能力训练路径》(吴郁)。本系列丛书基本上涵盖了播音主持语言表达训练的主要内容和方法。

10.应用主持艺术系列丛书

2003年,中国广播电视出版社出版了10本“应用主持艺术系列丛书”。本系列丛书由中国传媒大学张颂教授总主编,其他专家学者共同编著,包括《初识主持人》(王维林)、《主持人外部语言基础》(李德付)、《主持人口语表达艺术》(徐莉、毕凤飞)、《主持人节目策划艺术》(陈振、田方)、《主持人节目驾驭艺术》(陈振、杨浩)、《主持人形象塑造艺术》(蒋育秀)、《主持人场景应对技巧》(李丰、宋丽萍)、《主持人提高与进修指南》(宋黎黎)、《非节目主持艺术》(郭红玲、杨涛)、《成功主持典范》(钱明)。这套丛书涵盖从初入主持行当要注意的问题到提高与进修的指南,从化妆上镜到吐字发声,从口语表达到临场应变,从参与节目策划到现场调度驾驭,从工作配合、关系处理艺术到走出声屏、主持各类文体活动等,内容全面,实用性强。

11.节目主持艺术丛书

2005年,华中科技大学出版社出版了一套“节目主持艺术丛书”。本系列丛书由华中科技大学李元授教授总主编,其他专家学者共同编著,包括《节目主持人概论》(李元授、廖声武)、《主持人文化底蕴》(肖建华)、《主持人心理素质》(余小梅)、《主持人审美修养》(肖建华)、《主持人形象塑造》(黄幼民、张卓)、《主持人策划与创新》(於贤德)、《主持人采编实务》(胡欣)、《主持人语言艺术》(王朝彦)、《网络时代的节目主持》(宋新民)、《知名主持人妙语评点(上下册)》(李元授、谈晓明、李鹏)。节目主持是对从业人员的综合素质要求较高的岗位。我国尚有不少节目主持人的综合素质,特别是文化素质还不能适应岗位的要求。许多新闻传播与影视艺术类高等学校纷纷开办播音主持专业，本系列丛书在应该开设哪些专业课，编写哪些教材，以培养广播电视所需要的播音主持专业人才等方面做了有益的尝试。

12.21 世纪播音主持艺术丛书

2007 年，中国传媒大学出版社推出了一套“21 世纪播音主持艺术丛书”，涉及主持传播理论、主持人思维、综艺节目、谈话节目、配音艺术等方面，对播音主持理论与实践都发挥了积极作用。具体包括《主持传播学概论》(高贵武)、《主持人思维训练教程》(翁如)、《综艺娱乐节目主持概论》(刘洋、林海)、《谈话节目主持概论》(王群、曹可凡)、《双语播音主持艺术》(赵琳)、《影视配音艺术》(王明军、阎亮)。

随着媒体的发展和兴盛，全国各地相关专家学者也对播音主持从理论到实践进行了较为深入的研究。俞虹的《节目主持人通论》、吴郁的《主持人的语言艺术》、曾致的《播音主持艺术新说》、应天常的《节目主持语用学》、高贵武的《解析主持传播》、李德付的《节目语体主持》、马玉坤等的《播音主持心理学教程》、毕一鸣的《主持艺术的新视野——传播学视野中的主持艺术》、高国庆的《播音主持美学论纲》、巩晓亮的《电视节目主持人品牌研究》等著作都从较为新颖的角度对播音主持艺术进行了研究。

在《播音与主持艺术批评》中，作者认为：“在哲学社会科学领域中，任何一门学科都应至少包含学科发展史、学科核心理论和学科批评三部分内容；播音主持艺术发展至今，其学科发展史得到了学界的公认，也具备了相对自足的理论体系，然而关于本学科批评理论的研究显得相对薄弱。进一步讲，对本学科学界主流批评话语及相关流派的了解和征用还有待拓展，对科学批评方法的认知尚显不足。”①这些新视角、新观点对深化和丰富播音主持理论及实践有一定的参考价值。

13.《张颂学术年谱》

《张颂学术年谱》②是国家社科基金项目“二十世纪中国播音史史料学研究”的重要阶段性成果之一，由中国传媒大学马玉坤教授和浙江传媒学院高

① 战迪，刘琦.播音与主持艺术批评[M].北京：中国广播电视出版社，2015：2-3.

② 马玉坤，高国庆.张颂学术年谱[M].北京：九州出版社，2018.

国庆教授共同编著。《张颂学术年谱》以时间为主线，结合时代背景，钩沉、梳理相关史料，全面整理张颂一生的学术成就，是中国广播电视学科领域第一部学者学术年谱，也是中国播音界第一部关于学者个人的学术年谱。

中国教育电视台总编辑、原中国传媒大学校长胡正荣教授在序言中写道：《张颂学术年谱》较为详尽地梳理了中国播音学理论的奠基人、中国播音主持艺术教育重要的创始人之一张颂先生的学术思想，特别是中国播音学的诞生、发展历程。同时，这本书又以更恢宏的视野，关照、梳理了自20世纪30年代以来广播和电视的发展脉络，特别是在我国新闻传播事业发展历程中与语言传播问题相关的一些值得记忆的重大历史事件、重要历史人物和重要理论观点的诞生过程，是一部具有独特研究视角、宏观记录广播电视语言传播发展史的学术专著。体例上本书融合了历史研究纪传体和编年体的优势，以张颂先生的学术成长历程为经线，勾连、归纳了与其相关的广播电视语言传播中的重大历史事件、重要历史人物（包括著述、观点、生平简介），同时还兼顾了语言文字发展、播音教育发展等相关方面的重要历史事件和人物等。年谱的编纂由点及面，点面结合，很好地还原了语言传播历史发展的原貌，特别是对研究那个时代的人们对历史问题的感受、观点具有重要的史料价值。《张颂学术年谱》不仅仅是记录张颂先生一个人历史成就的专著，更是为所有为语言传播事业作出历史贡献的人们树立的一座纪念丰碑。

湖南广播电视台播音指导、湖南省播音主持研究会秘书长曾致说：张颂教授好似一盏不灭的航灯，为我们指明前进的方向。《张颂学术年谱》一书的编写，突破了中国播音学研究中常有的重现象观察、轻理论探讨的局限，把历史研究中的微观研究、中观研究和宏观研究结合起来，以史料学研究的方法带领读者回望过去、观照现实、展望未来。根深方叶茂，正是在中国播音主持学界和业界几代有识之士的共同努力下，中国播音学的优良传统得以薪尽火传。张颂先生不仅是中国播音学术发展的见证者、亲历者，更是中国播音主持艺术教育的创造者之一。《张颂学术年谱》不仅是对中国播音学泰斗张颂先生学术生涯的回顾与总结，也从一个学者的角度揭示了中国播音学这门学科产生的艰辛过程，更是对播音学学者本身进行的一种全景式“深描”与反思。回望和总结张颂先生五十多年的播音创作、播音教学、播音理论研究的历程与轨迹，或许能够为中国播音学的发展提供一些新的思想资源。

编著者马玉坤教授表示:《张颂学术年谱》不仅在于研究中国播音史,让读者更好地理解和认识播音理论与播音教育,也为当下的播音理论研究、播音主持教育学科建设发展提供了良好的借鉴。

(二)播音主持专业教育及教学研究

1.张颂关于播音主持教育教学的思想

张颂(1936年7月27日—2012年11月10日),原名张永昌,播音名李昌,河北省易县人,中国播音教育重要创始人之一,中国播音学学科体系创立者,中国传媒大学播音主持艺术学院首任院长,中国第一位播音专业博士生导师,国家级教学名师,中国播音界泰斗。他培养了大批优秀的播音员、主持人和专业教师。

张颂教授关于播音主持教育教学论述主要收录在“张颂文集”《播音语言通论:危机与对策》以及《播音主持艺术论》“教学编”当中。张颂教授主要论述了播音教育、播音教学、播音教师以及播音自学。他认为,在古今中外的历史上,教育无疑都是社会的重要组成部分,而教育的单位便是那聚焦的核心、闪光的亮点。十年树木,百年树人,其实,教育既是昨天,又是今天,更是明天。教育有其规律,它不以某个人、某些人的主观意志为转移。

以下是张颂教授关于播音主持教育教学的观点阐述、问题剖析和策略建议:

播音教育不能被其他专业教育所取代。播音教育是专业化教育,其培养目标是:广播电视播音员、节目主持人等。作为新闻工作者,应该能够胜任在广播电视中担任新闻、专题、文艺、体育等节目的有声语言创作工作,达到“有稿播音锦上添花,无稿播音出口成章”的要求,从而使广播电视传播起到“信息共享、认知共识、愉悦共鸣”的作用,发挥广播电视教育和鼓舞广大受众的功能。

播音教育,实质上是新闻性教育,也是艺术性教育。播音,当然包括节目主持,其根本属性是新闻性——国家的、党的、人民的喉舌,即国家利益的维护者、民族文化的弘扬者;其核心属性是艺术性——有声语言表达的、大众传播的、创作主体的技能,即人文精神的吸纳者、艺术审美的传道者。播音教育不可等同于一般的新闻教育和一般的艺术教育。

播音专业的实践性与应用性，决定了它的教育规律性。播音教育是共性和个性的统一，群体综合性和主体创造性的统一，节目多样性和特殊针对性的统一，语言功力的基础性和创作风格的独特性的统一，创作能力锤炼的长期性和传播质量提高的渐进性的统一。

播音专业德才兼备、声形俱佳的出发点和归宿，要求播音教育坚持思想道德的崇高性和文化知识的丰厚性，坚持有声语言内涵的深刻性和形貌体态修为的高雅性，坚持天赋条件特长的凸显性和后天习得的跟进性，坚持“八仙过海”的多向性和“如来手掌”的包容性。

播音专业的核心竞争力是语言功力。不论大专、本科，还是硕士、博士，只要进入播音殿堂，就不应该退缩和反悔，不应该怯弱和疲软。从观察力、理解力、思辨力、感受力到表现力、鉴赏力、调检力、回馈力，都能够夯实有声语言的能力，提升有声语言的品位。同学们即使将来走进其他领域，如教学岗位、公务员行列、网络公司、制作中心等，也可以在有声语言的表达上，显示自己的专长。

当前，播音教育遍地开花，这说明播音教育深入人心、人心所向。虽然有的缺乏师资，有的缺少设备，有的生源不多，但学校还是不断招生，家长热衷于斯，学生心向往之。这正是播音专业的吸引力和推动力之所在。

最早在“本科目录”中，“播音”之前是标有“＊”号的，强调“必须有足够的师资队伍保障，必须有足够的设备条件”，是主管部门要严格控制的专业，否则，不能开设这个专业。现在则没有了这项要求。播音教育由精英化逐渐转向大众化，但即使是“大众教育”，也不应该失去控制，任意泛滥，无标准录取，无名额限制录取。特别是在高校“合并”大潮中，重点与非重点院校的合并杂乱无章，互相掣肘，极大地影响了教育的科学发展。教育资源的无序、无效浪费，人事关系、权力背景掺杂其间，谁也不愿共享。毫无干系的院校分散设立不着边际的专业，如何能够统一认识、统一步伐？

有的院校脱离定位、远离宗旨，也争相开设播音专业或方向；有的院校大量招生、高额收费，毫无遮掩地中饱私囊、误人子弟；有的院校师资匮乏、临时拼凑，敷衍教学、虚耗时日；有的院校教学思想各执一端，教学内容各行其是，学生无所适从，专业难以归依；有的院校“当一天和尚撞一天钟”“到什么山上唱什么歌”;有的院校一心好大喜功,做表面文章,“金玉其外,败絮其中”。这些问题,不仅无助于教学秩序,反而会造成师生人心涣散,教育质量下滑。

面对危机,只有一个对策:完全按教育规律办事,严格专业教育准入制度,严格专业教育体制,严格人才培养计划,严格师资梯队建设,严格招生毕业机制,严格程序审查,严格教学评估……各级主管部门应恪尽职守,认真落实教育发展纲要,才能令播音教育走上正轨。①

2.播音主持专业教材建设

教材编制是课程设计的中心环节,它担负着复杂、细致、繁重的研究、编写和制作任务。关于教材的定义和类型划分比较困难,人们对教材的认识也存在明显的分歧。

关于教材,一般有两种解释:一是根据一定学科的任务编选和组织具有一定范围和深度的知识和技能体系,它一般以教科书的形式来具体反映;二是教师指导学生学习的一切教学资料,包括教科书、讲义、讲授提纲、参考书、辅导材料以及教学辅助材料。教科书、讲义、讲授提纲是教材整体中的主体部分。②

播音主持专业教育一般都采用2002年由中国传媒大学出版社出版的、中国传媒大学播音主持艺术学院各教研室教师集体编著的普通高等教育“十一五”国家级规划教材。该套教材由付程总主编,共计四册,包括第1册《实用播音教程:普通话语音和播音发声》(吴弘毅)、第2册《实用播音教程:语言表达》(陈晓鸥)、第3册《实用播音教程:广播播音与主持》(陈雅丽)、第4册《实用播音教程:电视播音与主持》(罗莉)。本套教材重印多次,全国各大高校播音与主持艺术专业普遍选用。

自2015年开始,中国传媒大学播音主持艺术学院顺应播音主持学科发展以及媒介生态的变化,又集体编著播音与主持艺术专业“十二五”规划教材,陆续出版的教材包括《播音主持艺术导论》《播音主持语音与发声》《播音

---

① 张颂.播音语言通论:危机与对策[M].3版.北京:中国传媒大学出版社,2012:155-157.

② 中国大百科全书出版社编辑部,中国大百科全书总编辑委员会《教育》编辑委员会.中国大百科全书 教育[M].北京:中国大百科全书出版社,1985:144.

主持创作基础》《广播节目播音主持》《电视节目播音主持》《新闻节目播音主持》《综艺节目播音主持》《广播电视口语表达基础》《体育评论解说》《全媒体播音主持实务》等。

另外，较有影响力的播音主持教材还有中国广播电视学会主持人委员会组织学界业界专家编著的《主持人技艺训练教程》、中国传媒大学吴郁教授所著的《当代广播电视播音主持》、上海戏剧学院吴洪林教授所著的《主持艺术》、中国传媒大学罗莉教授所著的《当代电视播音主持教程》、国家语委姚喜双教授所著的《播音主持概论》等。

2017年中国传媒大学出版社出版了一套播音与主持艺术专业“十三五”规划教材·播音主持实务教程，总主编为山东青年政治学院王海燕教授，教程提出播音主持四项基本功“播、说、诵、演”，分为四册：《播音实务教程》《主持实务教程》《朗诵实务教程》《演播实务教程》。

3.播音主持教学法研究

2004年7月21—31日，首届全国高校播音与主持艺术专业教师高级讲习班在北京广播学院（2004年更名为中国传媒大学）隆重举办。教育部、国家广电总局的领导，兄弟院校的专家、学者，北京广播学院的教师、研究生近百人出席了开学典礼。首届全国高校播音与主持艺术专业教师高级讲习班的举办，是一件具有里程碑意义的事情。它标志着全国高校在播音与主持艺术专业教育领域的合作交流迈出了切切实实的一步，推动我国播音与主持艺术专业教育在师资队伍建设和专业课程建设等方面跨入一个全面发展的新阶段。北京广播学院的前身是中央广播事业局训练班，有“广电黄埔军校”的美誉，是我国播音与主持艺术专业的龙头，起着重要的示范和引领作用，在本学科专业的建设发展方面担负着重大责任和使命。这次讲习班，北京广播学院播音系的各门专业课教师集中为各高校教师进行了教学法讲座，内容辑录入《播音主持教学法十二讲》当中，主要内容包括：中国播音学发展论（张颂）、广播电视语言传播专业教育与人才培养（付程）、播音与主持艺术专业教学指导原则与教学方法（付程）、播音与主持艺术专业普通话语音教学法（吴弘毅）、播音主持发声学与教学法（李钢）、广播电视即兴口语表达课教学法探究（鲁景超）、播音与主持艺术专业语言表达教学法（陈晓鸥）、广播播音与主持教学法（马玉坤）、广播播音与主持教学法——改革与探索（陈雅丽）、电视播音与主持教学法（吴郁）、文艺作品演播课教学法（罗莉）、电视体育解说教学法研究（王群）、播音主持艺术学院的学生管理及思想政治工作（马桂芬）等。

《播音主持教学法十二讲》是我国第一部系统讲授播音主持教学法的著作。内容涉及播音与主持艺术专业教学原则、播音与主持艺术专业基础课和专业课的教学方法。其中包括：普通话语音、播音发声、语言表达、广播播音主持、电视播音主持、文艺作品演播和体育评论解说等专题。每一讲都由长期从事该课程教学的专业教师亲授经验。本书集中国传媒大学播音主持专业40年教学经验之精华，对于有声语言爱好者和播音主持专业学生学习有声语言及播音主持艺术，对于从事播音主持专业教学的教师提高专业教学水平，对于在职播音员主持人的岗位学习和提高都是不可多得的优秀教材。

4.播音主持人才培养研究

近年来，随着各类高等院校播音与主持艺术专业的开办，一些不具备开办此类专业条件的学校也仓促上马，师资不足、设备不够，但招生总数却不断上升，有些学校播音与主持艺术专业甚至每年招生近千人。高等院校如何培养高素质的播音员主持人成为难点问题，引起了专家学者们的热议。

2003年，中国传媒大学吴郁教授主要负责并完成了国家社科基金项目“电视节目主持人的综合素质研究”，研究成果于2006年出版。① 本课题研究的逻辑起点是主持人节目与主持人素质发展沿革，进而对研究主体——电视节目主持人的综合素质做了素质体系构成的静态分析，并论述了素质体系中各部分及各层级结构的权重关系；同时，又重点研究了影响主持人素质发展变化的动态系统，一方面从社会、业内及主持人自身的认知原因分别进行探讨，另一方面通过对主持人的选拔、培养、管理等实践活动进行梳理和分析，阐明这些重要因素对主持人综合素质的影响；在以上研究基础上，课题立足中国当代传播环境和特点，从实际出发，提出了保证电视节目主持人综合素质动态平衡的切实可行的方法和措施；最后针对我国电视事业的发展前景和迫切需要，对主持人的综合素质做了前瞻性的预测。

---

① 吴郁，等.电视节目主持人的综合素质研究[M].北京：中国广播电视出版社，2007.

2009年，由吴郁教授和曾志华教授负责的中国传媒大学“211”重点工程建设项目“世界华语传媒语言及语言传播人才培养战略研究”之“我国当前播音主持专业教育现状及专业人才综合素质”项目结项并出版了专著。① 本专著分为上、下两篇，上篇是我国当前播音主持专业教育现状的调查报告，对我国播音主持专业的培养目标与人才选拔标准、教学大纲编排、课程设置与教学方法模式、师资队伍结构、教学评估体系等做了全面调查和分析。下篇是调查访问后的研究成果，对播音主持工作、播音主持人才的综合素质、播音主持人才能力需求的新趋势等做了深入研究分析。

随着新媒体时代的到来以及传统媒体和新媒体的不断融合，媒介传播成为值得关注的研究领域。2013年，首届“华语主持传播高峰论坛暨融媒时代记者型主持人发展研讨会”在广州举行，学界和业界专家聚焦新媒体并展开讨论。之后一年论坛发言专辑《融媒时代的播音主持艺术研究：记者型主持人》出版。

上海戏剧学院孙祖平教授的三部专著：《忽悠主持》《不要让主持裸奔》《伪命题、新命题、元命题和终极命题——电视节目主持人培养的四型命题》，对我国电视节目主持人培养问题进行了反思，尤其对中国开办主持专业的合理性提出了质疑，在学界和业界掀起了不小波澜。

二、国外相关研究

一个学科形成较为完备的、独特的理论体系，是这个学科走向成熟的标志。学界一般认为，以1994年出版的《中国播音学》为标志，播音学逐步形成了独具中国特色的理论体系。播音学科以及播音与主持艺术专业系国内首创，在国际上也独树一帜。经过查阅文献，国外在播音主持方面的研究非常少，以下是对专家学者们的相关发现、思考以及研究等进行资料梳理。

① 吴郁，曾志华.播音主持专业人才培养研究[M].北京：中国传媒大学出版社，2009.

(一)相关论著

1.《凭海临风》中关于国外相关研究的介绍

著名节目主持人杨澜在其自传《凭海临风》中讲述了她在美国哥伦比亚大学攻读国际传媒专业时,没有在图书馆找到一本有关主持人理论方面的书籍的经历。她说自己在哥伦比亚大学期间主修国际传媒专业,作为常青藤名校之一的哥伦比亚大学的藏书量不可谓不丰,但她却没有找到一本有关主持人理论方面的书籍。她说,记得过去在国内曾看过不少主持人理论方面的文章和书籍,也曾被有意著书的人士采访,谈过电视主持的经验和体会。"主持人艺术"的概念堂而皇之地出现于电视评论界,也成为不少有志于做电视主持人的年轻人的理想追求。杨澜思考发现,作为一个工种、一种职业,虽然电视节目主持人起源于美国,然而美国却根本没有培养电视节目主持人的专业教育,而且世界上所有传媒大国都没有这个专业。在英国,诸如BBC之类的电视台是从记者和普通电视新闻播音员的队伍中选拔新闻节目主持人的,而电视综艺节目主持人则是从影视演员的队伍中选拔出来的。国外更没有关于主持人专业的理论专著。传媒大国关于主持领域理论研究的缺乏,给电视业起步较晚的我国研究者带来了一定的困难,许多研究者必须靠自己花费时间投石问路。

杨澜发出疑问:"我第一次对这个提法产生了根本的怀疑。主持有艺术吗?"并提出了"主持无艺术"①的观点。一石激起千层浪,在学界和业界引起了不小的关于主持人理论与实践的争论。

2.《播音主持语言策略》中关于国外研究的介绍

中国传媒大学徐树华教授在《播音主持语言策略》②中介绍了美国两本朗诵学方面的书,一本是由凯斯·布鲁斯、尤金·拜恩、L.莱蒙特·欧凯三位语言传播教授合著的《朗读的传播行为》(*The Communicative Act of Oral Interpretation*),出版于1975年,它更像一本正规的教材,全书篇幅为500页,分为六个部分、十七章。在前言中,作者指出本书的写作目的是"帮助学

---

① 白谦诚.主持人:第六辑[M].北京:中国广播电视出版社,1997:256.

② 徐树华.播音主持语言策略[M].北京:中国经济出版社,2004:200-203.

生拓宽其源自文学以及自身禀赋的交流或传播的潜力”。另一本为艾德文·科恩写的《朗读：文学的传播》(*Oral Interpretation*：*the Communication of Literature*)，出版于1977年，全书篇幅约为300页，分为三个部分。其研究和表述方式和前一本著作有所不同，所设定的读者对象也不完全一样。作者在前言中说本书设定的主要读者群是那些缺乏或者没有表演或表达艺术背景的人，也不期望读者有深厚的英语文学修养，只要有普通高中(high school)的水平就可以了。作者希望这本书能够成为大多数学生正式学习朗读艺术的入门读物。

(二)相关译著

1.《苏联功勋播音员》

中国播音艺术家、播音教育家齐越教授曾经翻译过一本苏联有关播音的专著《苏联功勋播音员》[①]。本书作者波·利亚森科是莫斯科广播电台资深的新闻记者，同书中记述的六位播音艺术家都曾长期共事，对他们了解颇深。这六位播音艺术家曾在反法西斯战争中和苏联和平建设年代，以出色的播音实践荣立功勋，深受群众爱戴。作者在书中以第一手材料为基础，采用谈话和访问的形式，生动而真实地描述了他们的播音创作生涯，并试图揭示播音员、朗诵员、评论员、演播员的职业奥秘，给所有从事话筒前工作的人以启迪。

2.《演讲的艺术》和《公共演讲基础》

《演讲的艺术》(*The Art of Public Speaking*)[②]的中文版由外语教学与研究出版社出版。在国际上被誉为“演讲圣经”的《演讲的艺术》自1983年出版以来，已再版十次，始终高居美国演讲教科书销售榜榜首。全球上千所大学选用其作为演讲课教材。全书包括公共演讲概说、演讲的自信心与道德观、第一次演讲、选择话题和目标、听众分析、论证观点、组织演讲主体、开篇与结尾、撰写提纲、语言的运用、演讲表达等内容。

---

① 利亚森科.苏联功勋播音员[M].齐越，峻岭，译.北京：北京广播学院出版社，1988.

② 卢卡斯.演讲的艺术[M].顾秋蓓，译.北京：外语教学与研究出版社，2010.

《公共演讲基础》(*Essentials of Public Speaking*)(英文版)①作为传播学经典教材在美国很有影响力。本书分为四个部分:理论基础、准备演讲、发表演讲和演讲的种类。书中介绍了自古希腊、古罗马以来的经典修辞理论和当代关于公共演讲的最新理论,同时言简意赅地讲述了成功的公共演讲要素等。其虽然是一部学术著作,但内容具有很强的实用性,在培养演讲道德、树立演讲信心、利用互联网资源和计算机数据库等方面进行了理论阐述和实践指导。

以上两本专著对播音主持专业尤其是对主持人的即兴口才言语组织等方面具有非常实用的参考价值。

3.《美国播音技艺教程》和《美国播音主持实用教程》

在美国,虽然没有独立的播音主持学科和专业,但是传播学、影视学专业学生会学习播音课程。《美国播音技艺教程》(*Announcing*:*Broadcast Communicating Today*)②的四位作者在传播学、播音主持和公共关系等方面具有广博的知识和丰富的经验。他们揭开了播音主持的神秘面纱,将这个荣耀职业背后的普通工作展现在读者面前。书中不仅对改善嗓音、朗读稿件、即兴播讲、广播电视新闻播报、不同类型的采访、不同类型节目的主持、商业广告表演等具体的播音、主持、采访技巧进行了深入浅出的阐述,还讲解了演播设备的操作、播出磁带的编辑制作流程等技术层面的内容,并提供了颇有价值的技能完善指导和职业规划。

《美国播音主持实用教程》(*Broadcast Announcing Worktext*:*A Media Performance Guide*)③包括:认识专业播音、声音工作环境、电视播出环境、声音的形成、播报的技巧、广告播音、采访、新闻播音、音乐播音、体育播报、专业播报、大众传媒主持人的法律意识和演播生涯的开始等十三章。

研究国外的播音主持现状和动态,对我国播音主持专业人才培养中的课程设计、课程设置等有一定的借鉴意义。

---

① 汉密尔顿.公共演讲基础[M].2版.北京:北京大学出版社,2004.
② 豪斯曼,等.美国播音技艺教程[M].王毅敏,译.上海:复旦大学出版社,2007.
③ 斯蒂芬森.美国播音主持实用教程[M].3版.林小榆,译.北京:清华大学出版社,2014.

三、中外比较研究

出版于2017年的《中美播音理论研究发端著作点校、整理及翻译》①是中国传媒大学马玉坤教授主持的国家社科基金项目“二十世纪中国播音史史料学研究”的又一重要阶段性成果，是对中美播音理论与实践的比较研究。2018年，马玉坤和高国庆两位学者又发表了相关学术论文：《中美播音理论源头比较：学科建设的启示》②，对中美播音比较研究进行了更加深入的论述：

世界上第一座广播电台是1920年在美国匹兹堡开始播音的KDKA，中国第一座广播电台诞生于1923年的上海。1937年徐卓呆的《无线电播音》出版，这是中国第一本广播播音理论著作。尽管美国的广播电台比中国诞生早，但其与播音相关的著作《广播播音》于1946年才出版，比中国晚九年。

中国《无线电播音》的著者徐卓呆（1881—1958），江苏人，电影理论家、剧作家、小说家。1935年创作小说《怪播音台》，小说通过广播电台播出后收到意想不到的效果。此后，他的许多戏剧作品都是通过广播电台传播的，由此，广播成为徐卓呆重要的研究对象。通过对早期广播研究资料分析，目前中国最早对播音理论进行系统论述的著作当属徐卓呆的《无线电播音》。该书向读者全面介绍了播音的基本知识和具体要求，内容十分丰富。包括播音的基本功，播音的审美、规范、自律，受众心理，播音的社会功能，播音的技巧方法等。这些问题基本都成为后来中国播音学理论研究的重要研究方向，有的甚至发展成为新兴的交叉学科。

美国《广播播音》的两位著者：一位是艾特·吉尔默，美国哥伦比亚广播公司“具有丰富实践经验”的播音员，被誉为“行业专家”；另一位是格伦·米德尔顿，美国哥伦比亚广播公司好莱坞电台播音员。他们合著的《广播播音》除“前言”和“引言”外，共分为十章，每一章之前介绍一位当时活跃在广播一线的著名播音员以及他们的工作业绩。正文部分既有如何

---

① 马玉坤.中美播音理论研究发端著作点校、整理及翻译[M].北京：九州出版社，2017.

② 高国庆，马玉坤.中美播音理论源头比较：学科建设的启示[J].现代传播，2018(8)：165-167.

使用话筒、行业内习惯用语和手势等技术性内容，也有播音发声、语言表达训练的理论分析及具体做法，还向播音从业者提出了许多播音的原则和表达的要求。

综观《无线电播音》和《广播播音》两本专著，其研究体现出这样几个特点：一是带有较明显的个人经验总结色彩；二是涉及播音的大部分基本问题，这些都成为后来播音本体研究的主要方面；三是关注广播的社会功能，如教育、审美和价值引导等。从学科建设的角度来说，主要体现在以下三个方面：确立了播音人才的培养规格，建立了较为全面的播音学习、训练基本体系，延展了播音教育的研究历史。

高国庆、马玉坤两位学者指出：关于播音研究和播音教育的建立，以往在相关历史资料欠缺的情况下，我们以为关于播音的研究是从延安新华广播电台开始的，关于播音教育的建立是从新中国成立以后，20 世纪 60 年代开始的。当拂去尘埃的历史资料展现在我们面前时，我们发现关于播音的研究，在广播诞生后不久，就已经较为广泛深入地开展了。

两位学者认为，出版于 20 世纪前半叶的《无线电播音》和《广播播音》，虽跨越时空、远隔重洋，但都对播音业务进行了研究和探讨，体现了当时中外广播从业者对播音的思考和认识。从中我们可以感受到他们对广播的挚爱，对播音专业的追求。虽然有些内容浅显零散，但依然闪烁着前行者智慧的光芒，体现出他们对学术研究孜孜追求的信念。

第三节 研究思路和研究方法

一、研究思路

本研究基于媒介融合的时代背景，围绕播音主持专业课程体系设计开发和人才培养展开研究论述。

首先，明晰研究目的和意义，界定核心概念，并确定研究的基础理论。

第一章导论部分，重点分析时代背景，综述国内外相关文献研究，对整体研究做出规划；明确研究的问题、目的、内容、方法、意义与创新之处。第二章界定核心概念，确定理论支撑。重点对播音主持专业、人才培养、课程、课程体系、课程开发的核心概念进行辨析和界定；同时从哲学、播音学、教育学等学科中汲取相关理论为本研究提供学理支撑。

其次，根据课程理论，课程研究必须考虑三大因素：知识、学生、社会，所以课程建设应该考察三个层面，即学科及专业的课程体系、学生的全面发展与个性发展、社会的变革与需求。因此在第三章至第五章主要围绕上述三个方面进行论述。第三章介绍播音主持专业的创建和课程，采用历史研究法，回顾播音主持专业在中国的建立和发展进程，探讨这个专业的历史合理性和现实需求性。研究发现本专业随着时代的发展变化自身也处在不断完善和调整中，从1963年播音专业在北京广播学院建立，到1994年《中国播音学》的问世标志着中国播音学的诞生；从20世纪60年代开始以北京广播学院为代表的广播播音员培养课程的创立，到80年代随着主持人节目和节目主持人的“引进”以及中国电视事业的大发展，90年代初以上海戏剧学院为代表开始了对电视节目主持人培养课程的探索。随后播音专业拓展为播音与主持艺术专业。如今面对新媒体的发展，播音主持专业人才培养也应与时俱进，由培养广播电视节目播音员主持人向培养具有互联网传播特征的网络音视频节目主持人方向演进。第四章讲述播音员主持人的媒介素养构成。我们认为播音主持学是年轻的学科，播音主持具有多学科性，播音主持职业具有复杂性和综合性，播音员主持人是新闻工作者、语言工作者、艺术工作者。工作岗位对播音员主持人的思想素养、语言素养、文化素养都提出了要求。第五章分析新媒体对播音员主持人能力的要求。无论是传统媒体还是新媒体都对语言功力有高要求，“有稿播音锦上添花，无稿播音出口成章”在新媒体下更应该强化，“德才兼备、声形俱佳”“有声、上相、内涵深”仍然是专业的特色要求和美学追求。随着新媒体的发展，播音员主持人亟待提高新媒体的综合素养。

最后，通过对本专业课程现状的分析，对课程设计与开发提出理性思考与实践构想，同时通过对中外播音主持人才选拔途径进行比较，以期借鉴有益经验。第六章分析播音主持专业课程现状。目前全国开设播音主持相关专业的本科、专科院校有300多家。本书的研究对象是高等院校的播音与主持艺术专业。为了研究方便，笔者把大学分成六种类型，即传媒类、艺术类、体育类、理工类、师范类、综合类，每一类各选取三所院校，范围遍布我国北方、南方、东部、西部等地域。通过对这六类院校的播音主持专业培养目标、课程设置进行宏观分析比较，发现多所高校的课程目标狭窄、课程内容陈旧、教学方式传统、评价手段单一。除了体育类院校培养体育节目主持人或体育解说评论员，拥有比较明确的目标定位外，其他各类高校培养目标因同质化而缺乏特色。而且不少高校播音主持专业培养目标"虚高"，培养方案中没有新媒体课程的设置。这些问题都需要各类高校的播音主持专业找准定位，围绕课程目标、课程内容、课程结构、课程实施、课程评价等维度对本专业课程体系进行设计和开发。第七章提出播音主持专业课程开发构想。针对上述高校播音主持专业存在的问题和面临的困境，对播音主持专业课程体系开发提出了一些理论构想。根据大学的三种基本类型，即学术性研究型大学、专业性应用型大学、职业性技能型院校，提出高校播音主持专业应该定位于应用型本科专业，依据对社会、学生和学科的研究确定课程目标。课程内容的选择和组织应在公共课基础上进行拓展，设计有利于播音主持人才提高综合素养的通识课程；同时加大实践课程的比例，以适应新媒体时代对学生"一专多能"的职业要求。在课程实施方面，突出学生的主体地位，激发学生对新媒体课程的探究热情；在师资队伍建设上，培养和引进"双师型"教师；把媒体制片人制引进课堂，以节目流程范式开展教学，以保证学生课程学习质量和效果。在课程评价方面，改变由学校和教师单一的评价，采用教师和学生、学界和业界的多元评价机制，使评价反馈步入良性循环轨道，促进播音主持专业课程科学理性地调整和发展。第八章对播音主持人才选拔和培养方式进行比较，借鉴美国、英国等国外的播音员主持人选拔途径，以及台湾世新大学口语传播课程和上海复旦大学新闻传播课程的设置，以期对播音主持专业课程设计与开发和播音主持专业人才培养起到启发作用。

综上所述，本书研究方向为媒介融合背景下播音主持专业人才培养和课程设计与课程开发研究。分析现状，查阅文献，探寻理论支撑，采用文献研究法与深度访谈法等方法，在有了现实依据和理论依据之后，厘清课程研究理念，进行课程设计与开发行动研究实践，最终得出结论并展望下一步研究方向。图 1-1 为研究思路技术路线图。

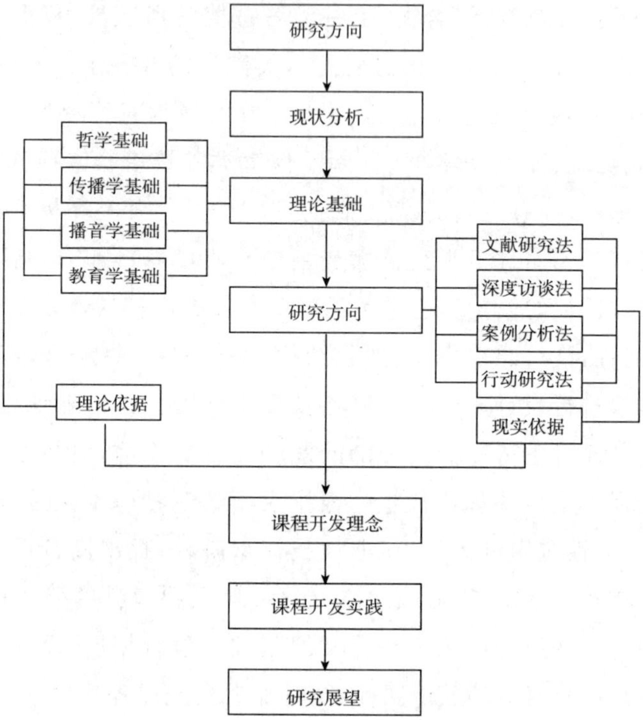

图 1-1 研究思路技术路线图

二、研究方法

(一)文献研究法

以两条路径查阅整理文献：一方面以“播音主持”“人才培养”为关键词检索查阅国内外文献，另一方面以“课程教学”“课程设计”“课程开发”为关键词检索查阅国内外文献。整理有关博士、硕士论文，专业期刊，学术专著等文献资料，对相关文献进行梳理、提炼、融合。

(二)深度访谈法

首先，对传统媒体和新媒体机构进行访谈。了解在媒体融合时代主持人需要具备什么样的综合素质才能具有竞争力，才能更好地主持广播电视节目以及网络音视频节目。

其次，对播音主持专业教师、学生进行访谈。了解本专业老师和学生对当前的课程体系、课程设置以及教学方法等有什么看法和想法，他们各自对播音与主持艺术专业的前景有何期许。

（三）案例分析法

拟选取中国传媒大学、浙江传媒学院、上海戏剧学院、上海师范大学等几所有代表性的开设播音与主持艺术专业的高校进行观察、比较。分析这几所高校在播音主持专业课程设置、人才培养方面的不同特色，探寻播音与主持艺术专业的发展路径。

第二章
基本问题阐释：播音主持专业课程研究基础

第一节 播音主持专业课程研究的基本概念

一、播音与主持艺术专业和人才培养

（一）播音与主持艺术专业

一所大学培养的人才是否受到社会的欢迎，取决于其专业设置是否合理和培养的人才是否优质。因此，合理地设置专业和制定人才培养目标是大学教学活动的起点，也是检验大学教学活动产生社会效果的主要指标之一。

当前，世界上绝大多数高等学校从性质上看，实施的都是专门教育，即根据学术门类或职业门类划分，将课程组合成不同的专门化领域。在我国，人们将这些不同的组合称为“专业”。高等学校的人才培养，就其内容而言，也可称为“专业教育”。尽管目前高等教育改革更强调基础教育，淡化“专业”，但专门化，永远是高等教育的一个基本特点。可以说，“专业”是课程的

一种组织形式。因而在谈到高等学校课程时，其中也就包含了这种组织形式。①

专业是高等学校根据社会分工需要和学科体系的内在逻辑而划分的学科门类。按照专业设置组织教学，进行专业训练，培养专门人才是现代高校的特点之一。② 播音主持专业是为广播电视及网络媒体培养播音员主持人的专业。

播音与主持艺术专业在我国是一个新兴专业，随着文化产业的飞速发展，播音主持职业成为就业领域的热点和亮点。目前，全国开设播音主持相关专业的院校有300多所，以中国传媒大学、浙江传媒学院为代表的全国播音主持专业院校每年培养众多播音主持人才。本专业面向广播影视媒体及相关机构，培养具备中国播音学、新闻传播学、中国语言文学、哲学、美学、艺术学等多学科知识与能力，从事广播电视普通话新闻播音主持及新闻报道、专题播音主持、文艺节目主持、体育评论解说、双语播音主持、影视配音及演播，以及播音主持教学与研究工作的复合型语言传播精英人才。同时培养面向广播影视行业和语言表达相关单位的，具备广泛文化知识、艺术水准和良好职业道德，德智体全面发展的，具有一般播音主持基础理论知识，具有多种语言艺术表达技巧，能够在各级各类电视台、电台、广告公司、教育、旅游、电信等单位从事语言艺术工作的专门人才。

播音主持工作指“以在话筒前（含镜头前）进行有声语言创作为主要任务的职业”③。其中，关于节目主持人的概念存在争论，莫衷一是。大体上认为“节目主持人是在广播电视中，以个体行为出现，代表着群体观念，用有声语言、形态来操作和把握节目进程，直接平等地进行大众传播的人”④。

（二）人才培养

“人才”一词，最早见于《诗经 · 小雅》的注解中：君子能长育人才，则天下喜乐之矣。我国古代用于描述人才之意的字词有“贤”与“能”，然后是

---

① 潘懋元，王伟廉．高等教育学[M]．福州：福建教育出版社，2013：107.

② 谢安邦．高等教育学[M]．北京：高等教育出版社，1999：203.

③ 张颂．播音语言通论——危机与对策[M]．北京：北京广播学院出版社，1994：58.

④ 俞虹．节目主持人通论[M]．杭州：杭州大学出版社，1996：5.

"士",即有德行有才干的人。[①]《国家中长期人才发展规划纲要(2010—2020年)》对"人才"作出如下界定:"人才是指具有一定的专业知识或专门技能,进行创造性劳动并对社会作出贡献的人,是人力资源中能力和素质较高的劳动者。人才是我国经济社会发展的第一资源。"《辞海》认为"培养"主要有两层含义:"一是以适宜的条件促进生物体生长、发育和繁殖;二是训练,造就。"通过对"人才"与"培养"概念的整理,笔者认为本文中的"人才培养"是指:为使个体具有运用专业知识或专门技能从而为社会进行有益性劳动或作出贡献的系统的训练与教育过程。

我们说培养人才是高等院校的首要职责。美国高等教育学家布鲁贝克认为,高等教育中,人才培养目标的设立,主要受到两种高等教育哲学思想的指导:"一是认识论,是以人的性格陶冶和心智开发为主要目的大学教育;一是政治论,是以满足社会需求为培养目的的大学教育。"[②]西班牙著名学者奥尔特加·加塞特认为:"人才素质结构应由文化、科学与专业三方面组成。"[③]美国高等教育学家弗莱克斯纳认为现代大学不可能培养百科全书式的通才,而只能培养专才,以应对专业分工所产生的各种社会需要。[④]《中华人民共和国高等教育法》明确规定:"高等学校应当以培养人才为中心。"潘懋元在《高等学校的社会职能》一文中认为,高等学校三个职能的产生与发展是有规律性的。先有培养人才,再有发展科学,再有直接为社会服务。它的重要性跟产生的顺序一样:第一,培养人才;第二,发展科学;第三,直接为社会服务。

本研究中播音主持专业人才培养主要指高等院校播音与主持艺术专业人才培养。通过对上述国内外高等院校人才培养理论的研究,笔者认为:我国高等院校播音与主持艺术专业为了使学生,即准播音员主持人具有运用有声语言专业知识或技能为广播电视等新闻媒体进行有益性播音主持,而根据相关课程理论,以理论传授与实践体验相结合的形式,从事系统性教学活动的具体实施过程。

---

① 钟祖荣.现代人才学[M].杭州:浙江教育出版社,1988:36.

② 布鲁贝克.高等教育哲学[M].王承绪,等译.杭州:浙江教育出版社,2001:13.

③ 加塞特.大学的使命[M].徐小洲,等译.杭州:浙江教育出版社,2001:55.

④ 赫钦斯.美国高等教育[M].汪利兵,译.杭州:浙江教育出版社,2001:52-68.

二、课程体系和课程开发

(一)课程

一个概念，它的核心一般就是它的定义，定义往往以概括的形式揭示一个概念的质的规定性。课程的概念也是如此。然而课程的定义又是一个相当复杂的问题。长期以来人们一直在对之进行探讨，但这一问题尚未得到很好的解决。[①] 的确，由于课程自身的复杂性以及研究者的出发点和研究视角的差异，长期以来，课程的定义众说纷纭、莫衷一是。美国学者鲁尔在其论文《课程含义的哲学探索》中统计，课程至少有 119 种定义[②]；据另一位美国学者波特黎的统计，仅在课程论的专业文献中，课程的定义就超过 120 种[③]。因此，美国学者斯考特指出，课程是一个用得最普遍但定义得最差的教育术语[④]。

在我国，"课程"一词在古代文献中就已出现。唐代孔颖在《五经正义》中为《诗经・小雅・小弁》里的"奕奕寝庙，君子作之"一句作疏："教护课程，必君子监之，乃依法制也。"不过这一迄今所知最早出现的"课程"一词与今天课程论中的"课程"概念相去甚远。宋代朱熹在《朱子全书・论学》中多次提及课程，如"宽着期限，紧着课程""小立课程，大作功夫"等。虽然他对这里的"课程"没有做明确界定，但这里的"课程"基本含义是课业及其进程，而这正是当今课程论中的"课程"术语的基本含义。

"课程"一词的英文是 curriculum，来源于拉丁文 currere，意为"跑道"。该词最早是在英国哲学家、社会学家、教育思想家斯宾塞于 1859 年发表的《什么知识最有价值》一文中出现的，意为"学习的进程"，简称"学程"，是从学的角度来说，而不是从教的角度来说的。后来"课程"一词转义为教育术语，意为学习者学习的路线。西方一些较权威的工具书均以此为课程的基

---

① 丁念金.课程论[M].福州：福建教育出版社，2007：15.

② 比彻姆.课程理论[M].黄明皖，译.北京：人民教育出版社，1989：169.

③ MARSH.Key Concepts for Understanding Curriculum[M].London：Routledge Falmer，2004：3.

④ SCOTTER.Foundations of Education：Social Perspective[M].New York：Macmillan，1979：272.

本含义，如英国《牛津词典》、美国《韦伯词典》《国际教育词典》都是这样解释的。但这种解释在当今的课程文献中受到越来越多的质疑，许多研究者对“课程”的拉丁文词源有了新的理解，认为 currere 一词的意思应该是“奔跑”，即课程是为不同学生设计的不同轨道，这样理解课程的着眼点就会放在个体认识的独特性和经验的自我建构上，就会得出一种完全不同的课程理论和实践。

在近代，由于班级授课制的实行，德国赫尔巴特学派的赫尔巴特、齐勒尔、赖因等人提出“五段教学法”(第一阶段，预备——提出问题，说明目的；第二阶段，提示——提出新课程，讲解新材料；第三阶段，联想——比较；第四阶段，总结；第五阶段，应用)①，使人们开始关注教学的程序及设计，于是课程的含义从“学程”变成了“教程”。

我国在 1949 年以前一直使用“课程”这一概念。新中国成立初期学习苏联，受原凯洛夫教育学的影响，在教育理论上改用“教学计划”“教学大纲”“教科书”等比较具体的概念。从范围上看，“课程”与“教学计划”比较接近，“教学大纲”和“教科书”则是课程的另一些具体形式。② 在学术体系中把课程归入教学内容，是教学论的一部分，而没有单独的课程论体系。改革开放以来，西方的课程理论逐渐传入我国并发展形成了中国的课程理论。我国学者吸收了现代西方教育理论中的合理部分，很多教育文献开始使用“课程”一词。《辞海》把课程定义为“教学的科目”。课程既可以指一个教学科目，也可以指学校的或一个专业的全部教学科目。《中国大百科全书·教育》将课程定义为“课业及其进程”③。《教育大词典》对课程的定义是“为实现学校教育目标而选择的教育内容的总和”④。

我国学者对课程内涵的理解和认识越来越深入，对概念的定义也越来越精确。吴杰认为：课程是指一定的学科有目的有计划的教学进程。这个进程有量、质方面的要求，也泛指各级各类学校某级学生所应学习的学科总

---

① 王天一，夏之莲，朱美玉.外国教育史(上册)[M].北京：北京师范大学出版社，1984：330.

② 潘懋元，王伟廉.高等教育学[M].3 版.福州：福建教育出版社，2013：106.

③ 中国大百科全书出版社编辑部，中国大百科全书总编辑委员会《教育》编辑委员会.中国大百科全书教育[M].北京：中国大百科全书出版社，1985：207.

④ 教育大辞典编纂委员会.教育大辞典[M].上海：上海教育出版社，1990：257.

和及其进程和安排。[①] 陈侠认为：课程可以理解为为了实现各级学校的教育目标而规定的教学科目及其目的、内容、范围、分量和进程的总和。[②] 李秉德认为：课程就是课堂教学、课外学习以及自学活动的内容纲要和目标体系，是教学和学生各种学习活动的总体规划及其过程。[③]

针对课程研究领域中对课程定义的歧见，一些著名的课程研究专家提出了理解课程内涵的方法。施良方认为：每一种有代表性的课程定义都有一定的指向性，即都是指向当时特定社会历史条件下课程所出现的问题，所以都有某种合理性，但同时也存在着某些局限性。而且，每一种课程定义都隐含着作者的一些哲学假设和价值取向。目前要得出一个精确的并为大家所认同的课程定义，既不现实，也不可能。对教育工作者来说，重要的是意识到各种课程定义所要解决的问题以及伴随的新问题，以便根据课程实践的要求，做出明智的决策。[④]

总体而言，国内外学者对课程概念的主要观点可以概括为以下几种：

(1)课程即教材

课程即教材的观点，也就是课程即教学内容的观点，是大教学论小课程论的观点，主要代表人物是捷克教育家夸美纽斯。他在其著作《大教学论》中倡导课程即教学内容的观点。中国古代的“六艺”(礼、乐、射、御、书、数)、西方古代的“七艺”(文法、修辞、逻辑、算数、几何、天文、音乐)等都视教材为课程。这一观点历来强调课程就是传递知识的过程，而知识的传递有一个依据，这个依据就是教材。所以，教师教教材和学生学教材就成了课程的主要内容。除此之外，课程还规定一些所谓的教学进度与时间安排，但课程的主体是教学内容。这是一种学科中心论的观点，为后来赫尔巴特传统教育论的产生奠定了基础。

(2)课程即生活

此观点的代表人物是著名美国教育家杜威。他不满于斯宾塞“为完美的生活做准备”的教育观而提出了“教育即生活”“教育即生长”“学校即社

① 吴杰.教学论——教学理论的历史发展[M].长春：吉林教育出版社，1986：5.

② 陈侠.课程论[M].北京：人民教育出版社，1989：13.

③ 李秉德，李定仁.教学论[M].北京：人民教育出版社，1991：149.

④ 施良方.课程理论——课程的基础、原理与问题[M].北京：教育科学出版社，1996：10.

会"的著名观点。杜威在《我的教育信条》中论述"什么是学校"时指出："学校主要是一种社会组织。教育既然是一种社会过程，学校便是社会生活的一种形式。""因此，教育是生活的过程，而不是将来生活的预备。"杜威认为，教育领域的许多失败是由于忽视了把学校作为社会生活的一种形式这个基本原则。现代教育把学校当作一个传授某些知识、学习某些课业或养成某些习惯的场所。这些东西的价值被认为多半要取决于遥远的将来。儿童之所以必须做这些事情，是因为他将来要做某些别的事情，这些事情只是预备而已。它们并不能成为儿童生活经验的一部分，因而并不真正具有教育作用。所以，改变教育的这种状况就需要从改造学校做起。

"学校必须呈现现在的生活，即对于儿童说来是真实而生气勃勃的生活，像他们在家里、在邻里间、在运动场上所经历的生活那样。""儿童的社会生活是他的一切训练或生长的集中或相互联系的基础。社会生活给予他一切努力和一切成就的不自觉的统一和背景。学校课程的内容应当注意从社会生活的最初不自觉的统一体中逐渐分化出来。因此，学校科目相互联系的真正中心，不是科学，不是文学，不是历史，不是地理，而是儿童本身的社会生活。"①这种取向的重点放在学生做什么上，而不是放在教材的学科体系上。以活动为取向的课程，注重课程与社会生活的联系，强调学生在学习中的主动性，是一种探究性的教学。

(3)课程即经验

在泰勒看来，课程内容即学习经验。"'学习经验'这个术语，不等同于一门学程涉及的内容，也不等同于教师从事的各种活动。'学习经验'是指学习者与他对做出反应的环境中的外部条件之间的相互作用。学习是通过学生的主动行为发生的；学生的学习取决于他自己做了什么，而不是教师做了什么。"②他认为教育的基本手段是提供学习经验，而不是向学生展示各种事物。这种观点强调学生是主动参与者，是学习活动的主体。学习的质和量取决于学生而不是课程，强调学生与外部环境的相互作用。教师的职责是构建适合学生能力与兴趣的各种情境，以便为每个学生提供有意义的

① 王承绪，赵祥麟.西方现代教育论著选[M].北京：人民教育出版社，2001：7-10.

② 泰勒.课程与教学的基本原理[M].施良方，译.北京：人民教育出版社，1994：49.

经验。

另外，现代学校课程观又从不同角度将课程分为很多种类型：

从课程制定主体来看，有国家课程、地方课程和校本课程。从传授内容来看，课程可分为理论型课程和技能型课程、基础课程和专业课程、单一课程和综合课程、学科课程和活动课程、人文课程和科学课程等。从层次构成上，课程可分为公共基础课程、专业基础课程和专业课程、横向课程和纵向课程。从修习的要求看，课程可分为必修课程、限选课程和任选课程。从作用来看，课程可分为传习性（接受性）课程和发展性（拓展性）课程；知识课程、能力课程和素质课程等。从规模来看，课程可分为大型、中型、小型、微型课程。根据是否有明确的计划和目的，课程可分为显性课程和隐性课程。

总之，不同的分类只是为我们从不同的角度研究课程提供方便。本研究将课程分为通识教育课程和专业教育课程两大类。通识教育课程是为播音主持专业大学生在校学习和未来发展奠定基础的课程；专业教育课程是在通识教育课程之上为帮助播音主持专业大学生掌握专业知识和技能、全面发展而设置的课程。这两大类课程在高等学校育人系统中统摄了各类课程，发挥着各自不同的作用，并有机地结合在一起构成播音主持专业课程体系。

（二）课程体系

体系指“若干有关事物互相联系、互相制约而构成的一个整体”[①]。由此可以看出，体系不是单个事物，而是由若干相互联系的事物组成的。其对应的英文“system”有“体制”和“系统”的含义。实际上，一个体系就是作为一个系统而存在的，它具有系统的整体性特征。在西方国家，“课程体系”与“Program”意思较接近。卢晓东等人认为：“Program”仅指一个系列、有一定逻辑关系的课程组合，相当于一个培养计划，或者是我们所说的课程体系。[②]在我国，课程体系也有狭义和广义之分。狭义的课程体系特指课程结构，是各类课程之间的组织和配合。如赫冀成认为课程体系又称课程结构，它是

① 施良方.课程理论——课程的基础、原理与问题[M].北京：教育科学出版社，1996：9.

② 卢晓东，陈孝戴.高等学校“专业”内涵研究[J].教育研究.2002(7)：47-52.

所设全部课程互相之间的分工和配合，是教学计划的核心[①]；广义的课程体系是在一定的教育价值理念指导下，将课程的各个构成要素加以排列组合，使各个课程要素在动态过程中统一指向课程体系目标（或专业目标）实现的系统[②]。李延军认为课程体系是一个具有特定功能、特定结构、开放性的知识、能力和经验的组合系统。它不仅要将内部的要素连结成一个统一整体，还必须充分体现培养目标和培养规格，以适应社会经济发展的需要，反映科学技术发展的现状与趋势，符合学制及学时限制。[③] 从纵向上看，课程体系包括三个层次：一指宏观的专业设置，涉及高等教育的学科及专业；二指中观的课程体系，涉及某专业内部课程结构、课程内容、课程设置等方面；三是微观的教材体系，涉及某专业内某具体课程的教学内容等方面。从横向上看，课程体系由课程目标、课程结构、课程实施、课程评价等要素环节组成。它们之间互相独立，有各自的内涵和特征，但又相互联系，彼此制约，任何一个环节出现问题势必会影响其他环节，它们共同决定着课程体系的整体功能。

"课程体系"与"课程结构"是一对密切关联的概念。如前所述，"体系"指若干有关事物互相联系、互相制约而构成的一个整体，而"结构"指构成整体的各个部分及其结合方式。根据这一理解，"体系"更多从整体来看待一个事物，而"结构"却由具体探讨事物的内部构成。罗尧成认为"在对课程的探讨上，课程结构比课程体系更具体、更明确"[④]。

（三）课程开发

"课程开发"（Curriculum Development）指决定课程过程及其依据的各种理论取向。该词是课程领域内广泛使用的一个术语，有时指"课程研究"（Curriculum Study），有时也与课程设计（Curriculum Design）通用，但其含义比课程设计宽泛。它由课程编制（Curriculum Making）、课程建设（Cur-

---

① 赫冀成，张喜梅.面向21世纪中日美理工大学课程体系与人才培养比较[M].沈阳：东北大学出版社，1994(7)：19.

② 胡弼成.大学课程体系现代化[M].长沙：湖南大学出版社，2007：21.

③ 李延军.科学教育专业课程体系的研究[D].杭州：浙江师范大学，2006：4.

④ 罗尧成.研究生教育课程体系研究[M].广州：广东高等教育出版社，2010：21.

riculum Building、Curriculum Construction）等词发展而来。1935 年，美国学者卡斯威尔和坎贝尔所著的《课程开发》（*Curriculum Development*）出版后，该词在西方教育书刊中逐渐流行。①

在 Curriculum Development 一词应用于课程领域后，译者们对其译法莫衷一是，归纳起来有课程编制、课程开发和课程研制等几种译义。韩雪军从 development 一词的词源考查 Curriculum Development 原本含义，认为 Curriculum Development 不能译作课程编制，而只能译作课程研制或课程开发，二者是同义语，都是指以课程标准、课程计划、课程内容等为对象“进行劳动以达到利用的目的”的过程。它们包括解读课程标准和课程计划、选择课程内容、组织课程内容、设计课程实施程序、选择课程实施方式方法、对课程内容具体化等一系列环节。课程开发和课程研制的区别在于，课程开发更注重实践层次，是技术性行为，而课程研制则更趋向于理论层次，是研究性行为。②

丁念金教授认为，不少文献将 Curriculum Development 译为“课程开发”，不能完整地表达这一术语的含义。这里的 development 指就任何一个事物从计划产生具体、详尽的细节，以及制订计划本身。Curriculum Development 指根据一个大纲准备一个具体的教与学的操作计划、程序，它既包括非课程执行者设计课程的活动，也包括课程执行者（教师）对非执行者提供的课程材料进行判断、更改、补充和转换，以及通过评价而对现有的课程加以改进的过程。简言之，Curriculum Development 包括课程决策、课程设计、课程实施和课程评价的全过程，含有不断扩展、改变和提高的意味，因此译为“课程发展”更为合适.而且，“开发”往往指对已经存在的东西加以挖掘利用，如“西部大开发”“矿产资源开发”“智力开发”等，而 Curriculum Development 则更多地侧重于从没有课程的情况下设计课程，因此不宜译为“课程开发”。更进一步说，为了避免静止地理解“课程编制”（Curriculum Making）的概念（即机械地认为课程编制是一次性地完成的），才有必要强化“课程发展”的概念。而如果我们能充分地认识到课程编制是一个动态的过

---

①② 韩雪军.“curriculum development”译名及其词源考证[J].内蒙古师范大学学报（教育科学版），2007(1)：15-17.

程，则可以淡化“课程发展”概念。①

Development 隐含开发、创建、发展、形成等意义，它意味着课程编制是一个不断改进的过程。由于学生不断会有新的兴趣与需要，社会上的各种因素在不断变化，而且学校本身也在不断发展，这些都会对学校课程产生重大影响，所以用 development 这个词更确切一些。故而尽管我们仍沿用“课程编制”这个术语，但其内涵和外延已发生了变化。②

对于 Curriculum Development 这一术语，中国台湾地区学者一般译为“课程发展”。对于“课程开发”的概念，本研究亦采用课程发展之意，不是对播音主持专业课程体系全部推翻重新建立，而是采用“守望与前行”的态度，在学习考察原本课程设置等基础上进行完善及拓展。考虑到国内众多学者的使用习惯，还是沿用“课程开发”的叫法。

目前人们对课程开发的理解是，它既要考虑历史、哲学、文化、政治、经济等众多影响因素，也要关注这一过程中所有独特的问题，以及诸如目标、学习经验或内容、组织、教学、评价和课程改革等一般性问题。课程开发是国家或地方政府政治决策、专家与权威相互作用的过程，不单是教育学者和课程专家的工作，也是社会有关方面共同合作的事业。20 世纪以来，课程开发的主要模式有目标模式、过程模式等经典模式。

第二节　播音主持专业课程研究的基础理论

一、哲学基础

（一）人的全面发展理论

马克思主义哲学是科学、完备、严密的哲学思想体系，马克思主义的唯

---

① 丁念金.课程论[M].福州：福建教育出版社，2007：246.

② 施良方.课程理论——课程的基础、原理与问题[M].北京：教育科学出版社，1996：81.

物史观决定了其教育本质观；马克思主义的价值论决定了其教育目的论；马克思主义的人性观决定了其人的发展观。本研究将马克思主义哲学中的教育本质观、教育目的论和人的发展观作为哲学基础。

第一，马克思主义的唯物史观认为社会历史的发展是生产力与生产关系的矛盾运动，因此教育的发展也受社会基本矛盾的制约。马克思主义把教育看作人类自身再生产的活动或者形式，看作科学文化的再生产活动，因此它由社会物质生产决定，这是教育本质的一般规定。既然教育发展受社会基本矛盾的制约，那么播音主持专业教育应该以社会政治、经济、教育和广播电视及新媒体的发展需求为导向，遵循社会发展的矛盾运动规律进行课程的创新和开发。第二，马克思主义的价值论把价值看作关系范畴，即客体与主体需要的满足关系，因此教育价值是客体的教育对主体人的效用和意义。教育价值论的中心是研究教育目的的价值追求，即促进受教育者素质的全面发展。首先是精神价值的追求，包括科学、道德和艺术，并将其高度概括为对真、善、美的追求，因此马克思主义关于人的全面发展内在地包含了道德和审美的要求。第三，马克思主义肯定人有自然属性、社会属性和意识属性，并强调人的本质是“一切社会关系的总和”，人是通过改造世界的实践来提高认识、改造自己并获得自己的本质属性的。因此环境和教育对人的发展很重要，同时人的主体作用也很重要。总之，马克思主义将人的全面发展看作人在实践基础上的现实的社会化的本质力量的极大发挥，是人的个性的丰富完美。

另外，马克思主义将实践纳入认识论，提出人类认识的丰富性和深刻性来源于人类认识的实践性的观点，强调教育中的理论联系实践原则。同时强调“全面发展并不是高不可攀的事，全面发展也是无止境的，它将随着社会的发展而不断发展和丰富其内容。全面发展的概念既然是发展的，那么人的全面发展的广度和深度也将随着社会的发展而有所不同”①。这就要求学校课程充分反映现代科学的最新成果，兼具理论性和实践性，在实践中注重发挥学生个性，促进学生的全面发展。

---

① 黄济.教育哲学通论[M].太原：山西教育出版社，1998：441.

(二)系统组织管理理论

系统论、控制论、信息论是20世纪40年代先后创立并迅速发展起来的，人们摘取这三个英文的第一个字母，把它们称为SCI论。其中系统论的创始人美籍奥地利生物学家贝塔朗菲把“系统”定义为“相互作用的诸要素的综合体”①。系统科学自创立以来，不但广泛地应用于自然、社会的各个专业领域，而且其研究问题的方法和思维方式也成为人们思考自然、社会问题的重要参考框架。系统理论学派亦称系统学派，该学派重视对组织结构和模式的分析，应用系统理论的范畴、原理，全面分析和研究企业及其他组织的管理活动和管理过程，并为之建立起系统模型。该理论认为组织作为一个开放的社会技术系统，是由五个不同的分系统构成的整体，这五个分系统包括：目标与价值分系统、技术分系统、社会心理分系统、组织结构分系统和管理分系统。这五个分系统之间既相互独立，又相互作用，不可分割，从而构成一个整体。这些分系统还可以继续分为更小的子系统。系统理论通过对组织的研究来分析管理行为，体现了管理哲学的改变。它使人们从整体的观点出发，更清楚地了解组织的各个分系统的地位和作用，以及它们之间的相互关系。同时，它也使人们注意到任何社会组织都具有开放系统的特征，从而要求管理者不仅要分析组织的内部因素，解决组织内部因素的相互关系问题；还必须了解组织的外部环境因素，注意解决组织与外部环境的相互关系问题，为人们处理和解决各种复杂组织的管理问题提供了一种十分有用的思路和方法。

总之，系统论最基本的两个特点就是多元性和相关性。一方面，客观事物都以系统的形态存在，都是由诸多要素按照一定的规律组成的复杂的综合体，这个综合体有其特殊的性质、规律和功能，不能简单地将其分割，孤立地对其进行分析；另一方面，研究任何一个客观事物或具体系统，都要对其进行综合考察，要从它的组成部分、结构、功能以及环境的相互联系、相互作用和相互制约等方面进行综合研究。系统论强调整体与局部、局部与局部、系统本身和外部环境之间互为依存、相互影响和相互制约的关系，具有目的性、动态性、有序性三大基本特征。

---

① 贾春增.外国社会学史[M].修订本.北京：中国人民大学出版社，2000：216.

二、播音学基础

（一）语言功力理论

中国播音学的核心是播音创作基础理论，往前生发是发声学、吐字归音，往后生发是节目形态、广播电视语言传播。而播音创作基础理论的核心是播音创作主体的语言功力。语言功力不是“语言的功力”，它比语言的功力更为广泛深刻。观察力、理解力、思辨力、感受力、表现力、鉴赏力、调检力、回馈力等，都包含在语言功力里。把语言功力简化为表现力是错误的。①

语言功力，正如张颂教授所说：“就是语言的功底和能力。”一个人的语言功力是建立在一定的生理素质和心理素质的基础上，经过教育、培养，并在实践活动中不断吸取他人的智慧、总结积累自己的经验而形成和发展起来的。

我们对“语言功力”这一概念的范畴做进一步的逻辑分析，它可以包含三层含义：一是语言心理与表达层面，主要是制约语言功力的心理素质，即理解力、观察力、感受力、反应力、表现力、感染力、调检力，以及语言的记忆力、想象力。其中表现力和感染力是对语言表达能力的要求。二是语言效果层面，指语言运用的功夫、造诣，主要表现为驾驭语言的水平及客观的反映和评价，如语言本体方面语词、语法的运用水平，语言内容方面的思想水准与文化含量，语言形式方面的文学性、美学意义等。三是语言类型层面，指体现语言功力的范畴类型，如语种范畴（母语、外语；普通话、方言、少数民族语言等）、语言形式范畴（口头语言、书面语言、计算机语言等）、语体范畴、文体范畴、风格范畴，等等。这三个层面是从不同角度切入的，实际上互有交叉，比如在语言类型层面，可以对其进行语言心理与表达层面或语言效果层面的标准和评价。

具体到分析主持人的语言功力，当然也基于以上三个层面。不过从主持人工作实践和对主持人语言能力的要求来看，当前急需明确和突出的是

---

① 张颂.播音主持艺术论[M].北京：中国传媒大学出版社，2009：265.

语言类型层面的“语言形式范畴”，即节目主持人语言功力的存在形式及其相应的水平。从语言形式范畴看，主持人语言功力是由写作能力、有声语言表达能力及即兴口语能力构成的符合主持人工作要求的语言基本功和造诣。需要说明的是，虽然即兴口语也是有声语言，但是结合主持人的工作实际，即兴口语强调的是在没有现成稿件、没有预先准备的情况下，主持人把所要表达的思想意图组织成话语序列的能力，也称语言表述能力，与有现成文本的、声情并茂的语言表达能力有所区别。当前，有的主持人只是单打一地突出其中一个方面，也许写作能力不错，但表达起来平淡无味，缺乏交流感；有的主持人有声语言的表达生动感人，可是在没有稿件作为依托时组织语言的能力弱，说不成句或说不到位。主持人的语言能力如若“瘸腿”，在节目形态日益丰富，互动、直播等形式不断增加的情况下，难免捉襟见肘。主持人必须重视这三个层面的语言功力，并力求平衡发展。我们从主持人语言功力的存在形式层面入手，进一步分析不同形式所强调的语言素养及能力，从而使语言功力的提高具有可操作性，最终达到效果层面的语言驾驭能力要求。

(二)语感通悟理论

播音学创始人张颂教授的语感通悟理论对播音员主持人的培养具有重要的理论指导意义和艺术语言实践价值。

各种语言样式在广播电视中的使用，并非一成不变的。我们所说的有稿播音、无稿播音，宣读式、朗诵式、讲解式、谈话式等播音方式，在它们各自的内部又有丰富多彩的样态表现。凡是恰当的样态，都是创作主体对语言内容和形式准确把握的结果。

不同的人有不同的语感，同一个人在不同的情况下也会有不同的语感。语感，是对语言刺激的“感之于外，受之于心”，是对语言运用的“情动于衷，声形于外”。语感是一种能力，是把接收、鉴别、储存信息和发出、丰富、驾驭信息全部融入语言感受中的能力。正因为这样，一个有较强语感的人，既有较高的鉴赏力，也有较高的表现力。他能发现语言本身和语言背后的“起承转合”和“悲欢离合”，他能既见舆薪，也能明察秋毫之末。

语感讲求丰富和精密，它应该是一种“合金”，而不是单一的金、银、铜、铁、锡。这种“合金”，是辨音律的耳朵、观六合的眼睛、嗅全味的鼻子、有艺术修养的头脑、身躯化合集萃而会于口齿唇舌的结晶。“我们之所以把感觉概括为一种‘合金’，无非是要说明在感觉产生的过程中，由于情境变量的作用，使感觉这种反映形式发生了某种‘折射’和‘变形’而已。”“使用‘合金’，这个概念，较好地说明了客观外界的刺激不是直接地、机械地规定着它所引起的感觉，而是以人的许多内部条件为中介的。”只把语感作为“语言感觉”，必然被局限，甚至被歪曲。为了避免这种误会，我们采用了语言感受这一说法。而这样认识，正是语感丰富、精密的根基。

语感讲求丰富，意思就是善于感受和把握各式各样的、千变万化的语言样态，而不仅仅局限于各种样式。如“宣读”，是朗读的一种样式，但却有众多样态：声明、公报、政令、法令、新闻、评论、信件……其中，又有多种样态，如信件，有贺信、唁电、公开信、受众来信、家信等。每一样态，又随读信者、环境、气氛、人际关系、听信者等产生不同变化。怎么能说“宣读式”是居高临下而加以全盘否定呢？这种否定，只能认为是对否定者的否定，因为否定“不知”，正是无知的表现。

语感讲求精密，意思就是善于感受和把握每种样式、每个样态之中某一样式、某一样态的历时、共时、瞬时差异的细微变化。感受和把握得越精密，语感越好。每一句话，每个停连、重音、语气，句首、句腹、句尾，开头、连接、转换、结尾，抑扬顿挫，有时牵一发而动全身，有时失之毫厘谬以千里。这里面的变化妙不可言、美不胜收，绝非一个“言语”、一个“交谈式”所能解决的。有些同行在反对固定腔调的同时，也抛弃了播音腔。为了避免、远离播音腔，走上了“主持腔”的道路，还以为找到了“法宝”。殊不知，“主持腔”又跨进了固定腔调的囹圄，变成既不规范，又无魅力的随便说话、日常的一般交谈。主持人的固定腔调是一种毫无生气、不分主次、含混不清、故作亲昵的“言语”，连最一般的“流利的朗读”都不如。这是应该引起重视的现实。有些人不顾现实，一味反对“播音腔”，这是毫无道理的。精密的语感造就了自成风格、独具特色、生机勃勃、圆润清晰的播音腔，只有那粗疏的语感才会形成固定腔调，二者不应混淆。

语感通悟是一个立体的心理感应圈，因人而有大小、浓淡、深浅、重轻的区别。这个感应圈越大、越浓、越深、越重，包容性越强，给人的审美享受也会越多。这个感应圈善于广采博收、消化吸收、择优汰劣、自控自律。对于优秀的精品，它是一个开放的系统，从不拒绝；对于拙劣的赝品，它是一个自足的系统，坚决排斥；对于瑕瑜互见的中品，它是一个过滤系统，取其精华，去其糟粕。因此，语感通悟具有坚韧性、选择性、开拓性和兼容性。语感通悟的意义与作用，必将成为语言心理学中的重要支柱，成为播音美学中的一条重要规律。①

三、教育学基础

（一）泰勒的目标课程理论

20世纪中叶，课程领域诞生了一部被奉为"现代课程理论的圣经"的经典著作——《课程与教学的基本原理》。作者泰勒在该书中详细说明了课程编制的一般原理，并提出了四个基本问题：(1)学校应该力求达到哪些教育目标？(2)提供哪些学习经验才能实现这些目标？(3)怎样才能有效地组织这些学习经验？(4)怎样才能确定这些目标正在得以实现？

泰勒认为，他所提出的基本原理是以这四个基本问题为起点的，而这四个基本问题是在编制任何课程和教学计划时都必须回答的。但是，泰勒并不试图直接回答这些问题，因为具体的答案因学校性质、教育阶段的不同而有所差异。他只是想提出研究这些问题的方法和程序。在他看来，这本身就构成了考察课程和教学问题的基本原理。后来，这又被人们称为"泰勒原理"。

泰勒，1902年出生于美国芝加哥市，1923年在内布拉斯加大学获得文学硕士学位，1927年在芝加哥大学获得哲学博士学位。20世纪30年代和40年代，泰勒分别提出两条基本原理：一条是评价活动的原理，以《成绩测验的编制》为书名，于1934年首次出版；另一条是课程编制的原理，1949年以《课程与教学的基本原理》为书名出版。前者造就了他的"当代教育评价之父"的荣誉，后者则被视为现代课程研究的范式，并使他被誉为"现代课程理论之父"。其中，他的《课程与教学的基本原理》与杜威的《民主主义与教育》

① 张颂.播音语言通论：危机与对策[M].3版.北京：中国传媒大学出版社，2012：109-112.

并称为对课程思想和实践最有影响力的两本著作。

尽管泰勒原理是20世纪的产物，但是，今天它仍然是课程研究中的经典原理，它的影响力从瑞典学者胡森等人主编的《国际教育百科全书》的评论中可见一斑："泰勒的课程基本原理已经对整个世界的课程专家产生影响。不管人们是否赞同'泰勒原理'，不管人们持什么样的哲学观点，如果不探讨泰勒提出的四个基本问题，就不可能全面地探讨课程问题。"①

然而，任何事物的产生都有其特定的历史背景，只有在特定的背景之下，我们才能理解它的历史合理性和时代局限性，泰勒原理也不例外。

一方面，泰勒原理的产生有其特定的理论基础——课程开发的科学化运动。1911年，"科学管理之父"泰罗出版了《科学管理的原理》，确立了"泰罗主义"管理理论。"泰罗主义"的基本特征是效率取向、控制中心，把科学等同于效率，把人视为工具。该理论在美国一经诞生，迅速扩展到社会生活的各个方面，在社会上掀起了所谓的"社会效率运动"，对教育领域产生了极大的影响，并推动了"科学的课程编制"。一些教育家坚信，科学的思想方法和技术完全可以应用于课程研究，主张从"功效""经济"的角度重新审定学校课程，进而提出采用科学方法开发课程的设想。其中最令人瞩目的研究者当属美国的博比特和查特斯。

作为课程开发的科学化运动的早期代表，博比特与查特斯第一次把课程开发过程本身确认为一个独立的研究领域。他们认为课程目标是课程开发的基本依据，课程目标与人类生活、儿童发展、学科知识有着内在联系；课程目标的选择与教育计划的制订是一个科学化的过程，必须遵循科学分析与实验验证的基本规范；有组织的、系统的知识领域和日常生活的实际需要的关系问题是课程开发要解决的基本问题。博比特与查特斯等人的课程开发理论与实践，启动了"课程开发的科学化运动"，他们的课程理论也因而被称为"科学化课程开发理论"。

泰勒原理的产生也有其特殊的实践背景——"八年研究"。20世纪20年代后半期，"以效率为学校教育的理想，以课程科学化为目标"的运动开始走下坡路。紧接着，1929—1933年，席卷美国、波及全球的经济大萧条，以一

① HUSEN. The International Encyclopedia of Education[M]. Oxford: Pergamon Press. 1985: 1142.

种不可抗拒的力量对学校课程提出了新的挑战：一方面，大多数中学毕业生无法找到工作，失业率剧增；另一方面，在少数进入大学的学生中又有相当多一部分人在读了一年之后就退学了。因此，如何改进学校的课程与教学，以缓和日益激化的社会矛盾，成为当时美国教育界亟待解决的问题。

为了寻找帮助学校教育走出困境的方法，美国进步教育协会率先发起一项著名的“八年研究”。参与这项实验研究的除了专业研究人员外，还有横贯美国的300所大学、学院，以及选择出来的30所中学。为了帮助和指导这30所中学的实验研究工作，美国进步教育协会成立了各种委员会和分支委员会。在所有的委员会中，由泰勒领导的评价委员会的工作最有成效。泰勒提出的评价基本原理，为实验中学测量目标成就(包括传递社会态度、培养思维方式等)提供了帮助。在泰勒看来，评价必须建立在清晰陈述目标的基础上，这是课程编制过程中的一个不可或缺的环节。①

泰勒在1986年回顾自己教育思想的形成和发展时承认：“八年研究”对他的影响最大。可以说，泰勒原理是“八年研究”的产物。“八年研究”不仅对美国大学的入学要求和中学课程产生了深远的影响，同时，因为它指出教育目标、课程设计和评价过程之间存在密切的联系，所以它为教育评价体系的建立和现代课程理论的提出奠定了基础。泰勒提出的四个基本问题被看成是课程编制过程的四个步骤或阶段：确定课程目标、选择课程内容、实施课程以及评价课程。泰勒原理实质上就是对这些步骤的进一步解释。

(二)施瓦布的实践课程理论

美国课程理论专家约瑟夫·施瓦布发表的《实践：课程的语言》一文被公认为是对传统课程理论的最有影响的挑战之一。② 他的实践课程探究模式主要是针对传统的“理论的”课程探究模式提出来的。该理论的基本思想包括以下几点：

首先，实践课程哲学思想强调课程的终极目的是“实践兴趣”。这种“实践兴趣”是建立在对意义的一致性解释基础上、通过与环境的相互作用而理

① 泰勒.课程与教学的基本原理[M].施良方，译.北京：人民教育出版社，1994：14.

② 史学正，徐来群.施瓦布的课程理论述评[J].外国教育研究，2005(1)：68-70.

解环境的基本兴趣，它强调过程和行为自身的目的。其次，实践课程模式把教师和学生看作课程的主体和创造者，是课程的有机组成部分。教师是课程的主要设计者，可以在执行课程的实践中根据特定的情境发挥创造性，学生则有权对什么学习和体验是有价值的以及如何完成这种学习和体验等问题提出怀疑并要求解答。再次，实践课程模式反对过分依赖外来的理论，强调课程理论的重构和发展，强调课程开发的过程与结果、目标与手段的连续统一。施瓦布认为，脱离具体实践情境的抽象结果是没有意义的，真正有意义的结果是在适应实际的兴趣、需要和问题的过程中实现的，是内化于过程之中的。课程开发关注的焦点应该是课程系统诸要素间相互作用的连续过程，尤其是学习者的兴趣和需要，要将学习者和学习群体置于研究的中心。最后，实践课程模式强调通过集体审议来解决课程问题。这种审议是在特定情境中作出行动决策的。施瓦布认为，课程问题的提出与解决，都需要依靠实践的语言。为了使集体审议能够有效地解决课程问题，施瓦布主张运用实践的艺术和择宜的艺术。实践模式的缺陷在于易造成思路上的混乱。集体审议则由于各人的背景不同，对课程问题很难取得一致看法。集体审议只能是一种理想，在现实中很难做到。但是，正是由于该理论注重实践过程，提出了课程开发过程中的“集体审议”这一理念，使得该理论得到很多学者的认同，并得到积极推广。

（三）斯腾豪斯的过程课程理论

1975年斯腾豪斯在《课程研究与开发导论》（*An Introduction to Curriculum Research and Development*）中，对目标模式的课程理论进行了分析批判，并以此为基础，提出了过程模式的课程理论。他提出为了使教育目标具有意义，必须将目标当作程序原则，而不能视之为终极目标。所谓程序原则，指课程设计者（教师）的价值观指导其在教学程序中的行为。因此，课程开发应该关注过程，而不是目的，不宜从详细描述目标开始，而应先详述程序原则与过程，然后在教育活动、经验中，不断予以改进、修正，此即所谓“过程模式”。它不预先指定目标，而是详细说明内容和过程中的各种原理。①

① 汪霞.课程开发的过程模式及其评价[J].外国教育研究，2003(4)：60-64.

过程模式反对把教育作为工具,主张教育要关注具有内在价值的活动。斯腾豪斯认为,教育与课程意味着向学习者传授具有价值的东西,即发展学习者的知识和理解力,所以教育与课程有自己固有的内在价值和优劣标准。与封闭的目标模式相比,过程模式是一种开放系统,强调教育是一种“过程”。但是,过程模式在一定程度上弥补了目标模式的局限,否定了目标模式关于确立和表述课程目标的行为主义和机械主义偏向,肯定课程研究的重要性和课程内容的内在价值,并强调学习者的主动参与和探究学习的重要性,重视对学生思考能力和创造性的培养,使课程开发趋于成熟和完善。但是,过程模式自身也存在一定的局限性,主要表现为:第一,过程模式未能开出更为理想而全面的或更为对症且见效的“药方”,它虽然论证了课程开发过程中的基本原则和方法,但在课程开发的程序设计上没有提出一个更明确的方案,从而使课程开发者因缺乏具体的步骤而难以开展卓有成效的工作;第二,过程模式在否定目标模式通过阐述课程目标来开发课程的同时,又走向了否定目标的反面,即把整个课程开发局限于对学科体系进行抽象演绎的单一来源中,忽视了社会需要、知识的实用性等问题。

第三章
学科追根溯源：播音主持专业的创建与课程

根据教育学原理，学科体系的确认通常要达到三个方面的要求：其一，有明确的研究对象和研究范围，有相对独立的概念、范畴、原理和方法，并正在或已经形成学科范畴的概念体系；其二，有专门的研究者、研究活动、学术团体、传播活动、代表性著作等；其三，该学科的思想、观念和方法已经在实践中被应用、被检验，并发挥其特有的功能。以这三个方面的标准来衡量，中国播音学及播音与主持艺术专业已初步建立，日渐成熟，并步入了不断发展和完善的轨道当中。

第一节　播音与主持艺术专业的历史背景

随着广播电视事业的产生和发展，播音与主持艺术专业应运而生，中国播音主持学科得以建立。广播电视的每一步发展都与科技进步和传播技术的创新紧密相连。

一、广播播音主持事业的发展概况

（一）广播播音员的诞生

1920 年 11 月 2 日，世界上第一座商业广播电台 KDKA 在美国宾夕法尼亚州匹兹堡建立。

1923年1月23日,中国第一座广播电台“大陆报——中国无线电公司广播电台”在上海开播,呼号XRO。

我国人民广播事业以1940年12月30日延安新华广播电台开始播音为诞生的标志。延安新华广播电台立足于解放区,以国民党统治区的人民群众和国民党官兵为主要宣传对象,节目内容以新闻和评论为主,广播文稿由新华社提供。延安新华广播电台的新闻具有真实性,评论富有战斗性和说服力。中国第一代播音员在艰苦的工作条件下顽强地传播着中国共产党的声音,被国统区的听众誉为“茫茫黑夜中的灯塔”。

随着新中国的诞生,国家由战争转入和平建设。1949年10月1日,北平新华广播电台对开国大典进行实况转播,这是该台第一次大规模全程转播,由齐越和丁一岚担任播音员。1950年,中央人民广播电台开播《首都报纸摘要》,1955年更名为《新闻和报纸摘要》,先在晚间播出,后改为早晨6点30分播出。1951年,该台开播《各地人民广播电台联播》节目,1993年更名为《全国新闻联播》,于晚间8点播出,播音风格庄重朴实,节奏明快流畅。在20世纪80年代电视普及之前,这两档节目是全国各地人民了解时事政策的主要渠道。1954年,湖北台播出的广播特写《冰雪除夕夜——汉水公路桥工地特写》,通过现场描述和现场采访,反映了工地上人们冒着寒冻打桩接管的感人事迹,富有时代感和现场感。1960年2月,中央人民广播电台播出通讯《为了六十一个阶级兄弟》,讲述了山西省平陆县人们一起从死亡线上夺回六十一条生命的事迹。20世纪60年代初,中苏两国关系紧张,中共中央“九评”苏共中央公开信由夏青等播音员播出,形成了当时气势磅礴的播音风格。20世纪六七十年代,广播除了报道新闻,还提供教育和娱乐,丰富了人们的生活。1966年2月,由齐越播出的中央人民广播电台长篇通讯《县委书记的榜样——焦裕禄》,感动了千千万万的广播听众。①

改革开放后,播音创作从播音的降调开始探索,既是对“居高临下”宣传基调的反思,也是对新时代宣传思路的开拓。

① 金重建.播音主持艺术导论[M].北京:中国传媒大学出版社,2016:9.

(二)播音风格的形成

播音风格，指播音员在播音创作中表现出来的创作和艺术特色。它是播音员在长期、艰苦的实践中逐渐形成的，是播音员成熟的标志。播音风格以相对稳定的状态反映在播音上，又以运动的形式体现于播音创作的全过程中。播音风格发源于一个播音员的创作思想，表现为特定的语言特色。

播音主持风格的实质是播音主持创作的多种形态的表现。播音主持风格，从广义上讲，包括播音主持创作中体现出来时代风格、民族风格、阶级风格、节目和稿件的风格，以及播音员主持人的风格。从狭义上讲，播音主持创作风格体现的核心和焦点，是播音员主持人的风格。可以说，播音主持风格，就是指播音员主持人在播音主持创作中所体现出来的创作个性和艺术特色。①

经过了60多年的发展，我国的广播电视事业中涌现出很多优秀的播音员主持人。20世纪50年代末到60年代初，播音界出现了齐越、夏青、林田、费寄平“四大高峰”，他们风格独特、各有专长，这都得益于他们丰富的生活体验、扎实的语言功力、深厚的文化修养。齐越的“诵读式”播音，气势磅礴，豪放洒脱；夏青的“宣读式”播音，端庄严谨，铿锵隽永；林田的“讲解式”播音，清新流畅，娓娓动听；费寄平的“谈话式”播音，宽松和蔼，亲切爽快。在他们的带动下，一批批优秀的播音员主持人慢慢成长起来，播音员主持人的队伍不断发展壮大。②

可以说，当时的“四大高峰”和之后的优秀播音员，如方明、林如、沈力等，每个人都各有特色，但就如同百川入海一样，最终回归到“人民广播”这个基础风格之上，就是“爱憎分明、刚柔相济、严谨生动、亲切朴实”③的播音风格。这种风格是在历史发展中积淀而成的，体现出中国的文化内涵及特色，既是几十年来中国播音风格的概括，又是更高意义上对播音风格的要求，对后辈播音员主持人起着示范、引领作用。

---

① 姚喜双.播音主持概论[M].北京：高等教育出版社，2012：160.

② 陈晓鸥.广播电视语言传播风格多样化研究[M].北京：中国广播电视出版社，2007：94.

③ 张颂.播音主持艺术论[M].北京：中国传媒大学出版社，2009：160.

(三)广播主持人的出现

主持人的出现丰富了广播节目的传播和表现形式。北京交通台主持人王佳一认为:“播音员与主持人最大的差别在于,播音员只参与节目创作过程的环节,而主持人在节目创作中扮演着主创者、把关人、执行人的多重角色。主持人是媒介产品的生产者,同时主持人自身也是媒介产品。”①

新中国的主持人事业是从什么时候开始的呢?在广播节目中率先推出主持人的是中央人民广播电台和广东人民广播电台。

(1)1981年元旦,中央人民广播电台开办了由徐曼主持的《空中之友》节目。徐曼成为中国第一个广播节目主持人,《空中之友》成为中国第一个采用广播主持人的节目。

(2)1981年4月,广东人民广播电台正式开办了由李一萍、李东主持的《大众信箱》节目。李一萍、李东采用口语演讲,以“一对一”的方式和听众谈心,帮助青年人解决思想、学习、生活上的种种困难,很快受到青年朋友的欢迎,节目收听率明显提高。节目播出不到20天,就收到听众来信1,800多封。1983年第一季度,平均每月收到听众来信4,000多封。

(3)1983年3月,第十一次全国广播电视会议召开,会议充分肯定了主持人节目这种形式,指出广播电视宣传适合用谈心和对话的形式。采用节目主持人形式比念稿子的办法好,主持人可以报道事实,也可以发表议论,再加上音响或图像,可以增强吸引力和信任感。会议率先提出要培养优秀的节目主持人,对我国节目主持人的发展起到了积极的推动作用。

(4)1986年12月15日,广东珠江经济广播电台开播,我国广播事业进入一个新时期。珠江台把全天的节目分为八大板块,全部由主持人主持。每个板块的内容由新闻、专题、文艺、天气预报等组合而成,话题多、转换勤,适合听众收听。

1987年12月,广东珠江经济广播电台在开播一周年之际,举办了“广播理论研讨会”,专题探讨“珠江模式”。大板块节目、热线电话、主持人直播,三个要素互相融合,浑然一体,形成了一种崭新的节目样式,即“珠江模式”。

---

① 王佳一.广播直播主持艺术[M].北京:华夏出版社,2011:19.

中国电视艺术家协会主持人专业委员会常务副主任兼秘书长、“金话筒奖”“金笔奖”创始人白谦诚总结“珠江模式”的精髓有三：“第一，贯穿一条红线——听众是广播的主人。把听众放在主人的位置上，节目的设置和制播均为了满足听众的需求，体现了人民广播为人民的宗旨。第二，恪守一条规律——按广播的规律办广播。‘珠江模式’和传统模式相比，最大的区别在于它更加符合广播的传播规律，更好地发挥了广播的特点和优势，因而受到听众的欢迎。第三，确立了一个中心——节目主持人。‘珠江模式’确立了节目主持人在节目制播群体和节目演播过程中的中心位置。节目主持人不一定是群体的负责人，但他是代表群体与听众‘见面的’，主持人的形象就是节目的形象，因此，群体要为塑造主持人的形象服务。”①

广东珠江经济广播电台开播后，在广播界乃至新闻界引起了巨大的反响，形成了一股强烈的冲击波。国内外媒体纷纷报道，国内许多电台登门考察、取经。为了推广珠江台的改革经验，1988 年 6 月，当时的广电部政策研究室在广州举办了“广播电台台长、主持人讲习班”，全国 44 家省级和地市级广播电台的台长和主持人共计 60 余人参加学习。讲习班用半个月的时间，请广东省厅、省台的领导同志介绍改革经验，请珠江台各个节目的监制、主持人介绍节目制播方式和主持艺术。珠江台还邀请兄弟台的主持人以嘉宾的身份走进直播室参与节目，进一步扩大了节目的影响力。

这一时期，广播主持人节目在社会上产生了广泛的影响，深受听众喜爱的有：中央人民广播电台的《午间半小时》《今晚八点半》，上海东方广播电台的《蔚兰信箱》，海峡之声广播电台的《空中立交桥》等。这些节目的主持人傅成励、虹云、蔚兰、钱锋广为人知，成为那个时代的广播明星。

(5)1992 年 10 月 28 日，上海东方广播电台的开播，再度掀起我国广播的改革大潮。大规模的听众参与电话热线（包括热线点播、热线采访、热线谈话、热线咨询投诉等）给广播带来了全新的传播效果，众多媒体评说其为“广播实现了回归”。《人民日报》发表专文，称 1993 年为“中国广播年”。在这期间，主持人的作用是极大的，各类电话参与节目和风格各异的热线主持人，吸引了大量听众。主持人通过热线电话深入千家万户，广大

---

① 白谦诚.峥嵘岁月——见证中国节目主持人 25 年[M].北京：中国国际广播出版社，2006：216.

听众通过热线电话参与广播，使广播进一步走向群众，走向社会。电话的介入，使得这个时期的主持人节目能将人际传播和大众传播有机结合，让广播的独特魅力再次彰显。从1993年元旦开始，甘肃人民广播电台推出了三档主持人直播板块节目——《经济大世界》《陇上人家》《星期天你好》，后来又推出了晚间谈话类节目《午夜温馨》。主持人节目的火爆，让主持人这个新兴职业得到大众的特别关注。主持人的社会影响力和知名度达到前所未有的高度。

随着人们物质生活的丰富和精神文化需求的增长以及现代电子技术的飞速发展，广播从长、中、短波单声道发展到调幅、调频立体声，广播的接收工具从台式收音机发展到便携式收音机、手机、车载接收装置等各种移动终端，这些变化推动着广播频率及其传播内容的进一步细分，如开办了经济、文艺、音乐、戏曲、交通、城市等专业频率，产生了新闻评论、调查纪实、社会教育、生活服务等节目形式。播音主持的有声语言表达样式也随之发生了变化，除了播报式、宣读式外，谈话式成为主要的有声语言表达样式。在综艺娱乐类节目中，播报、宣读、谈话、朗诵几种表达样式兼而有之。

二、电视播音主持事业的发展概况

与广播一样，技术进步和社会需求是电视播音主持发展的两个主要原因。世界上最早的电视台是BBC ONE，于1936年11月2日正式播出。1958年5月1日，中国第一座电视台——北京电视台试播，同年9月2日正式播出。1958年10月1日，上海电视台开始试播。1973年5月1日，彩色电视在中国试播。1976年7月1日，北京电视台试播《全国电视台新闻节目联播》，1978年元旦，正式定名为《全国电视台新闻联播》（今《新闻联播》）。1978年5月1日，北京电视台改名为中央电视台。1980年，中央电视台增加国际新闻频道。1980年10月，中央电视台开始用微波干线收录各地电视台新闻，改变了使用胶片的历史，节目时长从20分钟增加到30分钟。1996年1月1日起，《新闻联播》由录播改为直播。2003年前后，在无线电视、有线电视基础上，数字、网络电视以及各种移动传输终端纷纷涌现，电视、电信、互联网呈现出融合状态。2013年4月1日，中央电视台新闻频道官方微信“央视新闻”正式上线。传统媒体纷纷探索与新媒体的融合发展之路。

(一)电视播音员的诞生

1958 年 5 月，北京电视台试验播出，并于同年 9 月正式播出。中国第一位电视播音员是沈力，她不仅播报新闻、社教、文艺和体育节目，还参加了天安门节日庆祝实况、大型文艺晚会转播，塑造了一个端庄、文雅、大方、真诚的电视屏幕形象，被称作“中国荧屏第一人”。

1959 年，赵忠祥进入北京电视台，担任播音员。他是中国第二位电视播音员、第一位男播音员。1979 年，赵忠祥随邓小平访问美国并采访美国总统卡特，成为第一位进入白宫采访美国总统的中华人民共和国记者。

(二)电视主持人的出现

1.电视屏幕上首次出现主持人

1980 年 7 月 12 日，中央电视台第一个新闻评论性专栏节目《观察与思考》开播。第一期节目名为《北京市民为什么吃菜难》，节目中有位中年男子拿着话筒四处采访，节目结束后，片尾的职员表上打出了“主持人：庞啸”的字样，这是我国电视史上第一次出现“主持人”这一称谓。

在 20 世纪 80 年代初，我国电视新闻节目主持人出现的意义非同寻常。在广播电视等新闻传媒定位于“工具”“喉舌”功能的历史条件下，在长期以来播音员的声音就意味着党的声音的现实情况下，在千人一面、众口一词的历史背景下，“主持人”一词的出现，包括主持人个人化形象，个性化、口语化的语言，在当时都是让人惊奇的现象。这一变化除了受西方国家新闻主持人、出镜记者等外部影响之外，似乎更折射出改革开放后我国内部某种巨大的思路调整和心态、认识转变。

我国是否适宜发展新闻节目主持人，在当时存在意见分歧。持反对意见者认为，新闻节目政治性强，主持人不宜展示个性，从我国的体制和人才匮乏等情况来看，还不宜发展新闻节目主持人。赞同者则认为，随着我国改革的深入和社会民主进程的加快，新闻节目主持人的出现势在必行。新闻节目主持人在传递信息、加强监督、增强新闻透明度、增强受众参与感，以及扩大广播电视影响等方面起着重要的作用。从某种意义上说,新闻节目主持人成熟与否,是衡量一个国家新闻节目成熟与否的重要标志,也是衡量一个国家节目主持事业成熟与否的重要标志。

电视新闻主持人的出现,对于充分发挥电视新闻的作用,扩大电视新闻的影响有着重要意义。尽管当时相当一部分电视新闻主持人还不够成熟,但却是电视新闻领域一个了不起的变化,是电视节目主持人发展史上的破冰之举。①

2.第一个固定栏目的专职主持人

1979年8月,中央电视台设立了《为您服务》专栏,主要预告电视节目、回答观众来信。在相当长的一段时间里,这个专栏反响一般。1983年1月1日,《为您服务》改进编排,以崭新的面貌与观众见面,在原有的家事服务项目之外,增加精神生活、社会生活方面的内容,增强了知识性和趣味性。特别引人注目的是,《为您服务》率先设立了一位固定的节目主持人,她便是沈力。沈力成为中国电视史上第一位主持人。她在《为您服务》中亲切自然,大方得体,于当年被评为优秀节目主持人。

作为节目主持人,沈力最大的特点是服务意识强。服务意识首先缘于身份的转变。沈力曾是我国第一位电视播音员,又是我国第一个固定栏目的专职主持人,对于播音员和主持人这两个不同的身份,她在实践中得出了自己的认识:"(主持人)不像播音员那样代表官方身份发布命令,报告新闻,宣讲政策。""主持人是沟通节目与观众联系的一个桥梁,他既是栏目的代表人物,又是观众的朋友。有时他代表栏目讲话,有时又代表观众讲话。他像一条纽带,把屏幕内外紧紧地联结在一起,把时空拉到最短的距离,在节目中穿针引线,为节目增光添色。由于各类节目的性质、内容、形式不同,主持人在每个具体节目中的作用也有所不同。但总的来说应该起到沟通思想、交流感情、承上启下、活跃气氛的作用。"②

服务意识也体现在心态的转变上。这一点现在看起来普通平常,在当时却极为不易,难能可贵。沈力作为电视节目主持人的服务意识,在当时无

---

① 於春.中国电视节目主持三十年研究(1980—2010)[M].北京:中国传媒大学出版社,2013:18.

② 沈力.我怎样当节目主持人[J].当代电视,1987(3):15-17.

疑是领先的、富有开拓性的、符合时代潮流发展方向的。在《为您服务》开播前后，全国各地出现了一大批受欢迎的服务性专栏，如上海电视台的《市场掠影》、广东电视台的《家庭百事通》等。

3.赵忠祥与《北京中学生智力竞赛》掀起“竞赛热”

1981年7月至11月，中央电视台推出了每周一场共计13场的《北京中学生智力竞赛》。该节目形式新颖活泼，深受人们的青睐。《北京中学生智力竞赛》打破了观众的年龄界限，收视率相当高。该节目获得成功的原因是多方面的，归纳起来主要有下列几点：第一，内容丰富，知识性强，切合观众寻求知识的需要。收看以后，观众会觉得有所得，开了眼界，长了知识。第二，采用当场面试口问口答的方式，答对答错立见分晓。答对了马上有表扬，答错了立即给予纠正，并介绍正确的思考方法。观众乐于接受这种形式。第三，运用竞赛的方式，竞争气氛浓烈，现场感很强，符合青少年好胜的心理特点。第四，使用了大量的音响资料、影片和录像资料，使竞赛不同于学校的考试，达到了寓教于乐的效果。

另外，《北京中学生智力竞赛》节目设立了主持人，赵忠祥主持了该年度全部13场竞赛。主持人亲切的语调、和蔼的态度和循循善诱的引导，缩短了节目演播室和观众之间的距离，建立了节目和观众之间互相信任的关系。此后知识竞赛类节目很快在全国盛行起来。1986年前后，电视屏幕上掀起了一阵“竞赛热”。

4.新闻节目注重挖掘主持人的记者素质

1993年5月1日，《东方时空》开播，这是中国第一个日播的“电视新闻杂志”栏目，节目主持人从有采访经验的记者中选拔。1996年1月1日，《新闻联播》直播。直播更符合新闻时效性的要求，但也对播音员提出了更高的要求。1996年5月17日，深度报道栏目《新闻调查》开播。

随着我国电视主持人节目的蓬勃发展，除了原有的播音员之外，节目主持人队伍也迅速发展壮大，涌现出一大批优秀电视节目的开创者和有重大社会影响力的节目主持人。为表彰25年来为电视节目发展作出突出贡献的主持人，中国电视艺术家协会主持人专业委员会于2005年启动了“中国电视节目主持人25年25人”的推选活动。获得“中国电视节目主持人25年25

人”称号的主持人有(以姓氏笔画为序,未注明单位的为中央电视台):元元(北京电视台)、水均益、王志、王小丫、叶惠贤(上海电视台)、白岩松、亚妮(浙江电视台)、朱军、张斌、张越、李兵(湖南电视台)、李咏、杨澜(阳光文化基金会)、汪涵(湖南电视台)、陈铎、倪萍、徐滔(北京电视台)、袁鸣(上海东方电视台)、崔永元、曹可凡(上海东方电视台)、敬一丹、董卿、韩咏秋(重庆电视台)、撒贝宁、鞠萍。另外,赵忠祥、沈力和宋世雄被推选为“杰出贡献者”。①

第二节　播音与主持艺术专业的建立和发展

一、播音与主持艺术专业的建立

追溯历史,自从有了广播电视,自然而然地就有了播音甚至主持的教育培训,美国、英国、德国、苏联、日本等国家,建立过播音员培训班,并出版了相关教材。我国的播音教育是伴随着1923年中国第一座广播电台建成开始的,采用“师傅带徒弟”的传统教育培养方式。除了在天赋的基础上自学之外,播音员也会在一起研究发声、发音、表达。我国关于播音教育正式建立起的学校和专业,是1963年9月北京广播学院的“中文播音专业”大专班。

经过对以前电台播音部“老带新”“一带一”的经验总结,经过对新闻和艺术专业教育的比较考察,当时的专业在课程设置上,坚持文化基础课同语言功力课并重;在专业教育中,坚持思想道德、新闻敏感同真情实感、表达技巧并重;在专业教学中,坚持理论同实践结合、大课和小课结合、讲授同训练结合、扬长与补短结合、基底与特点结合。例如小课是播音专业必不可少的教学环节之一,一般采取一位教师带8～15个学生的形式,每次上课时长约

① 白谦诚.峥嵘岁月——见证中国节目主持人25年[M].北京:中国国际广播出版社,2006:416.

四个小时。小课教师既要针对小组的共性问题进行辅导，又要根据每一个学生的具体情况，肯定优点，指出不足，并教予相应的解决方法。没有小课，就违背了播音教学的基本规律，学生无法得到具体指正，容易走弯路，甚至不能进步。小课如果人数过多，教师辅导不过来，效果就会大打折扣。课时利用率不高，教学针对性不强，浪费学生的精力和时间，会极大地影响学生的积极性。

在 2004 年北京广播学院建院 50 周年之际，张颂教授发表了《播音专业教育 40 年启示录》，回顾了播音专业 40 年来经历的三次转型：

第一次，从 1963 年到 1977 年，播音专业教育完全是为了满足广播电台、电视台对播音人才的迫切需求。播音专业属于大专学历，学制三年，但是由于各台要求火速输送学生，播音专业 1963 级第四学期进行了 7 周加急播音实践训练后，便分配到各台工作。64、65 级，74、75、76 级，也未能严格按照教学计划培养。这与 20 世纪五六十年代中央广播事业局举办的“短训班”类似，都不同程度地打破了教学计划。直至 1977 年，播音专业才真正开始了完全按计划进行教学，实现了从“培训型”向“学历型”、从“应急型”向“计划型”的转变。

第二次，从 1977 年到 1998 年，播音专业教育进入了大学本科层次，增加了大量文化专业基础课，专业课内容逐渐丰富。加上大专、续本、硕士、研修、短训等形式，播音专业学生越来越多，师资显得不足。这期间，经过多次研究，学校决定实行以“教学组老师”面对“全班每一个同学”的整合思路，由“按时喂奶”到“自己找奶”，充分调动了学生的积极性。这样就开始了从“粗放型”到“集约型”、从“计划型”到“自主型”的转变。

第三次，从 1998 年至今，高等教育的“大众化”趋势，招生中“泛文化论”的指导思想，使我们的生源质量年年不尽如人意。学生高考分数高，但缺乏专业素质的现象相当严重。但学生既然根据自己的志愿进入了播音专业，我们就有责任教育他们，努力使他们尽快成材。怎么办？我们反复思索认为，当今是人才竞争的时代，学生在优化知识结构、提高综合素质的同时，也要强化竞争意识。于是，我们关注“尖子生”的培养。这样，我们的教学开始了从“集约型”到“发散型”、从“自主型”到“竞先型”的转变。

经过这三次转型，大家进一步认识到，学生是主体，教师是主导，必须极大地提高师资队伍的整体水平，极大地调动学生的学习积极性，促进教学相长、师生互动，进一步深化教学改革。①

二、播音与主持艺术专业的发展

（一）由播音专业向播音与主持艺术专业拓展

改革开放以来，中国大地春意盎然、生机勃勃，特别是20世纪90年代以来，中国的社会生活、经济文化取得了长足发展，广播电视事业也随之兴盛起来。从中央到地方，电视台纷纷创建系列频道，如新闻频道、经济频道、文化频道、体育频道、娱乐频道、少儿频道等；电台纷纷创办系列频率，如新闻频率、经济频率、交通频率、音乐频率等。全国各地广播电视台急需主持人，但当时只有中国传媒大学（原北京广播学院）和浙江传媒学院有播音专业，有着"北有北广、南有浙广"的说法。20世纪90年代中期，中国传媒大学顺应广播电视事业发展的需要，将原来的播音系拓展为播音主持艺术学院。当时社会上出现了播音主持人才"供不应求"的状况，各台于是积极面向社会公开招聘各路英才担当节目主持人。

1993年中央电视台《东方时空》开播，白岩松、敬一丹等主持人成为家喻户晓的电视明星，其鲜明的时代个性开中国电视风气之先。于是，"主持人队伍步入了'职业化'发展的新阶段"②，电视节目主持人成为"时代的明星"③，节目主持人成为众多少男少女的职业理想。

除了北广和浙广之外，伴随着高校扩张的热浪，中专、高职等众多学校也开设了播音与主持艺术专业。中国高等教育学会播音与主持艺术教育委员会于2004年10月进行统计，全国各地开设播音主持相关专业的高校已超过120所④。2016年据中国播音主持网统计，全国开设播音主持相关本科专业的高校有158所，加上各类专科、高职全国大约有300所学校开设了播音

---

① 张颂.播音主持艺术论[M].北京：中国传媒大学出版社，2009：108.

② 吴郁，等.电视节目主持人的综合素质研究[M].北京：中国广播电视出版社，2007：20.

③ 徐德仁，施天权.时代的明星 漫谈电视节目主持人[M].上海：复旦大学出版社，1990：2.

④ 吴郁，等.电视节目主持人的综合素质研究[M].北京：中国广播电视出版社，2007：142.

主持相关专业。教育部阳光高考平台数据显示，截至2017年年底，全国开设播音与主持艺术本科专业的高校数量为237所，开设播音与主持艺术专科专业的高校数量为142所。2019年教育部又批准了11所院校开办播音与主持艺术本科专业。

除中央戏剧学院、上海戏剧学院等艺术院校陆续开办电视主持专业外，一些师范大学、综合大学也在原有的新闻系或中文系增设主持人专业，北京大学这样的研究型大学也从2002年开始由艺术学系面向校内大二学生开设主持艺术双学位班，还有些工科院校以及公办民助高校也积极开办主持人专业。不过，客观现实已经表明，这种播音主持相关专业的一哄而起，与其说是“积极”“兴盛”，莫如说是“盲目”“过热”。① 在市场的需求下，在经济利益的驱使下，播音与主持艺术专业从“一枝独秀”变成“春色满园”，甚至“遍地开花”。

20世纪90年代中后期，随着主持人队伍的发展壮大，主持人节目和节目主持人也引起了学界的关注和争论。以中国传媒大学播音主持艺术学院张颂教授为代表的传统学派坚持捍卫播音语言本体论，提出播音主持一体论和播音涵盖主持论。而以金话筒的创办者白谦诚先生为代表的新锐学派则坚持替代论，认为播音员时代已经一去不复返了，播音员终将为主持人所替代。与此同时，播音主持传播是单向传播抑或是双向传播、播音员主持人是否需要表演、节目主持人的起源问题等，引起了研究者的广泛热议。学界和业界的专家秉承着各自的学术立场和理论主张，相持不下。②

南方的学者也参与了“论战”，先后在广州师范学院和深圳大学任职的应天常教授从交叉学科的视角出发，在其专著《节目主持人通论》《节目主持语用学》《节目主持艺术论》中将语言学、社会学理论同播音主持艺术理论相对接，进行了严谨的论证；南京师范大学的毕一鸣教授出版了专著《播音主持艺术概论》《语言与传播——广播电视播音与主持艺术新论》《主持艺术的新视野——传播学视野中的主持艺术》，从传播学的角度研究播音与主持艺术；上海戏剧学院的吴洪林教授在其著作《主持艺术》中，将影视戏剧表演艺

① 吴郁，等.电视节目主持人的综合素质研究[M].北京：中国广播电视出版社，2007：142.

② 战迪，刘琦.播音与主持艺术批评[M].北京：中国广播影视出版社，2015：11-12.

术的相关理论与训练方法同主持人培养相关联，创建了主持人培养课程模块。他们在播音与主持的学术争论中成为“南方学派”的代表。现在“播音与主持艺术专业”在北方学界和业界一般简称为“播音专业”，在南方的学界和业界一般简称为“主持专业”。

随着播音与主持艺术专业的发展，关于本专业的学科定位和专业名称也存在一些争论。

（二）中国播音学的学科定位问题

语言，可以分为“书面语”和“口语”两大类，二者有着不同的语体特征。“有声语言”不仅包括口头言说，也包括文字书写的“音声化”。“有声语言”既可以从文字语言转化而来，也可以从内部语言外化而来；既可以表现书面语的色彩，也可以表现口语的色彩。

播音主持艺术学以广播电视播音主持语言为主要研究对象，同时关注新媒体中的口语传播活动以及公众表达体系当中的各种口语表达活动，探索播音主持语言及公众口语表达的基本规律、实践方法、传播模式，以及历史和现状、文化内涵、社会影响等问题。它研究的重要领域是“有声语言”，而非“文字语言”。播音主持艺术学历经了从无到有、从小到大、从单一到综合的发展历程。学科的理论体系建设遵循“有声语言”表达“感性—知性—理性—悟性”的独特艺术路径，锤炼语言表达能力，追求“有声语言”艺术感染力和艺术境界。

以1994年出版的《中国播音学》为标志，中国播音学发展至今，逐步形成了独具中国特色的理论体系，不仅属国内首创，而且在国际上也独树一帜。播音学是一个庞大的体系，在前辈先贤的经验总结和理论建设的基础上，已经成型，并逐渐成熟。其学科分类体系大体如下（表3-1）：

表 3-1　中国播音学学科分类体系①

播音史	涵盖中国与外国的有声语言艺术通史、播音教育史、播音学术史、口语传播史、播音主持节目典范集成、播音主持艺术大家传略系列
播音理论	播音表达、播音语体、广播电视语言传播理论、口语传播理论、外国播音理论、中外播音理论比较、中外播音主持艺术理论家评传
播音教育	有声语言艺术教育研究、中国播音主持艺术教材体系、口语传播教材体系、中国播音主持艺术教育培养人才模式、中国播音主持艺术教学不同层级的教学模式、中国播音主持艺术教学法研究、中国播音主持教师队伍建设、播音主持艺术教育艺术家集萃、优秀毕业生风采录以及外国播音教育、教材、教学模式的历史研究、现状研究
交叉学科	播音哲学、播音文化学、播音心理学、播音美学、播音社会学、播音受众学、播音叙事学、播音鉴赏、播音批评、播音形象设计、播音辩证法、播音主持类型研究、双语播音主持研究（中英、中日、中俄、中法、中德等）
专项研究	世界华语传播研究、国际传播人才语言功力研究、广播播音主持研究、电视播音主持研究、主持人节目策划、广告编播艺术研究、影视配音艺术研究、体育解说艺术研究、动漫语言艺术研究、三网融合有声语言研究、诵读艺术研究（诵读源流、朗读学、朗读美学、朗读教学法、朗诵艺术、吟诵艺术）

张颂教授说，这个体系只是根据已有的积累所作的初步设想。随着各个学科的丰富拓展，还会有更多、更新的内容呈现。这个体系是一个开放性的框架群，可以不断填充创新性的项目，既能集中合并，又能分流拆解，在更新组合过程中，逐步完善。这个体系是一个流动性的集合体，相互渗入，相互剥离，完全依从学科建设的要求和科学辨析的论证，没有束缚，不必拘泥。还可以另辟蹊径，创造崭新的体系和框架，但需要充分的批判与论证。证实的过程也是证伪的过程。任何一个学科的建立和拓展，都必须有独立的学术范畴、核心概念、完整体系、研究方法。播音学科也是如此。虽然当前的研究课题无比丰富，但学术范围里仍有很多未被开垦的领域，在理论上、实践中课题叠加、层出不穷，需要时时关注、深入研究。

通常应用型学科都会有“无学”的争论和质疑，比如百年来从未间断过的“新闻无学”的争议。播音主持学科属于应用型学科，长期以来也存在着“播音无学”的说法，播音主持被认为是“照本宣科”或是“耍嘴皮子”。播音

① 张颂.播音语言通论——危机与对策[M].3 版.北京：中国传媒大学出版社，2012：177-179.

主持学科又属于年轻的交叉学科，其独立学科地位也同样存在争议。

从“学科”和“专业”的概念来讲，学科是“学术的分类，指一定科学领域或一门科学的分支。如自然科学中的物理学、生物学，社会科学中的史学、教育学等”①。专业是“在教育上，指高等学校或中等专业学校根据社分工的需要设立的专业类别。各专业的教学计划，体现本专业的培养目标和要求”②。

学科和专业之间具有内在的紧密联系。社会岗位需要出现了专业分工；专业又经过学科的培育和滋养形成了系统的知识价值体系。因此，“社会分工是专业存在的基础，学科知识是专业的内核”③。

播音主持学科是一个新兴交叉学科，学科的归属经历了逐步理顺的过程。本科层面，播音主持学科在艺术类的播音与主持艺术专业目录下招收学生；硕士层面，在1980年申报硕士点之后一直在语言学及应用语言学之下招收硕士研究生。2007年，播音主持学科开始在新闻传播学自主增列广播电视语言传播硕士研究方向，同时也在广播电视艺术学之下招收硕士研究生。博士层面，1999年设立博士点之初，播音主持学科在广播电视艺术学之下招收博士研究生，2001年改在语言学及应用语言学之下招收博士研究生，2007年开始在新闻传播学之下招收广播电视语言传播博士研究生。2011年艺术学升为门类，播音主持艺术学在戏剧与影视学一级学科下成功设置二级学科，使本学科在本科教育基础上有了进一步培养硕士、博士人才的平台和空间，人才特色更鲜明，学科特色更突出。

播音主持学科定位的过程也折射出了播音主持学科及专业的复杂性。中国播音学的创立者张颂教授也觉得有些为难：“我们的学科定位比较复杂，它的本质属性是新闻性，重要属性是艺术性（张颂教授表述为：核心属性是艺术性），但是它又离不开语言。在这种状态下，到底我们怎么走才能提升自己的学科地位？谈到新闻，我们因为叫‘播音主持艺术学院’，不能并到新闻学院里；说是‘艺术’，并到影视艺术学院里，我们和影视、影视艺术又不

---

① 辞海编辑委员会.辞海（缩印本）[M].6版.上海：上海辞书出版社，2010：2163.

② 辞海编辑委员会.辞海（缩印本）[M].6版.上海：上海辞书出版社，2010：2525.

③ 毕一鸣.主持艺术的新视野——传播学视野中的主持艺术[M].北京：中国广播电视出版社，2011：2.

是一回事。”另外，主张播音涵盖主持的张颂教授也谈到了播音专业改为播音与主持专业的无奈，认为那是权宜之计：“原来叫‘播音’专业，后来本科目录里改为‘播音与主持’专业。之所以要这么改，是为了适应形势，‘播音’太窄了，应该再拓展一下。所以，只能在名字上再加一个，即‘播音与主持’专业。为什么叫‘播音主持艺术学院’？我当时说，我们就叫‘播音学院’，简单明了。后来他们说，不行，要加上‘主持’，你这里来一个‘播音学院’，那边就会有一个‘主持学院’，这样不利于我们学科的发展。好像我们对社会的认识带有某种习惯势力，而习惯势力是最可怕的势力，我们只好做权宜之计。”①

关于播音主持理论的建设问题，张颂教授曾经发出呼吁：研究播音理论仍是一项紧迫的任务。“实践性强、应用型的播音学科，处于交叉、边缘、新兴学科之林，其结节点，当以哲学为纲，传播学与新闻学为经，语言学及应用语言学为纬。”②张颂教授认为，播音学在播音主持“史论”方面的理论研究比较薄弱，现有的史论著作凤毛麟角；在播音主持“创作基础”方面，已有建构，但应该更上一层楼；在播音主持“文体业务”方面，作为主干的新闻节目应该是研究重点，评论节目、专题节目、综艺节目等处于操作层面向理论层面的过渡阶段，亟待扩大视野，强化理论形态；在播音主持的“专项研究”方面，要向相关学科逼近并努力打通，建设学科群，包括播音哲学、播音心理学、播音美学、播音文化学、播音艺术鉴赏学、播音管理学、播音教育学等。“播音理论（播音主持艺术理论）体系，不但有学科的独立性、特殊性、科学性、稳定性，同时还具有融合性和开放性。”③

在《给播音系同学的一封信》中，张颂教授说：“先说说你们的专业优势：播音与主持艺术专业，以新闻性为根本属性，以艺术性为重要属性。你们是新闻工作者，是‘党、政府和人民的喉舌’，是广播电视中‘有声语言的创作者’。因此，要下大力气苦练基本功，提高新闻素质，强化语言功力，以便做到‘以播为主，一专多能；有稿播音锦上添花，无稿播音出口成章。’新闻播音员与主持人（新闻主播）是我系的拳头产品，已经培养了、并正在培养大量业

---

① 张颂.播音主持艺术论[M].北京：中国传媒大学出版社，2009：259.
② 张颂.播音主持艺术论[M].北京：中国传媒大学出版社，2009：148.
③ 张颂.播音主持艺术论[M].北京：中国传媒大学出版社，2009：154.

务尖子，这些毕业生和在校生，必然是各级电台、电视台的中坚力量。你们追求的目标是：中央电视台的《新闻联播》和中央人民广播电台的《新闻和报纸摘要》以及各类重大新闻事件的报道者、各种重大消息的发布者。在有声语言传播的创作实践中，你们要‘敢于在场、勇于出席、善于发言’。不论别人怎样评点和引导，你们都要清醒地把握自己，什么时候都不能等同于‘语言工作者’‘艺术工作者’，更不能混同于演艺明星、搞笑大王。所以，我建议你们牢记——坚持新闻性不动摇，苦练基本功不放松。”①

2011 年，艺术学从文学中脱离出来升为单独的门类，并划分为艺术学理论、音乐与舞蹈学、戏剧与影视学、美术学、设计学五个一级学科，播音与主持艺术成为戏剧与影视学（包含表演、戏剧学、电影学、戏剧影视文学、广播电视编导、戏剧影视导演、戏剧影视美术设计、录音艺术、播音与主持艺术、动画）一级学科所属的二级学科。在如今的艺术学门类下又该怎样认识播音主持艺术的性质呢？“即使播音主持划归到艺术学，也不能改变‘新闻性’仍然是播音主持的根本属性。”②播音主持的核心属性或曰重要属性才是艺术性。

金重建教授在《关于播音主持学科定位于人才培养的思考》一文中认为，在播音主持学科定位问题上可以运用胡塞尔的“搁置理论”：“关于播音学科的归属问题，张颂先生曾提出向一级学科努力。尽管目前播音学暂且归于一级学科艺术学之下，与表演、戏剧影视文学、戏剧影视导演等并列为二级学科，或曾放在广播电视艺术学之下作为三级学科，我想，对于这个问题可以学习运用胡塞尔的‘搁置理论’，也就是将某些争议、问题或现象先放一放，把更多的精力投入到对播音主持实践的调查、分析和研究上去，也许到一定时候回头来看，所有今天看来还是‘悬而未决’的争议，明天已经‘迎刃而解’了。”③

目前播音主持相关专业在各大高校分布在新闻学院、传播学院、电视学院等不同学院，这正是播音主持学科定位综合性和复杂性的反映和写照。在人才培养上，有些院校重视播音员的培养，有些院校重视主持人的培养，

① 张颂.播音主持艺术论[M].北京：中国传媒大学出版社，2009：124.

② 中国传媒大学播音主持艺术学院李洪岩教授对本研究的谈话。

③ 金重建.播音主持艺术导论[M].北京：中国传媒大学出版社，2016：4.

但实际上播音员和主持人是你中有我、我中有你的关系，没有本质的区别，各大院校培养的都是广播电视媒体以及新媒体所需要的播音主持口语传播专业人才。其实，只有作为舶来品的主持人和播音员“联姻”，所谓的“主持学”和独具中国特色的播音学相融合，主持艺术才会有归属感，主持专业也不会因另辟蹊径而出现“裸奔”的现象。播音与主持共同融合发展、创新实践是大势所趋。

（三）播音与主持艺术的名称问题

微信公众号“全媒体主持”2016年8月16日推送了一条新闻：

2016年7月底，贵州省黔南民族师范学院播音与主持专业应届毕业生邓明（化名）在黔西南州人力资源和社会保障网上看到了《册亨县2016年面向社会公开引进急需紧缺人才简章》，其中有一个由册亨县文体广电旅游局招聘的县广播电视台的岗位，专业要求是“播音与主持专业”，并且只招聘一人，邓明觉得机会来了，于是通过网络报了名。8月5日邓明收到了一份工作人员的回复邮件说“专业不符”，他们招聘的岗位是“播音与主持”，不是“播音与主持艺术”，邓明被拒之门外的原因竟是所学专业名称多了“艺术”两个字！邓明又进行了问询和解释，没想到让邓明更觉得难堪的是，有工作人员通过人才招聘领导小组的邮箱向他发送了一份答复邮件：“专业不符，不能报，你看不懂中国文字吗？和你说了三遍了……”

这条真实的新闻虽然听起来有些滑稽和荒唐，但也从一个侧面反映出播音主持专业命名和简称的混乱：

第一，播音与主持艺术专业在本科和专科目录中名称应该统一。目前，其在我国本科专业目录中，称为“播音与主持艺术”，专业代码为130309，隶属于艺术学大类下的戏剧与影视学类，修业年限为4年；而在专科专业目录中则称为“主持与播音”，专业代码为670307，隶属于艺术设计传媒大类下的广播影视类，修业年限为3年。2015年专科招生目录中又改为“播音与主持”，和本科专业比起来少了“艺术”二字。另外，本科名称“播音与主持艺术”中的“艺术”二字也显得多余：一方面，其他艺术专业名称如“表演”“音乐”“舞蹈”“美术”后面没有后缀“艺术”二字；另一方面，播音主持学科本来就属于交叉学科，有新闻性、艺术性、语言文学性等特点，加上“艺术”二字很容易掩盖其新闻本质的属性。播音艺术家陈醇先生认为：“在‘播音主持’四个字之间不应该有‘与’或‘和’连接，因为‘播音主持’四个字本来就是不可分割的。”①据此建议，本专业应称为“播音主持专业”，简称“播音主持”。根据不同层级的专业目录，在后面括弧标注，如播音主持(本科)，播音主持(专科)。

第二，播音学和主持学应该统一在中国播音学中。1994 年，经过一代又一代播音艺术家、播音教育家筚路蓝缕、殚精竭虑的探寻、坚持和努力，《中国播音学》这部标志着中国播音学诞生的大作终于面世了。20 世纪八九十年代，随着主持人节目和节目主持人的兴盛，中国播音学变得丰富而又复杂，出现很多关于播音员和主持人相互比较的争论及文章，其中“涵盖论”(播音员涵盖主持人)和“替代论”(主持人替代播音员)尤为突出和激烈。

如今，在这场争论似乎归于平静之后，我们应该认识到主持人和播音员在有声语言呈现特点和风格上，有不小区别，但也有很大关联，可以说二者之间是打断骨头连着筋的“骨肉相连”关系。所以播音学、主持学或播音主持学应该统一在中国播音学范畴内，共同丰富和发展。

金重建教授认为：播音，与其作为“播送节目”解释成动词，不如看成动宾结构的名词更合适。“播”是“传播”，“音”是“有声语言和副语言”，“播音”是有声语言和副语言的创造性劳动，“播音学”就是研究有声语言、副语言传播发生、发展规律的科学。② 从这一认识角度出发，无论是播音员还是主持人，都是在广播电视、新媒体中“出头露面”、用“有声语言”传播信息的媒体角色。

从工作性质上来说，播音员和主持人属于同一工种、同一岗位。他们都是新闻工作者，处于广播电视节目流程的终端，在媒体和受众间起着桥梁和纽带的作用。两者不可或缺，各有各的存在价值，各有各的美学内涵。

广播电视主持是舶来品，来源于美国。这种形式被引入中国之后，节目

---

① 播音艺术家陈醇对本研究的谈话。

② 金重建.播音思辨集[M].杭州：浙江大学出版社，2009：3.

主持人和播音员的工作性质最为接近，所以就水到渠成地和播音进行了“联姻”。假如这是一桩“国际婚姻”的话，在中国播音学的土壤上，主持人只有“入乡随俗”了。既然是一家亲了，就应多谈共性，相互融合。张颂教授认为中国播音学体系已经初步成熟，另外再建立主持学不仅势单力孤，而且研究路径也会出现问题。

同时，中国播音学具有开放性和融合性的特点。传统意义上的播音员也应该与时俱进，和国际接轨。美国的一些学者对播音员和主持人也有不同的认识：“我们使用‘播音员’这个术语，因为其保持着一般的使用习惯且仍然适用于广播行业的工作。这一过时的术语最终将被取代。一个现代的演播者不可能只是简单地播音。他娱乐他人，与他人交谈，报道新闻，并且提供情感的共鸣，但是很少以旧时期播音员那样的古板程式化的方式来陈述一个节目内容。”[①]实际上，中央电视台的《新闻联播》、中央人民广播电台的《新闻和报纸摘要》，还有很多地方电台电视台，现在大都称呼播音员为“新闻主播”或“主播”了，这不仅是名称上的变化，也有语言表达样式及其参与节目的变化。所以“播音员”将作为一个时代的名称经典流传，而主播和主持人应在中国播音学的学科范畴中携手共创语言和谐，弘扬、传播中国文化。

第三节　播音主持专业课程的基本模块

在《现代汉语词典》中，模块的解释为：“泛指事物整体中的组成部分。”举例为：“本课程由几个模块组成。”在此，播音主持专业课程模块指构成播音主持专业课程体系中的专业课程部分。

中国大学的课程体系受“苏联模式”[②]的影响，通常分为基础课、专业基

① 豪斯曼，等.美国播音主持技艺教程[M].王毅敏，刘日宇，译.上海：复旦大学出版社，2007：12.

② 苏联模式：新中国成立初期，高等教育体系和大学课程体系改革全面向苏联学习。以专业课程为中心构筑的课程体系在课程结构层次上形成了与专才教育模式相适应的“基础课－专业基础课－专业课”的线性层级结构体系，俗称“三层楼”结构。

础课、专业课三部分。播音主持专业课程体系也不例外，其中专业课的课程模块以中国传媒大学播音主持艺术学院为经典范式。中国传媒大学播音主持艺术学院的专业课程模块是在广播电视播音的语境中积淀起来的，随着主持人的出现也有了丰富和发展。上海戏剧学院电视学院首家开办的电视节目主持人专业，随着节目主持人的兴盛，在表演学体系架构中形成了独具特色的主持人培养课程模块，也被不少高校在播音主持教学实践中采用。

一、中国传媒大学的播音主持课程模块

中国传媒大学的前身是北京广播学院，在原先播音系里下设四个教研室：播音发声教研室、播音创作基础教研室、广播播音教研室、电视播音教研室。随着主持人的兴起和繁盛，播音系更名为播音主持艺术学院。2014 年播音主持艺术学院又重新构建成为“三系一部”的主体框架：新闻播音主持系、综艺主持系、口语传播系、播音主持创作基础部。

中国传媒大学因培养播音员而优势特色显著的播音主持课程模块体系[①]，在全国各地的播音主持专业人才培养课程体系中被广泛采用：

（一）播音主持发声艺术

以有声语言表达中发声艺术的创作基础及创作方法为研究对象，研究语言发声艺术的物理基础、机体控制、发声方法和语言艺术表达效果之间的关系，以及人们的思想感情与声音表达形式之间的关系。为了适应我国新时代进一步推广普通话的要求，本方向还以普通话教学和水平测试为研究对象，着重研究普通话测试的基本原理及测试的范围、内容、方法，以及数字技术在测试中的应用等，为推广普通话服务。本方向除重点研究播音员主持人的发音用声和播音主持语言艺术效果之间的规律外，还兼顾公众的发声艺术研究，如新闻发言人、企事业机构管理人员、教师以及大型活动主持的语言发声艺术等方面。

---

① 中国传媒大学播音主持艺术学院.播音主持语音与发声[M].北京：中国传媒大学出版社，2014：序 3.

(二)播音主持艺术理论

以播音主持艺术创作主体、创作过程、接受主体、艺术效果为研究对象，以播音员主持人从素材准备到节目播出过程中的创作道路、原则、技巧、规律、风格等为研究范畴，梳理总结播音主持艺术创作过程中的原理、方法，用以指导播音主持艺术创作实践。播音主持艺术理论重点在语言、传播、艺术等交叉领域进行艺术规律的探析，从创作主体和接受主体及其关系的角度将传者、受众和作品纳入研究视野，并对播音主持创作中的心理机制、美学特征等进行深入研究。本方向还研究广播电视播音主持艺术的历史发展、代表人物、重点作品、风格流派等。

(三)播音主持创作艺术

以播音主持业务为基础，以播音主持实践的动态发展变化为关注点，以各类广播电视节目播音主持创作活动为研究对象，系统研究包括新闻节目、综艺娱乐节目、专题节目、谈话节目、体育节目等节目在内的播音主持艺术特征、节目形态、创作方法、创作规律和艺术效果等，用以指导播音主持艺术创作实践。本方向除了研究具体节目的播音主持创作活动及其艺术外，还在宏观上跟踪、勾画广播电视播音主持艺术的发展脉络，并深层次分析不同类型节目播音主持艺术与媒介传播平台的相互影响，探索传媒与艺术之间的关系。

(四)口语传播艺术

重点研究播音员主持人的口语表达的内涵外延、思维方式、创作方法等，探索节目的语言传播艺术规律。同时以此为基础，探索研究面对公众的口语表达及人际交流口语表达艺术规律，以提高公众口语表达水平为主要任务，服务于全社会各领域的口语表达应用之需，如新闻发言人口语表达艺术、教师口语表达艺术等。同时，本方向还关注世界范围内华语传媒及华语有声语言传播的新变化，为世界范围内的华语传播提供关注课题和参考方向，培养对外宣传和世界华语传播的高端人才，完善国家媒体形象在海内外的传播与建设，提高世界华语传播品质。

以上研究方向和研究内容,构建了播音主持学科的主干理论框架,在此框架下,播音主持学科沿着"有声语言"的运动轨迹,沿着理论与实践紧密结合、动态和静态相结合的研究路径,探索播音主持艺术的特殊规律,探索创新型人才培养的新模式。

二、上海戏剧学院的播音主持课程模块

1995 年上海戏剧学院电视学院开设的电视节目主持人专业,在全国很有影响力,其主持人培养课程模块被很多高校的播音主持相关专业借鉴和采用。

(一)主持艺术概论

通过对"八论五法"("八论"指概念论、形象论、意识论、类型论、状态论、个性论、节目论、空间论,"五法"指采、编、播、议、态)的基础性、规范性的讲授,推助学生入门,在主持艺术概论的讲授中,培养起属于主持人的专业头脑。

(二)节目比较读解

运用纵横比较法,对历史的、经典的、现象的三大类型的节目进行对比解读。既可看到节目主持人的发展走向,又可感受到同一类主持人的优劣得失,更可对实际问题进行解惑。在节目比较读解中,培养学生属于主持人的专业眼光。

(三)自选节目评析

通过对一档自选节目进行"五评"(主评、点评、自评、短评和总评),并在每一次课上轮番更换、循环点评,使学生能够运用建立起来的专业头脑和培养起来的专业眼光,在有备与即兴的评述中,自我实践、相互交流、互动互补。教师在准演播空间里激发学生的当众讲话欲,培养其动脑、动眼与动嘴的能力。

（四）演播言语组织

通过主持人四大职业智力（倾听力、思维力、记忆力、联想力）和四大语言功力（语感、语流、语义、语形）以及言语组织的四大能力（智抓语核、入三段网式、借引义出意、用同义异语）的理论阐述及技能运用，使学生能够在不同的语境里表达独特的语言、在相同的语境里表达不同的语言，培养学生遣词造句、妙语生辉的即兴言语组织能力。

（五）演播空间处理

让学生面对摄像机，在室内、室外的空间里，通过单档、双档的静态演播、站坐姿、走动姿的动态演播理论讲授与演练操作，培养学生的演播空间适应能力和选择能力，使学生建立起镜头感、对象感、间距感、走动感。既让学生的言语组织能力在镜头前的实践中得到提升，又让学生锻炼处理空间与驾驭空间的动身与动腿的能力。

（六）主持节目创作（综艺）

通过学生自我创意、撰稿、组织，设置一档 50 分钟的游戏竞技或综艺娱乐节目，在演播室以单人主持形式组织现场同学配合参与并一次性摄录成带，培养学生在叙事与议论中的控场能力，以及节目创新意识和创造思维能力。

（七）主持节目创作（访谈）

通过学生自我创意、撰稿、组织，设置一档 50 分钟的现场带观众的谈话节目，邀请真实嘉宾，当众动态主持。在现场一次性摄录成带后，主持人讲创作体会，同学们观后评论。主持人根据录像带将谈话节目记录成文再写出主持创作后感，与每位同学的评论稿一并汇集成文案。以体现学生在提问与对话中的交流沟通能力，培养学生动脑、动嘴和动笔的综合能力。

（八）节目编辑制作

把 50 分钟的“综艺”和“谈话”录像带剪辑成 20 分钟的节目带，并加入片头、片花、宣传片、音乐、字幕、画外音，制作成播出带后展播评比。既能使学生获得一种成就感，又能培养学生编辑制作节目的动手能力。

（九）主持艺术研究

组织名主持、名记者、名编导进行专题讲座，让四年级学生见多识广、触类旁通、兼容并收、增加底蕴，以提高学识，拓展视野的广度和深度。

（十）毕业作品论文

学生到电视台实习，在实践感受的基础上，注重开题报告写作，教师加强论文指导。论文写作既要对四年学习进行总结、提升，又要在综合消化前人研究成果的同时提出自己的论点，并从理论和实证两方面论证论文的独特性和对实践的指导性，使论文有创意。

播音与主持艺术专业属于艺术类专业，主干专业课程具有较强的实践性，主持专业的学生必然要学会并灵活运用动脑、动嘴、动眼、动笔、动身、动腿、动手、动情的八大综合能力。

研究教育，就不能不谈人才培养模式的问题。所谓课程模块以及课程体系的改革，说到底是人才培养的改革。谈到人才培养，又必须涉及课程。“课程是核心”与“人才培养模式是教育质量的首要问题”①这两个提法本质相同。提起“课程”，人们一般会理解为单门课程，而不是培养人才的一种整体性的思考和设计。播音主持专业课程设计及课程开发对播音员主持人的人才培养起着关键性的作用。

---

① 陈兴明.中国大学“苏联模式”课程体系的形成与变革[M].北京：社会科学文献出版社，2012：1.

第四章
学生职业诉求：播音员主持人媒介素养构成

“教育是培养人的一种社会活动，它的社会职能，就是传递生产经验和社会经验，促进新生一代的成长”。[①] 教育不是一种自然存在，而是为培养人才而人为构建的社会活动系统，它的核心是引导和规范人的发展，是解决培养什么人和怎样有效培养人的问题。教育是有规律的。“教育不只是一种有规律的活动系统，它同时也是一种有价值取向的活动系统。”[②]教育是一种培养人的活动，那么各类教育应该培养什么人呢？这就涉及人才规格问题。“人才规格是指社会对作为其成员的人所必须具备的知识、技能和身心品质的基本要求，它受社会现状、传统、国际条件等因素的影响，具有鲜明的时代性。人才规格问题乃是教育也是学科教育中的根本问题，是整个学科教育的根本方向，是衡量整个学科教育的根本标准，是整个学科教育工作的根本归宿。”[③]

播音主持专业培养人才的规格，按照张颂教授的观点应是“德才兼备、声形俱佳”（张颂教授后期又表述为“德才超群、身形出众”）。播音与主持艺术专业也称为有声语言传播专业，广播要求“以情带声，声情并茂，悦耳动听”，电视要求“形神兼备，声画和谐，赏心悦目”。[④] 这些要求符合广播电视的特点，即使各类新媒体中的音视频主持人，如果脱离这些要求，也就远离了美学诉求。在广播电视中，播音员、节目主持人是以有声语言为主干或主

① 王道俊，郭文安.教育学[M].北京：人民教育出版社，2009：15.

② 王道俊，郭文安.教育学[M].北京：人民教育出版社，2009：1.

③ 陶本一.学科教育学[M].北京：人民教育出版社，2002：27.

④ 张颂.播音主持艺术论[M].北京：中国传媒大学出版社，2009：262.

线“出头露面”把握和驾驭节目进程的专业人员。简单地说，这样的人员必须“有声”“上相”“有内涵”。所谓“有声”是指声音悦耳圆润、响亮、悦耳、动听；所谓“上相”是指形象端庄、大方、悦目、赏心；所谓“有内涵”是指表达规范、文雅、鲜明、生动。①

随着广播电视事业的迅速发展以及电子传媒手段的充分运用，广播电视的影响广泛而又深远，播音主持岗位越来越受人关注。新技术的发展以及新媒体的涌现使得播音主持创作的空间更为广阔。

随着新媒体时代的到来，传统媒体受到了冲击和挑战。在新的媒介生态环境下，为传统的广播电视培养播音主持人才的播音与主持艺术专业遇到了一系列新问题，培养主持人的新媒体素养迫在眉睫。

第一节　播音员主持人的工作性质

有人认为既然播音与主持艺术专业是艺术专业，播音员和主持人是“明星职业”，那么播音员主持人和影视演员一样应该同属于“演艺人员”的范畴。要改变这种不正确的认识就必须了解播音主持工作的性质。播音员主持人不同于影视明星，播音主持工作有它的特殊性。姚喜双教授认为：“播音主持创作活动集语言、新闻、艺术于一身，是一个复杂的系统工程。”②

一、播音员主持人是新闻工作者

从新闻学的角度看，播音主持是一项新闻实践活动。播音是广播电视宣传的最后一环。播音员主持人是电台、电视台的“门面”，也是电台、电视台宣传过程中一道必不可少的环节，所以，播音创作必须遵从新闻学的基本规律和原则。陆定一同志给新闻下的定义一直为新闻界沿用，即“新闻是新

① 张颂.播音主持艺术论[M].北京：中国传媒大学出版社，2009：129.

② 姚喜双.播音导论教程[M].北京：中国广播电视出版社，2001：16-19.

近发生的事实的报道”。这个定义中讲了三个要素：第一是“新近”，它要求新闻报道要注重时效性；第二是“事实”，它要求新闻报道必须遵循真实性原则；第三是“报道”，“报道”使新闻价值的实现成为可能，新闻报道要遵照客观报道的原则。播音既然是一项新闻实践活动，新闻定义的三要素必然反映在播音创作中，播音创作也无时无刻不在体现这三要素。“最新性”“时效性”体现在播音创作中，就是要有“新鲜感”和“时代感”；“事实”“真实性”体现在播音创作中，就是要有“真实感”和“分寸感”；“客观报道”体现在播音创作中，就是要有“表态性”。

二、播音员主持人是语言工作者

播音言语活动的特殊性在于：日常生活的言语活动，是言语者自己要说的；播音这一言语活动，必须依据稿件（素材），并且要把文字稿件（素材）转化为自己要说的话。播音言语活动的特殊性还在于：日常生活中的言语活动，言语者代表自己讲话；播音这一言语活动，播音员主持人代表电台、电视台以至于党和政府讲话。同时，播音这一言语活动，言语者还受到话筒、镜头等传播条件的限制，这些都构成了播音言语活动的特殊性。所以说，播音是一项特殊的言语活动。

这里还需强调的是广播电视播音员主持人担负着推广和示范普通话的光荣而艰巨的任务。人民广播诞生将近 80 年来，特别是在新中国成立以来，广播电视在推广普通话方面发挥了重大的作用，“听广播，学普通话”成为广大受众的自觉行动。

改革开放以来，中国广播电视节目随着时代的进步也进入了改革创新时期，涌现出了各类风格的主持人节目，一大批记者、编辑走到了话筒前做起了主持人。节目主持人为广播电视语言带来了清新、自然、亲切、个性的新面貌。但由于一些主持人普通话语言表达较差，一些不太规范的语言从广播电视中传播出去，在社会上造成了不良影响。为此，国家有关部门于 1996 年推出了一项具有重大意义的举措：在全国开展普通话水平测试，并明确规定各级播音员主持人达到相应等级方可持证上岗，要求每位播音员主持人都努力提高自己的普通话水平，做一个合格的语言工作者。

针对有些主持人有意模仿港台腔而弱化普通话的现象，张颂教授说，播音员主持人即使当不了语言大师，起码也应是听众、观众的语言老师。中央电视台著名播音员虹云说，播音员主持人的主要任务是传递新闻信息、提供文化娱乐。除此之外，播音员主持人还有一个不容忽视的重要任务，那就是大力推广普通话起到语言规范及示范作用，表现出较深的语言功力、较强的语言表达能力、较大的语言魅力，体现出普通话的音韵美。

三、播音员主持人是文艺工作者

从艺术学的角度看，播音主持是一项艺术创作活动。播音创作的语言不同于生活语言，它来源于生活又高于生活，是一种艺术。播音创作过程，从感受到表达，从情感引发到表现，都具有某些艺术属性。所以说，播音主持是一项艺术创造活动。

综合分析播音主持工作的特点，我们认为语言传播是其主要的工作手段，传播内容涉及新闻、文艺等不同领域。需要指出的是，虽然播音主持工作与语言密不可分，与艺术有千丝万缕的联系，但是播音主持工作仍不同于演艺工作。播音员主持人无论是在话筒前还是镜头前，都是以真实身份出现的，不同于影视演员的角色扮演。所以，播音员主持人首先是新闻工作者，在任何节目（包括综艺娱乐节目）中都要注意把握正确的舆论导向，坚持先进文化的品位格调；其次才是语言艺术工作者，应具有语言功力和艺术魅力。

张颂教授曾在《播音主持语言表达艺术》序言中强调，即使是“综艺节目主持人，也迥异于影视演员，因为他没有塑造另一个角色、变成第二自我的最高任务和规定情境，他只能服从节目的需要，完成节目的宗旨。虽然娱乐节目盛行，但也不能为了娱乐而丢弃大众传播的媒体责任……演艺界人士也可以主持节目，但是必须调整自己的身份，规范自己的言行，改变原来的习惯，进入传媒的语域”①。

随着播音创作内涵的不断丰富，人们认识的不断深化，播音主持对于社

① 高祥荣，赵炳翔.播音主持语言表达艺术[M].上海：上海百家出版社，2010：2.

会的政治生活、经济发展、科技进步、文化传播等方面直接或间接的作用也越来越显著。在广播电视传播过程中，播音主持至少具有以下作用：第一，构建语言（副语言）传播系统，使传播潜能变为传播现实，具有传播形成作用；第二，传递信息，体现态度，揭示语义内涵，表明思想实质，具有了解和认识社会的作用；第三，传达感情，形象具体生动，吸引感染受众，具有鼓舞、教育、激励作用；第四，规范美化语言，建设语言文明，具有语言表达的审美示范作用。①

四、播音员主持人是文化传承者

长期以来，关于提高广播电视有声语言传播文化品位的问题，一直广受关注。作为当代大众文化的重要组成部分，广播电视以及新媒体具有强大的文化传播功能是毋庸置疑的。但令人遗憾甚至痛心的是，广播电视媒体在运用有声语言传播文化时，时常表现出程度不同的肤浅与浮躁。对此，范敬宜先生曾一语中的地指出，媒体的浮躁源于文化的缺失。他认为当前群众对新闻媒体不满意的问题大概有三个：第一是一些媒体从业人员的职业道德问题，最突出的就是"炒""造""搞"。所谓"炒"就是炒作，"造"就是造假，"搞"就是恶搞。有的甚至触及法律底线。第二是有些媒体工作人员存在工作作风问题。比如工作不严肃、不深入、不负责任，甚至玩忽职守。不但影响媒体的威信，还对报道的单位和个人造成伤害。第三是有些媒体宣传水准滑坡。报纸、广播、电视本来是办给大众的，要能被大众接受，其作用才能实现，故而大众愿看、想听，是一个起码的标准。可是现在大众普遍反映报纸、广播、电视中让人想看的、愿看的、耐看的、爱看的精品力作并不多。公信力的下降，是媒体面临的一个很大的危机。"媒体的浮躁源于文化的缺失。而文化品质是媒体的灵魂，文脉之源永恒。"②

广播电视的发展与文化意识、文化观念联系紧密，是一定文化形态的折射与反映。主流文化、精英文化、大众文化，从来都在社会文化中鼎足而立，

① 姚喜双.播音导论教程[M].北京：中国广播电视出版社，2001：32.

② 范敬宜.媒体的浮躁在于缺少文化[EB/OL].(2007-09-11)[2019－03－21].http://culture.people.com.cn/GB/22219/6249304.html.

但三者之间的关系却因为社会体制与机制的变化，因为社会文化整体的变动与发展，而呈现出不同时代的不同格局。中国传媒大学博士生导师曾志华教授提出的电视节目主持人文化影响力的概念具有三层含义："一是对主持人文化身份的指认，二是对主持人职业责任的重新明示，三是对文化回归的呼吁。"①

在大众传播语言形态的研究中，文字语言的文化身份早已有了较为清晰的描述，而有声语言的文化身份却不那么清晰。且因为范本的缺少、经典的缺席，有声语言创作主体的文化身份也随之模糊起来。有的人只认艺术属性，认为主持人等同于演艺圈的艺人；有的人以为主持人只是念稿出声，不过是个"传声筒""肉喇叭"而已；还有人认为主持人是"政治身份的简单化""经营身份的低俗化"，这些看法都使得主持人在文化身份的指认上，理直气壮和顺理成章。

在一个媒介化社会中，大众传播媒介是人们形成个人认识的一种依赖，构成一种人与社会的中介关系。主持人的根本属性是新闻性，重要属性是艺术性的角色定位，这使得他们既是"所有传播媒介与艺术样式中最独特的一个角色"，又是"架设在电视节目与电视观众中间最有力的一座桥梁，更是构成电视美的一个重要部分"②。

因此，没有相当的文化修养，是不可能担当起主持人这个身份的。从这个角度来说，主持人文化影响力的提出，既包括受众对主持人文化身份的指认，也包括主持人对自身文化身份的认知。

由此可见，文化品位的提升对改善广播电视媒体的影响力，促进广播电视的有效传播起着至关重要的作用。其中，提高广播电视从业者，特别是播音员主持人的文化艺术修养，强化其文化传承者意识，是提升广播电视有声语言传播文化品位最直接、最有效的路径。而要强化播音员主持人文化传承者的意识，首先应该对其既是新闻工作者，又是文化传承者的身份予以确切的认同。

中国传媒大学博士生导师鲁景超教授在《浅论播音员主持人文化传承

① 曾志华.中国电视节目主持人文化影响力研究[M].北京：北京大学出版社，2009：15.

② 胡智锋.电视美的探寻[M].武汉：华中理工大学出版社，1998：45.

者的身份认同》中认为，从文化传承的角度看，我们对“身份认同”这一概念可作如下理解：“身份认同是人们在社会互动过程中对自身角色以及与他者关系的一种动态评估与判定，它以人的自我为轴心，并围绕着各种差异轴（如性别、年龄、阶级、种族和国家等）展开和运转，其中每一个差异轴都有一个力量的向度，人们通过彼此间的力量差异而获得自我的社会差异，从而对自我身份和社会身份进行识别。身份认同不是固定不变的结果，它是一个不断变化的动态建构过程。在身份认同的过程中，最重要的是价值认同，它决定着自我认同和社会认同的认同取向和身份归属。”①

鲁景超教授认为，广播电视是主流文化的重要宣传阵地，是主流文化进行宣传、推广的主战场，新闻传播的根本属性正是在对主流文化进行坚持、肯定的过程中得以体现的。而代表着主流文化的众多不同形式的文化产品，也正是通过广播电视媒体强大的影响力才得以被广大受众认同、接受、欣赏的。因此，播音员主持人不能不具有文化传承者的身份。播音员主持人能否让自己深厚的文化积累与精湛的专业技能在有声语言传播过程中从容不迫地表现出来，并将语言中蕴涵的文化底蕴美妙地传达出来，让广大受众的心灵得到文化甘霖的润泽，使我们的文化传承在潜移默化中得以实现，很大程度上就取决于我们的播音员主持人在履行自己的工作职责时，脑海里是否有清晰的“文化传承者”意识，是否从心底就愿意为提升全民族文化素养贡献自己的力量。

总之，播音员主持人集新闻工作者、语言工作者、艺术工作者、文化传承者等几种身份于一身。

第二节　播音员主持人基本素养构成

对于素质，《辞海》的解释为：“素质指素养，如：政治素质、思想素质等。”对于素养，《辞海》的解释为：“素养指经常修习涵养，《汉书·李寻传》：马不

① 中国传媒大学播音主持艺术学院.播音主持艺术(10)[M].北京：中国传媒大学出版社，2010：18-21.

伏枥，不可以趋道；士不素养，不可以重国。亦指平日的修养。如：艺术素养、文学素养。"[①]从以上的界定可以看出，素质和素养的内涵存在重叠，两个概念常常有交替使用的情况。

关于素质的概念，《辞海》做了进一步解释。素质是指"人或事物在某些方面的本来特点和原有基础，在心理学上，指人的先天的解剖生理特点，主要是感觉器官和神经系统方面的特点"[②]。而所谓人的综合素质，"就是人们自身所具有的各种生理的、心理的和外部形态等方面的较为稳定的特点的总和"[③]。这些特点的形成既有先天的因素，也有后天的养成；既有自然、他人的因素，又有自身的因素。综合素质不仅决定了一个人能够从事什么事业或职业，而且决定了一个人从事某项事业或职业所能达到的高度。

吴郁教授等在《电视节目主持人的综合素质研究》中认为：研究综合素质，首先就要研究人的综合素质的静态构成要素和结构，要研究素质形成的诸种原因，研究发挥人的综合素质的积极因素等。对电视节目主持人综合素质的研究同样如此。在对电视节目主持人综合素质所做的研究中，调研组根据人的各种素质在生活中的地位和作用，根据电视节目主持人的职业特性和职业特点，以及所走访的诸多专家学者、一线制片人和主持人的访谈结果，将电视节目主持人的素质分为思想素质、文化素质、职业素质和身心素质四个大的方面。[④]

以下我们基于播音员主持人的工作性质，从政治素养、语言素养、艺术素养、文化素养来分析播音员主持人的基本素养构成。

一、播音员主持人的政治素养

从舆论学的角度看，播音主持岗位，是党、政府和人民的"喉舌"。

从事这个职业或走上这个岗位的人，在话筒前、镜头前的一言一行都不再代表个人，而成了节目群体、电台电视台、某一级党和政府、甚至是国家的

① 辞海编辑委员会.辞海(缩印本)[M].6版.上海：上海辞书出版社，2010：1799.

② 辞海编辑委员会.辞海(缩印本)[M].上海：上海辞书出版社，1989：1378.

③ 庄驹.人的素质通论[M].2版.济南：山东大学出版社，1997：19.

④ 吴郁，等.电视节目主持人的综合素质研究[M].北京：中国广播电视出版社，2007：33.

“代表”。换句话说，党和政府以至国家，把话语权力赋予播音员主持人，通过他们的有声语言及副语言，传达党和政府的路线方针、政策措施、舆论导向、宣传口径、宣传重点，表达人民的立场态度、思想观点、道德情操、是非判断、价值取向等。“喉舌”作用是任何一个传播媒体都具有的本质属性。

2004年12月国家广播电视总局颁发的《中国广播电视播音员主持人职业道德准则》规定：“广播电视播音员主持人所从事的事业，担负着传播先进文化，弘扬民族精神，维护国家利益，促进经济社会发展，推动人类文明的崇高使命和社会责任。”播音员主持人要热爱祖国和人民，珍视国家和人民赋予的权力，全心全意为人民服务，为社会主义服务，为党和国家工作的大局服务。忠诚党的新闻事业，坚持党性原则，坚定执行党的路线、方针、政策。自觉遵守宪法和法律、法规，保守国家秘密。真实报道新闻，正确引导舆论，努力传播知识，热情提供服务，不断满足广大人民群众的精神和文化需要。

节目主持人只有加强理论修养，才能透过现象看本质，抓住主要矛盾，才能对各种利害得失作出正确的判断和选择，才能在遇到复杂紧急的情况时，头脑清醒，应付自如。

2003年2月25日，湖南人民广播电台经济频道《心灵之约》节目正在直播，主持人罗刚忽然接到一个电话，对方诡称要谈“中日友好关系”。在约定的三分钟时间里，这位自称“小原真太郎”的人却大发反华言论，直到三分钟以后，罗刚才进行反击。节目播出后，引发了听众强烈的愤怒情绪，主持人罗刚和导播因为严重的工作错误，而被开除公职。罗刚的错误在于没有及时挂断这个恶意电话，犯下这个错误的思想根源在于主持人的思想素质不过硬。作为一个大众传播工作者，罗刚在这次事件中缺乏应有的政治敏感，作为主持人，“喉舌”意识和导向意识也显得极为淡漠。

2006年足球世界杯比赛期间，北京时间6月27日凌晨，意大利同澳大利亚的1/8决赛中，中央电视台著名足球解说员黄健翔出格的“激情”解说令人震惊，引起观众不满。当晚，中央电视台主持人张斌在《豪门盛筵》节目中宣读了黄健翔写给广大球迷的道歉信，承认：“我的现场解说评论夹带了过多的个人情绪。今早一觉醒来，又重新看了录像带，再次感受到解说中确有失当和偏颇之处，给大家造成了不适和伤害，在此我向观众郑重道歉！”

2016年11月1日，上海东方卫视某新闻女主播在新闻直播节目中播报新华社关于“中共中央总书记习近平在北京会见台湾中国国民党主席洪秀柱率领的大陆访问团”这条新闻消息时出现严重口误，将“两党领导人”说成“两国领导人”，主播被停职。其他国家主播出现类似的问题后果也很严重，比如印度某电视台新闻主持人因在播报新闻时把中国国家主席“习近平”的英文名“Xi Jinping”的姓氏“Xi”误读成罗马数字“Ⅺ（十一）”而被停职。

广播电视节目主持人和其他电视工作者一样，应该继承和发扬党的新闻工作的优良传统，必须具有较高的政治觉悟和理论修养，坚持真理，实事求是，全心全意为人民服务。党性原则并不只是对新闻节目主持人的要求，娱乐节目主持人、社教节目主持人作为社会主义精神文明的生产者和传播者同样必须遵守。主持人政治素养的高低，决定着其在节目中舆论导向的正确与否以及舆论引导的水平高低。

二、播音员主持人的语言素养

吴郁教授认为，语言表达对播音员主持人十分重要。作为传播的第一要素，语言是播音员主持人在广播电视传播中最常用和最直接的手段。毫无疑问，一个口齿不清、说话木讷的人无论如何也不会成为一个好主持人。在这个意义上，较好的口语表达能力对于主持人而言就如同一个门槛，如果跨不过这个门槛的话，就很难胜任主持人的工作。著名主持人白岩松对此深有感触，他说：“一个木讷的、有才华的思想者不一定能成为一个好的主持人，因为他跨不过这个门槛。”主持人应该具备的最基本的条件是好的口才。一个主持人，即使其外形、气质很富有吸引力，学识、人格也极富魅力，倘若其语言表达能力极差，那么他肯定不适合做主持人，更遑论胜任主持人的岗位。没有人会对连话都说不流畅的主持人产生好感，更谈不上对其传播的内容产生兴趣。因此，2001 年 12 月国家发布《播音员主持人持证上岗规定》对主持人的基本条件做出明确规定，主持人应“嗓音良好，具备较好的语言表达能力”。一个优秀的节目主持人，特别是优秀的电视节目主持人，具有较好的口语表达能力既是其工作的基本条件，也是其突显魅力的主要手段。较好的口语表达能力具有展现主持人魅力和促使主持人成为意见领袖的重要作用。

在中外众多知名主持人中，凡是在受众中影响大的，其口语表达能力往往都非常强。而受众在对主持人进行评价时，主持人的语言表达能力，特别是“语智”是一个非常重要的方面。

语言素养作为主持人的一项重要职业素质，大体上包含标准的普通话、清晰的表达、语言感染力和语言组织力等几层内容。①

三、播音员主持人的艺术素养

经过长时间、多方面的研讨论证，2011 年国务院学位委员会讨论通过，将原隶属于“文学门类”的一级学科艺术学，升格为新的“艺术学门类”，使其与原有的哲学、经济学、法学、教育学、文学、历史学、理学、工学、农学、医学、军事学、管理学等 12 个门类并列为一级学科。

艺术思维迥异于以文字为载体的文学思维，如音乐是听觉思维，美术是视觉思维，电影电视剧则是视听综合思维。一般说来，艺术作用于受众的视听神经，除音乐比较特殊外其他艺术形式皆有具象。可见，把艺术学升格为第 13 个新门类，使得艺术学与文学门类“平起平坐”，从哲学思维科学层面上充分肯定了艺术在促进人的全面发展中的独特地位和作用，标志着艺术学已经成为人文学科的重要组成部分。艺术学科的“独立”可以说是我国高等教育史、学科建设史和人才培养史上一件具有里程碑意义的大事。

在国务院学位委员会、教育部印发的《学位授予和人才培养学科目录(2012)》中，艺术学正式成为第 13 个学科门类，下设 5 个一级学科：艺术学理论、音乐与舞蹈学、戏剧与影视学、美术学、设计学。其中在戏剧与影视学一级学科中又分为表演、戏剧学、电影学、戏剧影视文学、广播电视编导、戏剧影视编导、戏剧影视美术设计、录音艺术、播音与主持艺术、动画 10 个专业。②

播音与主持艺术专业隶属于艺术学门类，所以探讨播音主持工作的新闻性时，也应该研究播音主持工作的艺术性。

---

① 吴郁，等.电视节目主持人综合素质研究[M].北京：中国广播电视出版社，2007：53-54.

② 中华人民共和国教育部高等教育司.普通高等学校本科专业目录和专业介绍[Z].北京：高等教育出版社，2012：350-358.

从广义上讲，艺术包括实用艺术（建筑、园林、工艺美术与现代设计等）、造型艺术（绘画、雕塑、摄影、书法艺术等）、表情艺术（音乐、舞蹈等）、综合艺术（戏剧、戏曲、电影、电视艺术等）、语言艺术（诗歌、散文、小说等），以及杂技、曲艺、木偶、皮影等历史悠久的民族民间艺术。从狭义上讲，艺术则专指文学以外的其他艺术门类。文学与艺术并列，合称为文艺。在播音员主持人的艺术素养中，文学艺术是最基本、最重要的素养。由于各门艺术之间有许多相通之处，所以在播音业务的修养中，借鉴其他姊妹艺术便显得尤为必要。

播音主持属于语言艺术，包括语言和副语言的表达运用。电影、戏剧、歌唱、朗诵等艺术在语言运用和声音训练上都有成熟的经验，在语言表达上也都有完整的理论。学习这些经验和理论，有助于播音发声和语言技巧的训练。当然这种学习和借鉴要注意为我所用，不能照搬照抄。

播音主持除了借鉴电影、戏剧、歌唱、朗诵等与其相近的艺术外，还可以博采众家：借鉴音乐、美术、舞蹈、雕塑等艺术，这其中的许多表现方式在深层次上也都有与播音表达技巧相通之处。①

关于艺术和美学之间的关系，彭吉象教授认为："如果说，哲学代表着人类理性认识的最高形式，艺术代表着人类感性认识的最高形式，它们共同构成了人类精神王国的两座高峰，那么，架在哲学与艺术这两座精神高峰之间的桥梁便是美学。正是从这个意义上，德国著名哲学家黑格尔将美学称为'艺术哲学'。"②从古至今涌现出的无数杰出艺术家创作的艺术作品值得我们学习借鉴。

广播电视节目是由播音员主持人在话筒前、镜头前靠语言表达来完成的。播音员主持人驾驭语言艺术的能力至关重要，对节目收视率有很大的影响。但在网络化的今天，电视节目为了追求收视率，对电视主持人形成了一种压力："遥控板"掌控着主持人的命运，评判着主持人语言艺术的水平。如何正确处理主持人、主持活动（语言表达）和受众之间的关系，成为播音主持艺术必须正确对待的问题。

---

① 张颂.中国播音学[M].北京：北京广播学院出版社，2003：45.

② 彭吉象.艺术学概论精编本[M].北京：北京大学出版社，2015：1.

播音员主持人语言表达具有艺术审美性。受众被播音员主持人的语言艺术激发出丰富的情感，得到精神上的满足。受众不同，受众需求就会不同，对播音员主持人语言艺术的审美要求自然也就不同。感知受众的审美心理，分析受众的美感经验，满足受众的欣赏品位，是播音员主持人必须具有的能力。

湖南电视台播音指导曾致认为，播音主持作为一种语言传播行为，日益受到广大受众的关注。播音主持美学是播音学和美学交叉、渗透、融合、互补的一门学科，重在探讨和追问广播电视有声语言的深层意蕴。播音主持的审美，跟书法、绘画、舞蹈、音乐、雕塑等艺术门类有着明显的区别。播音主持艺术的审美本质，是艺术审美本质的子系统，两者具有一定的共性，但播音主持艺术的审美本质，既从客体表现出来，又从主体反映出来，是主客观的统一。①

广播电视播音主持语言具有自己的特点和规律，它的特点既涵盖广播播音的“以声传情，声情并茂”，又涵盖电视播音的“声画和谐，形神兼备”，同时包含了不同的节目形态、不同的表达方式和表达样式。

随着美学向社会生活各个领域的广泛渗透，播音主持创作主体也越来越注重作品的美感，播音与美学的融合已是大势所趋。张颂教授指出：“有声语言审美，必须遵循‘感性—知性—理性—悟性’的提升路径。只有感性，容易陷入感官刺激的泥沼；进入知性，也会被一知半解所束缚；达到理性，可能迷惑于排除非理性的困扰；如果真正走向悟性，便能够到达审美的广远时空，并且乐此不疲。”②

四、播音员主持人的文化素养

文化是人类在适应自然和改造自然过程中不断积累的一切文明成果的总和。所谓文化素养，就是人们对这些文明成果的掌握程度以及由此产生的心态。

---

① 高国庆.播音主持美学论纲[M].北京：中国传媒大学出版社，2013：序 1.

② 张颂.朗读美学(修订版)[M].北京：中国传媒大学出版社，2010：3.

文化素养有广义和狭义之分，狭义的文化素养一般是指某个人掌握的以书本为载体的文化知识，而广义的文化素养则泛指人们在社会生活中表现出的任何对于契合该社会主流文化价值取向的方向，包括人的行为举止、穿衣打扮、生活阅历等各个方面。因此，广播电视节目主持人的文化素养可以从以下几方面考查：[1]

（一）教育背景

在一般情况下，人的文化素养是通过家庭教育、学校教育和社会教育获得的，这三方面的教育影响一个人的总体文化素养。而人们在学校中所受的教育，对其知识结构的建立、学习能力的获得、学习习惯的养成具有无可替代的作用。一般来说，接受学校教育程度高的人，文化素养相应会高一些，反之，文化素养就会低一些。学校教育不同于家庭教育和社会教育，它按照一定的要求，有目的、有计划、系统地向年青一代传授文化知识、技术技能。正因为如此，具有一定程度的教育背景便成为电视节目主持人必不可少的素养项。随着时代的发展，从现实的情况来看，要成为一个电视节目播音员主持人，尤其是正规电视媒体的播音员主持人，要受过正规的高等教育、具有本科以上的学历。

从我国电视节目播音员主持人的整体教育背景来看，目前绝大多数播音员主持人都接受过正规的高等教育。由于历史原因，我们现在的播音员主持人队伍中虽然还有一些没有真正上过大学、学历不高的人，但大部分用人单位都已经把具有本科以上学历作为招收和录用新生代播音员主持人的一项基本标准。这说明业界对于播音员主持人文化素养中教育背景重要性的肯定和重视。

（二）知识结构

知识结构指各种学科知识在人的头脑中的组织方式，包括这些学科知识的配置比例、内部联系和协同关系。一个人的知识结构不是一成不变的，对于一个有自觉意识和主动精神的人来说，他需要并且能够结合主客观的

---

① 吴郁，等.电视节目主持人的综合素质研究[M].北京：中国广播电视出版社，2007：45-46.

需要不断调整、充实、更新自己的知识结构。播音员主持人的本科或更高学历并不能保证其文化素养足以胜任播音主持工作。因此，除了掌握某些专业方面的知识以外，播音员主持人还要在工作中不断学习积累，丰富自己的知识结构。

从播音员主持人的工作来看，一个合格的播音员主持人的知识结构应该至少包括三方面的内容：(1)基础知识。主要指文、史、哲等基本知识。(2)科学知识。这种知识不限于一两个领域或专业，而是社会生活中的常识，如天文、地理、生物、化学等。(3)专业知识。专业知识由两部分组成：一部分是播音员主持人作为新闻传播工作者所应具备的新闻传播学的理论知识与业务知识，另一部分是播音员主持人报道和主持领域要求具备的专业知识，如财经或法制类节目的主持人除了具有传播学知识外，还需要掌握一定的财经或法律专业知识。

实际上，在播音员主持人所招致的非议和指责中，“没有文化”“不知所云”“一窍不通”等是最常见的字眼。出现这种状况的主要原因大多时候不是其学历不够，而是对其主持的节目内容缺乏必要的专业知识储备。由于缺乏必要的专业知识，主持人当然也就无法对所主持的话题提出专业的意见，而这一点，无论是从传播效果的角度——传播者的内行性可以增加传播内容的可信性，还是从主持人形象塑造的角度——智力性因素比社会性因素更能增加受尊敬的程度来说，都是必不可少的，即“观众希望在屏幕上见到的主持人必须是学识渊博的，即便是主持人不熟悉领域的话题，主持人也应该掌握较全面的材料，否则很难谈到问题的症结上去”①。

作为一个主持人，没有与自己主持节目内容相关的专业知识是很难受到受众喜欢的，缺少专业知识的主持人不仅无法对其传播内容进行整合，甚至连与嘉宾和观众的顺畅交流都难以保证。

(三)生活阅历

根据《辞海》的解释，“生活阅历”指一个人在生活过程中所有经历的总称以及由经历获得的社会经验。可见，生活阅历既与一个人的年龄有关，也

① 时间，乔艳琳.实话实说的实话[M].上海：上海文化出版社，1999：416.

与一个人生活内容的丰富性有关,更与其对生活的感悟有关。

一般而言,年龄稍长的人因为身处社会的时间较长,且对不同阶段的人生有过深刻的体验,其生活阅历相对要丰富和深厚一些。当然,一个人尽管年纪不大,但因为他生活的际遇多变,在有限的生活岁月中经历过许多变动(如职业、生活处所、人生变故等),同样也可以有丰富的生活阅历。从日常经验来看,生活阅历丰富、见多识广的人往往对社会事物和现象更有体会,文化见解更深刻,在处理突发情况时更加练达和得心应手,因而也更能赢得人们的尊敬和喜爱。从这个角度而言,丰富的生活阅历是电视节目主持人必备的一项文化素养。甚至有人直接提出,对于主持人而言,学历与经历同等重要。有观众批评说有些主持人就是"花瓶",批评中国电视上的主持人太年轻,只有学历没有阅历,谈论社会话题时轻描淡写、蜻蜓点水,节目话题分析不够深刻。

吴郁教授等根据人的各种素质在生活中的地位和作用,根据播音员主持人的职业特性和职业特点,以及所走访的诸多专家学者、一线制片人和播音员主持人的访谈结果,将播音员主持人的综合素质分为"思想素质""文化素质""职业素质""身心素质"四大方面(图 4-1)。

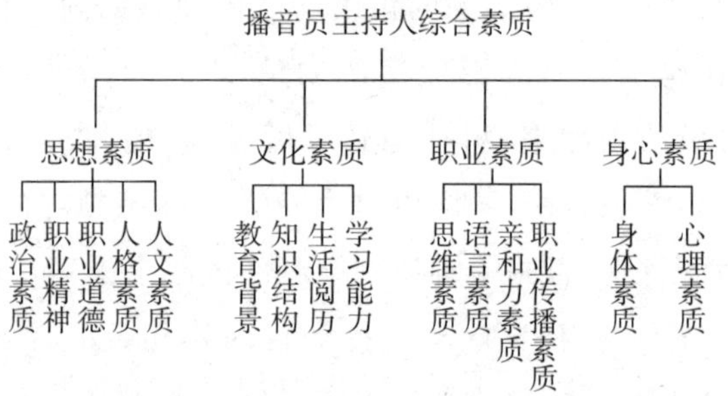

图 4-1 播音员主持人综合素质①

吴郁教授等认为每个分项在主持人的综合素质中的地位和作用不是相同的,而是呈现出塔状结构的特征(图 4-2)。

① 吴郁.当代广播电视播音主持[M].上海:复旦大学出版社,2005:7

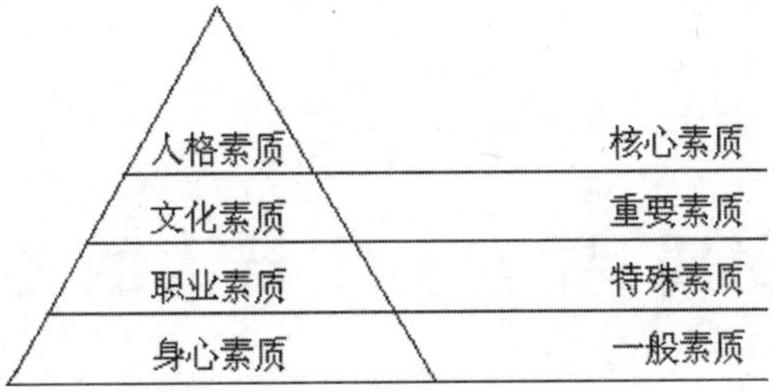

图 4-2　主持人综合素质塔状图①

其中既有处在底层、决定主持人能否进入该行业的一般素质，如主持人的身体素质、语言素质、心理素质等，也有处在较高层次、决定主持人优劣的特殊素质和重要素质，如主持人的职业素质、文化素质等，更有统领全局，决定一个主持人最终能走多远、能达到何种高度的核心素质，如人格素质等。

从主持人综合素质构成体系来看，这四大素质缺一不可，它们构成了一个反映主持人综合素质固有规律的、相对静态的、稳定的体系，但与此同时，素质的各项内容并不是一成不变的。主持人的综合素质是一个动态的概念。

① 吴郁，等.电视节目主持人的综合素质研究[M].北京：中国广播电视出版社，2007：189.

第五章
媒介社会变局:播音员主持人的角色与转型

第一节　新媒体的兴盛

数字技术和网络技术的快速发展促进了新媒体(new media)的诞生。新媒体自诞生以来,其惊人的发展速度及规模令所有人都措手不及,对报纸、广播、电视等传统媒体产生了严峻的挑战。当前,新媒体正以不可抵挡的势头,迅猛渗透到人类社会的政治、经济、思想、文化等领域,不仅改变了社会信息的传播形态,也影响着人们的生活方式及思维方式。由此,新媒体成为新闻学、传播学、播音主持学等诸多领域的研究热点。

一、新媒体的内涵

给"新媒体"下定义是个非常复杂的系统工作,需从多角度出发,考虑到不同的领域,还得跟上新媒体与时俱进的发展速度。

对于新媒体,学界到目前为止并没有一个统一的界定。一般而言,"新媒体是一个与传统媒体相对的概念,是继报纸、广播、电视等传统媒体之后发展起来的新型媒体形态"①。曾有学者指出,为新媒体这个概念下定义是

① 严三九.新媒体概论[M].北京:化学工业出版社,2011:1.

没有意义的，理解新媒体比定义新媒体更重要。

新媒体概念的历史要追溯到50多年前。新媒体(new media)一词最先由美国哥伦比亚广播电视网(CBS)技术研究所所长P·戈尔德马克(P. Goldmark)于1967年在一份商品开发计划中提出。在这份开发电子录像(Electronic Video Recording,EVR)的商品计划书中，戈尔德马克将电子录像称为新媒体，“新媒体”一词便由此诞生。

那么“新媒体”一词是如何传播开来的呢？这就要归功于美国传播政策总统特别委员会主席E·罗斯托(E.Rostow)。1969年，他在向尼克松总统提交的报告书中多处使用“new media”一词，使得“新媒体”一词开始在美国流行，并在不久之后扩展到全世界。

然而，“新媒体”一词真正为世人所熟知并广泛应用则是从近些年才开始的。随着数字信息技术的飞速发展和新兴媒介形态的不断涌现，“新媒体”逐渐成为这些新兴媒体的统称。在人们使用“新媒体”称呼那些继传统媒体之后出现的新兴媒体，或是描述由其带来的传播生态环境变化的同时，国内外对于“新媒体”的定义却始终无法统一。

与传播学、新闻学相关的各类研究机构、组织及专家、学者、媒介实践者纷纷从各自不同的领域及角度出发对“新媒体”的概念加以界定。一开始，大家对“新媒体”的概念界定十分简短：联合国教科文组织给出“新媒体就是网络媒体”的定义，美国《连线》杂志将新媒体定义为“所有人对所有人的传播(Communications for all, by all)”，华纳兄弟总裁施瓦茨威格认为“新媒体就是非线性播出的媒体”。

此后，《圣何塞水星报》的专栏作家丹·吉尔摩为“新媒体”的概念界定加入了新的元素——数字技术，他认为“new media”是数字技术在传播中广泛应用后产生的新概念。尽管“新媒体”之“新”是相对于传统媒体(old media)中的“旧”而言的，但并不是只要有新的媒介形式出现就会被称为“新媒体”。直到Web2.0时代来临，信息的传播方式及范围发生了革命性的改变，这种传播生态的改变使得人类信息社会进入“自媒体”时代，这才产生了真正意义上的“新媒体”(new media)。

继丹·吉尔摩之后，“技术”逐渐成为“新媒体”概念中一个必不可少的要素。《中国新媒体发展研究报告(2006—2007)》对“新媒体”的定义如下：

"新媒体是基于计算机技术、通信技术、数字广播等技术，通过互联网、无线通信网、数字广播电视网和卫星等渠道，以电脑、电视、手机、个人数字助理(PDA)、视频音乐播放器(MP4)等设备为终端的媒体。新媒体能够实现个性化、互动化、细分化的传播方式，部分新媒体在传播属性上能够实现精准投放、点对点的传播，如新媒体博客、电子杂志等。"

中国传媒大学黄升民教授认为，构成新媒体的基本要素是基于网络和数字技术所构筑的"三个无限"，即需求无限、传输无限和生产无限，由此形成的利润链促使传媒产业进入完全竞争的状态。因此，新媒体是在数字技术和网络技术基础之上，延伸出来的各种媒体形式。技术是"新"的最根本体现，具体体现在形式上，譬如：互联网就是一个全新的媒体形式，但是电子报纸、手机电视等就是在旧媒体(传统媒体)的基础上通过技术革新所达到的媒介形式的融合。

清华大学新闻与传播学院熊澄宇教授提出，今天的新媒体是在计算机信息处理技术基础之上产生的媒体形态，包括网络媒体和其他数字媒体形式。它除具有报纸、电台、电视等传统媒体的功能外，还有交互、即时、延展和融合的新特征。互联网用户既是信息的接收者，同时也是信息的提供者和发布者。因而网络媒体不再局限于大众媒体的范畴，而是逐渐转化成为融合了大众传播、组织传播和人际传播方式的全方位立体化的新型媒介形式。

除了技术要素之外，上海交通大学的蒋宏教授和徐剑教授在其著作《新媒体导论》(2006年)中从内涵和外延两方面对新媒体做了界定。他们认为，就内涵而言，新媒体是指20世纪后期在世界科学技术发生巨大进步的背景下，在社会信息传播领域出现的建立在数字技术基础上的能使传播信息大大扩展、传播速度大大加快、传播方式大大丰富的，与传统媒体迥然相异的新型媒体；就外延而言，新媒体包括光纤电缆通信网、有线电视网、图文电视、电子计算机通信网、大型电脑数据库通信系统、卫星直播电视系统、互联网、手机短信、多媒体信息的互动平台、多媒体技术广播网等。

从以上这些对"新媒体"的定义中可以看出，新媒体是一个不断变化的概念。它在时间上具有相对性，并随着技术的革新而不断更新。这些百家之言大致可概括为两类：一类是从技术层面(如数字技术、网络技术等)对新媒体进行界定；另一类则是从与传统媒体的比较优势出发来定义新媒体，例如传播的高速度、高共享性、高互动性以及信息的多媒体化等。

各类专家、学者及媒体从业者对“新媒体”的诸多定义，尽管从某种程度上体现出“新媒体”繁盛的研究浪潮，但是也不免为受众及学习者带来些许困扰。中国人民大学的匡文波教授对当前存在的各种新媒体定义颇有微词，他认为现在对新媒体的界定存在的最大问题就是界定过宽且逻辑混乱。曾有人将近十年内基于技术变革出现的一些新的传播形态，或一直存在但长期未被社会发现传播价值的渠道、载体统称作新媒体。这样就会将目前存在的各种新型媒介混为一谈，将手机电视、网络电视（IPTV）、博客、播客、楼宇电视、车载移动电视、光纤电缆通信网、都市型双向传播有线电视网、高清晰度电视、互联网、手机短信、数字杂志、数字报纸、数字广播、数字电视、数字电影、触摸媒体等均列入新媒体。①

而事实上，并非所有新出现的媒体都能称为“新媒体”。尽管广播、电视相对于报纸而言在传播技术和信息表现形式上有了很大的创新，但由于其并没有改变媒介的传播生态，因此人们仍旧习惯将广播、电视媒介与报纸媒介归为“传统媒体”。尽管究竟如何划分“新媒体”和“传统媒体”的范畴，到目前仍没有一个统一的标准，但对其做一定的了解将有助于我们理解什么是新媒体。

浙江大学的邵培仁教授认为，新媒体和传统媒体既可以明显地区别开来，又有某种模糊性。明显的区别表现在：以网络媒体为代表的新媒体，具有交互性、即时性、开放性、分众性、快捷性、个性化、多媒体性等特点，因此与传统媒体相比具有良好的整合性、展示性及容纳性。这样就为受众提供了一个全新的、功能齐全的媒介综合平台，既融合了以往的媒介形式，又显现出信息覆盖面广、规模大、资源丰富等优势。而新旧媒体之间的模糊性则表现在：网络媒体蓬勃发展所带来的传播革命虽是上一轮传播革命的终点，却也是下一轮传播革命的起点。在网络技术的基础上，人类传播历史上的全部媒介既进行了一次整合和展示，同时也对未来的传播媒介和形态进行了一次试验。

上海大学的严三九教授认为，新媒体的兴起，可以说改变了人类社会的

---

① 匡文波.“新媒体”概念辨析[J].国际新闻界，2008(8)：66-69.

传播生态。受众不再只是传统媒体时代定位明确的接收者，而是由被动的信息消费者逐渐转化为自由的信息用户。受众既能根据自身喜好接收信息、发表观点，更重要的是能够成为信息的发布者。由此可见，交互性（Interactive）是新媒体所有特性中最显著的一点。因此，通过用交互性的标准来衡量目前存在的各种新媒体形态，不难发现许多所谓的“新媒体”其实只是“以新形式出现的旧媒体”，譬如车载移动电视、户外媒体、楼宇电视等，它们的本质同传统媒体一样，只是通过高新科技的形式表现出来而已。

无论人们怎样定义新媒体，可以肯定的一点是：新媒体是相对于已经存在的媒介形态而言的，并且其媒介形态会随着技术革新、媒介融合等原因不断变化及延展。尽管目前我们尚不能对“新媒体”的概念进行统一的界定，但其构成要素还是相对清晰的，具体包括：

（1）数字技术和网络技术。新媒体是在数字技术和网络技术之上产生的媒介形态。计算机信息处理技术是新媒体的基础平台，互联网、卫星网络、移动通信等则作为新媒体的运作平台，通过有线或无线通道的方式进行信息的传播。

（2）多媒体形式共同呈现。新媒体在信息传播的方式上往往融合了声音、文字、图形、影像等多种呈现形式，通过高科技的传播平台，实现跨媒体、跨时空的信息传播，彻底打破了时空界限，满足用户多方位的需求。

（3）交互性。交互性是区分“新”“旧”媒体的重要参考因素，新媒体因其良好的交互性而备受人们的推崇。在新媒体时代，人们不再只是被动接收信息的受众，而是成为能自由传播、选择及接收信息的媒体用户，这充分显现了新媒体人性化的一面。

（4）商业模式创新。新媒体兼具技术平台和媒体机构双重身份，与传统媒体相比，新媒体在技术、运营、产品、服务等领域可以充分利用高新科技平台，不断丰富和创新商业模式，从而有助于新媒体的运营。

（5）媒介融合趋势增强。新媒体的种类丰富多彩，包括次第出现的网络媒体、有线数字媒体、无线数字媒体、卫星数字媒体、无线移动媒体等。其典型特征是在数字化基础上各种媒介形态的融合和创新，如手机电视、网络电视等，通常具有互动性。同时，媒介融合也使得传统媒体可以借助数字技术转变为具有互动性的新媒体，如电视可以升级为数字互动电视。

二、新媒体的特征

姚争教授在其著作《新媒体的传播特征研究》(2008 年)中认为，作为一种全新的传播媒介形态，新媒体与传统媒体相比有其革命性。有学者将这种革命性总结为：新媒体可以在最短的时间内获取海量信息；真实与虚拟之间的鸿沟正在模糊淡化；新媒体是所有人对所有人的传播；新媒体是自媒体，受众可以广泛且深入参与；新媒体促进了多元化、多角度、多观点并存；新媒体使受众对信息拥有自主选择权；新媒体传播是开放式的，不受审查制度限制；新媒体包含的信息多、内容多，且蕴含无限商机；新媒体使地域界限消失；新媒体是双向传播的；新媒体将少数人手中的媒介权力归还给大众。

随着新媒体的不断发展，新媒体专家魏武挥根据当前新媒体的发展现状，将新媒体的特征总结为以下几点：偶发(haphazard)——与传统媒体不同，新媒体的内容发布没有规律；碎片(fragmental)——新媒体传播的内容都是零碎地堆砌在一起的，而没有得到有效整合，“碎片化”是新媒体对传统媒体的一大颠覆；个人化/个性化(personalized)——很多新媒体如博客、微博等，都有很强烈的个人色彩，而个人化直接带来的是网络上的补充自我和补偿自我；连续的议程设置(continuous agenda setting)——新媒体擅长连续式地进行议程设置，即“链式传播”，每一个节点的影响力虽然有限，但合起来的力量是巨大的；互动性(interactive)——新媒体在同一媒体内形成互动之外，实现跨媒体的互动也同样重要。①

尽管表述的方式和角度不同，但以上提到的这些特征在我们平时对新媒体的实际应用中都有所体现。因此，依据严三九教授《新媒体概论》等相关研究，集百家之言，可以将新媒体的主要特征概括如下：

(一)数字化是新媒体的显著特征

北京师范大学新闻传播学院执行院长喻国明在《解读新媒体的几个关键

---

① 魏武挥.新媒体启示录之二：特征[EB/OL].(2007-10-30)[2019-03-25].http://weiwuhui.com91.html.

词》一文中，首先强调了新媒体的数字化特征，认为新媒体最重要的特征就是科学技术的进步所带来的数字化传播方式。媒体的发展历来都遵循着技术发展的脚步，20 世纪 40 年代产生的数字技术可以说为媒体带来了历史上最大的一次变革。从技术特性看，新媒体的信息载体是“量子比特”；从传播特性看，新媒体使用的是数字语言；从发展角度看，新媒体在本质上是计算机技术发展的产物。由此可以得出：新媒体首先是数字的，数字技术的发展促进了新媒体的诞生，因而数字化也就成了渗透在新媒体身上最显著的特征。

新媒体的数字化特征不仅表现在传输手段和接收终端上，还表现在表达形式上。新媒体在表达形式上打破了传统媒体的固定模式，以多种方式呈现信息。不同于平面媒体（以文字、图像表达）、广播媒体（以声音表达）及电视媒体（运用影像、声音表达），新媒体几乎涵盖了这些传统媒体的所有表达方式。

杨继红在其著作《谁是新媒体》（2008 年）中认为，数字技术不仅融合了媒介的表达形式，还打破了媒介之间的壁垒，使同一内容多介质实现成为可能。信息采集、生产、传播、存储、显示之间，已经具备了联盟的技术基础。具体来讲，就是新媒体的数字化使得报纸、杂志、广播、电视、互联网、手机、移动电视等媒介形式的未来变得难以区别且充满想象。

（二）交互性是新媒体的本质特征

在新媒体传播中，没有绝对的权威和中心，可以说“处处是边缘，无处是中心”，这主要归功于新媒体的交互性。交互性，也称为互动性，即相互作用、相互影响之意，是新媒体区别于传统媒体的重要特征之一。

就传播模式而言，传统媒体以“点对面”的方式进行单向线性传播，而以网络为平台的新媒体则采取交互式传播，既能实现“点对面”的传播，也能实现“点对点”或是“面对面”的传播。网络的交互性表现在许多方面，如即时通信工具（QQ、MSN、飞信等）、BBS 论坛/留言板、SNS 网站（人人网、开心网等）以及时下非常流行的微博、微信等。通过这些新媒体，用户不仅可以随时保持沟通，浏览符合自己喜好的信息，更能轻松发布信息或评论。如此良好的交互性既得益于网络信息发布的低门槛，也得益于信息传播方式的灵活性。通过新媒体，以往“以传者为中心”的传播模式也逐渐转向“以受众为中心”这一符合传媒发展规律的新型传播模式。

就信息形成过程而言，交互性使得信息不再依赖于某一方，而是在双方的交流过程中形成的。在信息传播过程中，新媒体的交互性使传受双方的交流越来越便捷，媒体与受众之间原本的失衡关系重新得到了平衡。由此，受众不仅能在极大范围内选择接收自己需要的信息，还能够参与信息的发布与传播。

（三）“非线性传播”是新媒体的重要特征

与传统媒体延续几十年甚至上百年的线性传播不同，新媒体的传播强调受众的自主选择与反馈。新媒体以数据库的形式引入信息，同时借助先进的网络技术和检索技术，对特定的信源与信宿系统产生信息的聚合作用，实现比传统媒体更为定向实时的传播，从而满足用户对媒体开放性的需求。

有学者甚至认为新媒体的非线性传播具有多向互动性。在双向互动的模式下，两个或多个参与者进行意见交换和协商，可以实现“所有人对所有人”的传播。其中，传者和受者的角色可以随时互换，同时传受双方根据信息的反馈能及时调整传播的行为、方式，以有效地增加双方在意义之间的一致性。此外，信息在非线性传播中的往返流动也有利于传受双方共同创造和分享信息。

（四）即时性和共享性打破时空界限

一般而言，传统媒体具有稳定的出版周期和播出周期，且版面、时长都有严格的规定，因而其传播受到时间和空间的限制。相比之下，新媒体在传播的即时性和共享性上具有明显的优势，能够打破时空界限，实现麦克卢汉的“地球村”预言。

互联网将全世界的计算机通过网络连接起来，形成一个巨大无比的数据库，而超链接技术又将这些互联网上的信息融会贯通，在无限扩大传播空间的同时，为网络用户提供海量的信息。以数字技术和网络技术为基础的新媒体改变了传统媒体信息传播严格受控的限制。

(五)"个性化"服务实现"小众化"传播

总体上说,传统媒体属于大众传播。在传统媒体面前,受众面对大致相同的传播内容,尽管可以选择看哪份报纸、哪个频道,但对信息几乎没有选择权。即使现在的传统媒体纷纷开辟分众市场,但其本质仍旧是在分众市场中的大众传播。

相比之下,新媒体就能为受众提供个性化服务。通常,新媒体的"个性化"显现在其细节设计中。当前,包括SNS网站、博客、微博、微信在内的社交网络媒体都为用户提供个性化的服务,从主页装饰、页面排版、好友管理到图片、音频、视频的分享等,受众可以以任何形式发布、转载、评论各种内容和信息。当然,这只是个性化的一个方面,它的另一个方面表现在新媒体改变了以往受众收听广播、收看电视必须同步的特点,实现了传播与接收的异步性,人们可以在任意时间接收信息,对于有兴趣的信息甚至可以通过收藏、下载等方式反复浏览。

对于新媒体而言,受众对信息不仅有选择权,还拥有控制权,可以创造信息的内容、改变传播的形式。通过互联网中的各种检索引擎,人们可以在庞大的网络数据库中各取所需。同时,互联网技术的发展也使人们能够自由选择以何种方式、通过何种媒介来获取某种信息,或是根据自己的喜好在网络上与不同的人群讨论兴趣相投的话题,形成一个个"小圈子"。

这样的"小圈子"在新媒体时代十分常见,如BBS论坛、QQ群、微信群等。这是因为互联网的交互性特点决定了人们在网络上以"群居"活动为主,志趣相投的人们在网络平台上更容易形成一个特定的群体。而新媒体就通过个性化服务来抓住这些群体的特定需求,不断增强用户对于媒体的黏度,从而实现针对性强的小众化传播,以取得良好的传播效果。①

(六)"三网融合"推动媒介融合

在我国,伴随着电信网、广播电视网和互联网的"三网融合",广播电视传播的要素、内容、流程、方式都发生了全面的变化。

---

① 严三九.新媒体概论[M].北京:化学工业出版社,2011:12.

“三网融合”改变了电视的概念，电视被赋予了更先进、更智能的“增强型”内涵。除了强调传播影像、视听合一的本质特性，新一代电视弱化了传统电视收视模式单一、历时传播稍纵即逝、单向传播反馈困难等旧的特质，出现了个性化自主选择、双向互动、非线性传播等新的特质。

广播电视新闻的信源结构发生了从专业到全民的变革。在“三网融合”的场域下，媒介参与的行动者在实践行为中的信源角色与受众角色之间存在着重合地带：一方面，从信源角度而言，记者提供新闻信源，并将其制作、发布成新闻；另一方面，受众的互动参与同样也可以提供信源。

广播电视记者的角色和职能也随之发生变化。广电媒体已经建立起IPTV、手机电视集成播控平台。新闻记者也从过去只是掌握单一媒体操作技能的“专才”发展成为精通数字化传播技术，具备多种媒体采写、编辑和发布技巧的“通才”。产生于普通人群中的公民记者又给当下广播电视记者工作增加了草根性与公共参与性等特点，诠释了“三网融合”下新闻记者社会角色的内涵。传播技术的变革也使得广播电视记者传播新闻的方式向多种工具使用、多种平台传播、多种渠道互动转变，进而使其向海量信息的整合者、公共议题的主导者、公民新闻的把关人转变。

广播电视新闻的受众角色也有了颠覆性变化。新的电视媒介平台所具有的交互性与多元性突破了传统的传受关系，促成了传者和受众之间的双向乃至多向的沟通。受众不再是单一的受传者，而是具有双重身份，且不断地交替和互换。传统意义上传者的主动性在削弱，受者的参与性、主动性和影响力在增强，一种新的传受关系得以确立。随着受众媒介素养及主体参与意识提高，传受一体的新型受众将不断增多并日渐走向成熟，成为一股独立的传播力量。以上种种变化已让传统的广播电视新闻工作者感受到强烈的冲击和挑战。①

面对媒介融合的大趋势，新媒体传播对各种传播形式的“兼容并蓄”，也反过来不断推动媒介融合的进程。媒介融合的本意是各种媒介呈现出多功能一体化的趋势。喻国明教授在《传媒经济学》中认为：媒介融合是指报刊、

---

① 何志武.重构——“三网融合”对广播电视新闻传播的影响[M].武汉：华中科技大学出版社，2016：2.

广播电视、互联网所依赖的技术越来越趋同，以信息技术为中介，以卫星、电缆、计算机等技术为传输手段，各种信息在同一个平台上得到了整合，不同形式的媒介彼此之间的互换性与互联性得到了加强，媒介一体化的趋势日趋明显。

而新媒体则是媒介融合的一个有效平台，并且成为媒介叙事形式融合的有力表现。不同于传统媒体相对单一的表达形式，新媒体通常兼容文字、图片、声音、动画、影像等多种信息传播形式，通过不同的组合方式来表述信息、保存信息、发送信息。由于融合了传统媒体的各种表达方式，新媒体将传统媒体在叙事形式上的优势集于一身。反之，借助数字技术和网络技术，传统媒体亦可以逐渐蜕变为新媒体。

新媒体通过多媒体表达，使用户可以根据自己的需求、爱好及接收信息的习惯、条件，决定信息以何种形式出现。不管是有字无声、有声有像还是图文并茂，总有一款可以满足用户的需求。同时，新媒体在设法满足用户需求的过程中，通过挖掘更多的叙事形式和传播方式，也能够不断推动媒介融合的发展。由此可见，新媒体的诞生及媒介融合的发展不仅是人类传播历史上的一次飞跃，它的传播理念、方式、内容及表达形式也会对人们的生活产生前所未有的影响。以网络为代表的新媒体不仅改变着人们生存的世界，也不断改变着人们的生活方式及思维习惯。

媒介融合之所以成为近些年学界和业界关注的热点，是因为在新媒体语境下，传播环境正在发生着显著的变化。从业界角度来看，传统媒体受到新媒体的冲击，新闻生产与经营理念正面临着严峻的考验。喻国明认为现在所有关于媒介融合的基本逻辑都是错误的，他认为，“到今天为止还有很多人固执地认为互联网就是一个媒介、一个渠道，因此从自身发展的角度，把互联网作为延伸自己价值和影响力的一个平台、一个锦上添花的工具。事实上，互联网不仅仅是媒介，其更深刻的意义就在于它是一种重新构造世界的结构性力量，这是它真正的意义”①。

① 喻国明.对互联网逻辑下未来传播主流模式的分析与思考[EB/OL].(2015-02-03)[2019-03-26].http://www.cac.gov.cn/2015-02/03/c_1114236075.htm.

这一表述虽然存在争议，但至少表明思维方式不转变，媒介融合就难以改变传播结构的内在力量，因此，媒介融合实践的前提应该是对于媒介融合的深层次认知。

2014年8月18日，中央深化改革领导小组召开第四次会议，审议通过了《关于推动传统媒体和新兴媒体融合发展的指导意见》。习近平主席在会上强调，“推动传统媒体和新兴媒体融合发展，要遵循新闻传播规律和新兴媒体发展规律，强化互联网思维，坚持传统媒体和新兴媒体优势互补、一体发展，坚持先进技术为支撑、内容建设为根本，推动传统媒体和新兴媒体在内容、渠道、平台、经营、管理等方面的深度融合，着力打造一批形态多样、手段先进、具有竞争力的新型主流媒体，建成几家拥有强大实力和传播力、公信力、影响力的新型媒体集团，形成立体多样、融合发展的现代传播体系。要一手抓融合，一手抓管理，确保融合发展沿着正确方向推进”。这一指导意见的出台，意味着中国进入媒介融合发展新纪元。媒体战略布局，占领舆论制高点，在媒体新格局中掌握主动权，也意味着在我国，媒介融合有了国家层面的顶层设计，媒介融合正式被纳入国家战略范畴。2019年1月1日，由中宣部主管，在PC端和手机客户端全国同步上线的“学习强国”学习平台，就是国家层面一次有益、高效、成功的媒介融合探索实践。

不论是国家和政府层面对媒介融合形势下新闻事业发展的重视，还是融合技术发展对于新闻行业本身的推动，都对新闻传播行业未来的发展和改革提出了要求，而媒介融合趋势下新闻传媒行业能够不断进步发展的源动力就是新闻传媒从业者（包括播音员主持人）新媒体素养的培育和提高。

第二节　网络主持人的兴起

一、网络主持人的内涵

随着互联网的发展，网络主持人应运而生。网络主持人可以分为虚拟主持人和网络现实主持人。

虚拟主持人是用数字传播技术集成的虚拟人。虚拟主持人的形象具有集成性,其声音和形象可以根据受众传播需求进行调整,在电脑技术的综合运用和调制下可以达到几乎完美的效果。虚拟主持人集采、编、播于一体,有强大的信息采集功能和记忆功能。同时,虚拟主持人可以24小时不停地工作,随时随地接收或传播信息。除了初期制作费及日常"护理"费外,虚拟主持人工作不计任何报酬,从而大大降低了媒体运营成本。未来,随着虚拟主持技术的不断改进以及人们对其认同感的不断增强,虚拟主持人可以和传统媒体结合,和现实主持人互动,发挥出更大的作用。

网络现实主持人按表现形式又可分为网络电台主持人(如喜马拉雅FM、蜻蜓FM、荔枝FM、阿基米德FM)、网络版面主持人、聊天室主持人及网络视频主持人等。其中,网络电台主持人指网络直播节目主持人;网络版面主持人指在各类版主中,职能逐渐发展、完善的一种具有主持人性质与功能的网络版主;聊天室主持人指具备主持人某些性质与特点的聊天室管理员,他们为了聚集聊天室的人气,往往会事先设置一个话题供聊天室用户讨论,并在此过程中承担部分引导作用;网络视频主持人指综合性网站或专业视频网站的自创视频节目的主持人,是最常见的网络现实主持人,因此,我们以网络视频主持人为例进行分析。

二、网络视频主持人的特征

根据电视主持人的定义,姚喜双教授把网络视频主持人界定为"在由网站制作的原创网络视频节目中,以个体行为出现,代表着群体观念,以有声语言为主干引导节目进程,直接面对网民,平等地进行传播的人"①。姚喜双教授从创作主体、创作依据以及受众等角度对网络主持人的特征进行了分析:②

① 姚喜双.播音主持概论[M].北京:高等教育出版社,2012:154.
② 姚喜双.播音主持概论[M].北京:高等教育出版社,2012:152-153.

(一)从创作主体的角度分析

关于创作主体,我们在网络视频主持人的定义中是这样描述的:“以个体行为出现,代表着群体观念。”“以个体行为出现”,表明网络视频主持人以“我”的身份出现,以第一人称的语气说话,具有独立的人格魅力,使网民感到这是一个有血有肉的真实、具体的人。“代表着群体观念”,指网络视频主持人身后存在一个制作团队,虽然现阶段有些网络视频节目的制作团队规模比较小,但是任何一个节目都是集体智慧的结晶,而网络视频主持人是这个集体的一部分,是节目的“发言人”。与电视节目主持人相同,网络视频主持人也以渗透着个性色彩的表达形式反映着群体的观念。

由此,我们归纳出网络主持人的如下特征:

1.具有人格化特征

网络主持人产生的原因之一就是网民的情感需求。网民希望网络更人性化。网络主持人的出现使人们感觉到网络更有人情味,也更具可视性。

2.具有信息载体的作用

网络视频主持人的信息载体作用体现在两个方面:一方面,网络视频主持人要挖掘深层次内容,积极、主动地把媒介要传播的内容有效地传达给网民,善于调度载体的各种功能,用货真价实的内容和全身心投入的工作作风赢得网民的好感和信赖。另一方面,网络视频主持人在某种程度上还有信息中转站的功能。比如,在某些访谈类的网络视频节目中,主持人除了向嘉宾提问外,还担当着嘉宾和网友交流沟通的桥梁,将网友实时发送的问题或者评论传达给嘉宾,起到穿针引线、畅通交流的作用。网络视频主持人对自身的定位要有深刻的认识,将传达信息、表现内容、吸引网民、使网民产生共鸣等当作工作重心。

(二)从创作依据的角度分析

1.网络主持活动具有局限性

对于电视节目主持人来说,节目、稿件、画面、音乐、音响等创作依据对主持人有一定的制约性。对于网络视频主持人来说,这些创作依据的影响依旧存在。同时，由于网络的特殊性，他们在进行主持创作活动时，还要受到网络工具、网络技术等创作依据的影响。网络视频主持人要在众多限制下最大限度地发挥主观能动性，制作出符合网民要求、个性鲜明、别出心裁的节目。

2.网络主持创作活动具有创造性

网络视频主持人往往集采、编、播和后期制作于一身，可以说是视频编辑与主持人的“合成体”，每一步工作都是在创造。比如，在直播节目中，主持人将网民的实时留言去粗取精，转化为符合视听与节目要求的有声语言是一种创造；而对于主持语言表达系统本身来说，主持人对腹稿或文字稿件符号系统进行转换，从而生成符合听觉、视觉规律的新的符号系统，也是一次创造。可见，在实际工作中，网络视频主持人要具有较强的创造性，要结合网络特点、突出网络优势、熟知网民需求，才能制作出新颖独特、互动性强的网络视频节目。

(三)从受众的角度分析

网络视频主持人要直接运用有声语言和副语言与受众进行交流沟通。从受众的角度看，网络视频主持人具有如下特征：

1.交流对象多元化

由于网络具有匿名性，谁都可以发表言论，网友的来源并不十分固定与明确，因而网友的素质也良莠不齐，网络交流呈现出很强的随意性。在实时播出的访谈类节目和聊天室节目中，网友随时可以提出自己的看法，与主持人或嘉宾互动。网民展现出多元化的特点，有些网民具有开阔的视野、深刻的思想，能够深入主题，发表高水平的言论，但也有些网民不可避免地提出尖锐、甚至带有攻击性的问题。主持人必须时刻保持高度的警惕性，以友善的姿态应对形形色色的网民，促进网络环境和谐健康发展。

2.以“一对多”的形式进行传播

在许多网络视频节目中，网络视频主持人要一边主持一边交流，一边面对嘉宾一边面对网民。以访谈类节目为例，在直播过程中，网民一边看节目，一边通过实时留言谈自己的想法和感受。主持人此时不但要和嘉宾进行交流，还要时刻关注网民的反馈，快速地筛选网民留言，使其成为既具有一定专业水平又符合网络特点及网友心理需求的有声语言。因此，网络视频主持人是以“一对多”的形式进行传播的。

3.实现了信息的人际化传播

网络的优势之一是互动性极强。虽然电视也能体现出一定的互动性，但电视的互动性较为有限，多为电视节目主持人与现场观众的互动，直播节目中电话连线的互动，以及节目播出后通过问卷调查等反馈机制获得观众的意见、建议等。而互联网则可以直接向网民提供“发言”的机会，每个网民都可以提出自己的看法，这些留言都会被主持人及时获取。主持人会将大家的看法和提问归类，选择具有代表性的留言请嘉宾解答或与大家分享，从而实现了人际化传播。

随着互联网的普及以及“三网融合”步伐的加快，未来传统媒体主持人和网络主持人的队伍会不断交叉。网络主持人作为打造网络宣传阵地的重要力量，会逐渐受到传统媒体从业人员的关注。许多传统媒体会利用自身雄厚的资源与实力，打造网络精品原创视频节目；许多传统媒体的从业人员会转投网络主持人行业，成为网络主持人队伍中一支重要的专业力量。同时，随着主持人队伍专业化程度的提高，网络主持人的分类会不断细化，按照不同的节目类型，网络主持人队伍会随之分化。因此，未来网络主持人的发展趋势是与传统媒体主持人不断交叉、相互融合。

三、网络虚拟主持人的技术发展

（一）AI 合成主播

2018 年最热门的话题之一是人工智能，人工智能主播的研发和问世更使得播音主持界“惊心动魄”。AI 合成主播是在 2018 年 11 月 7 日第五届世界互联网大会上，搜狗与新华社联合发布的全球首个全仿真智能 AI 主持人。通过语音合成、唇形合成、表情合成以及深度学习等技术，AI 合成主播具备和真人主播一样的播报能力。

据相关资料介绍，AI 合成主播是在搜狗“分身”技术的支持下，通过人脸关键点检测、人脸特征提取、人脸重构、唇语识别、情感迁移等多项前沿技术，并结合语音、图像等多模态信息进行联合建模训练后，生成的与真人无异的AI分身模型。该项技术能够将输入的中英文文本自动转换成相应的视频，并确保视频中音频和表情、唇形保持自然一致，展现与真人主播相似的信息传播效果。现在不仅有中文AI合成主播，还有以“联接中外、沟通世界”为使命的英文AI合成主播。AI合成主播使用新华社中、英文主播的真人形象，配合语音合成等技术模拟真人播报画面。这种播报形式突破了以往语音图像合成领域中，只能单纯创造虚拟形象，并配合语音输出唇部效果的约束，提高了观众信息获取的真实度。利用搜狗“分身”技术，AI合成主播还能实时高效地输出音视频合成效果，使用者通过文字键入、语音输入、机器翻译等多种方式输入文本后，将获得实时的播报视频。这种操作方式将减少新闻媒体后期制作的各项成本，让新闻视频的制作效率显著提高。AI合成主播拥有和真人主播同样的播报能力，能够24小时不间断播报，不仅在全球AI合成领域实现了技术创新和突破，更在新闻领域开创了实时音视频与AI真人形象合成的先河。

2019年新年伊始，网络虚拟主持人技术有了进一步的发展：在2019网络春晚中出现了根据中央电视台著名主持人撒贝宁原型开发的智能主持人“小小撒”，它和撒贝宁现场互动并进行视频连线采访，令人惊叹不已。2月19日，新华社联合搜狗公司在京发布全新升级的站立式AI合成主播，使AI合成主播“动”起来了。据项目负责人介绍，AI合成主播经过技术攻关，在多项重要技术上取得突破。这款被命名为“新小浩”的站立式AI合成主播，仍然以新华社主播邱浩为原型，但在声音和图像两大引擎上有了较大的优化和突破。在声音方面，“新小浩”采用领先的波形建模技术生成音频，极大地提升了合成音频的表现力和真实度，使声音更具情感；在图像方面，通过模型优化及多风格数据的使用，实现更加逼真的表情合成、肢体动作，使语义匹配更加恰当，唇动效果更加自然。“新小浩”不仅能坐着播报新闻，还能站起来，用多种肢体动作声情并茂地播报新闻。同时，本次研发还推出了“新小浩”的搭档——全球首个AI合成女主播“新小萌”(以新华社主播屈萌为原型)。

这是人工智能与新闻采编深度融合的突破性成果，为媒体融合向纵深发展开辟了新空间。

(二)播音主持界的热切关注

1."中国主持传播论坛"关于"技术与人"的讨论

"中国主持传播论坛"是由中国人民大学博士生导师高贵武教授领衔的学术论坛。2018年10月20日，由浙江传媒学院播音与主持艺术学院和中国人民大学新闻学院联合主办的第二届中国主持传播论坛(2018)在浙江传媒学院开幕，来自罗格斯新泽西州立大学、乔治华盛顿大学、中国人民大学、中国传媒大学、北京外国语大学、浙江传媒学院等国内外多所高校和单位的专家学者、业内精英及研究生共计200余人齐聚一堂，围绕"技术与人——融媒体时代的主持传播"这一主题进行了充分探讨。

本次论坛内容涉及人工智能、算法与主持传播、新媒体时代主持传播的边界与空间、社会互动、新媒体素养、UCG与主持传播的专业化、新时代主持传播的主体价值等。围绕融媒体时代的主持传播，大家集思广益，研究视角涉及多个领域，在相关议题中提出新的思路和方法。

2."播博汇"关于"AI主播取代了谁"的热议

"播博汇"是由中国传媒大学博士生导师曾志华教授领衔的学术论坛，同名微信公众号也已开通运营。2019年1月5日中国传媒大学"学术季·博士生论坛"暨第十四期"播博汇"在中传国际交流中心举行。本期"播博汇"是中国传媒大学研究生院、校团委主办的博士生系列论坛之一，论坛主题为"危机转机生机——'AI'主播取代了谁?"60余名播音主持及相关专业的高校教师、国内人工智能领域专家、一线媒体从业者，博士后、博士生、硕士生围绕此话题进行了现场研讨。高贵武教授认为："从人类发展的历史来看，人工智能是一种技术的体现，或者说是技术发展到今天的一种最新的成果。而从人类社会发展的历程来看，技术是一直存在或者说是一直进步的。我们今天的生活时刻也不能离开技术。从这个角度上来讲，技术作为一种现实的存在，不管是害怕还是崇拜它，不管是喜欢还是厌恶它，它就是一种现实存在。我们只能用积极的态度面对它。在人类发展的历史上产生过很多次抗拒技术的运动，最后都以失败告终。在面对技术的时候，我们会产生新的认识、新的能力、新的见解和思考。技术其实并不可怕，它给我们带来的更多的是一种生机、一种机遇。”曾志华教授认为：“从工具这个角度而言，我要说，热烈欢迎 AI 的到来！人工智能正在并且将全面渗透到我们生活的方方面面。套用一句广告词，它可以让我们更加真切地感受到‘原来生活可以更美的’。AI 可以为播音主持工作减负，它会成为也完全应该成为我们播音主持强有力的助手。但 AI 主播也需谨慎。我坚持认为，‘灵韵’是只有真人主播才可能拥有的艺术特征。换言之，在有声语言艺术创作中，停连的处置、重音的设计、语气的拿捏、节奏的变化，都只有‘人’才可能完成。也因此，只有‘灵韵’才能使有声语言艺术有象外之象、景外之景。所以，作为播音主持专业从教者，我们应该教导学生两句话：在‘灵韵’上下功夫；人的高度就是艺术的高度。”

第三节　播音员主持人的新媒体素养

“互联网＋”时代的到来全面影响着我们的政治、经济、文化和社会生活，新媒体的迅猛发展也极大地促进着传媒生态环境的变革，新兴媒体和传统媒体不断撞击并趋向媒介融合。“媒介融合”的概念，最早由美国麻省理工学院教授伊契尔·索勒·普尔提出。他用“传播形态融合”这一概念，来描述各种媒介呈现出的多功能一体化的趋势。在最早的观念中，媒介融合指将电视、报刊等传统媒介融合在一起。现在，随着信息技术的快速发展，媒介融合已有新的变化。北京师范大学喻国明教授这样理解媒介融合：“媒介融合是指报刊、广播电视、互联网所依赖的技术越来越趋同，以信息技术作为中介，将卫星、电缆、计算机技术等作为传输手段，运用数字技术改变获得数据、现象和语言的时间、空间及成本，并将各种信息在同一个平台上得到了整合，加强了不同形式的媒介彼此之间的互换性与互联性，从而导致媒介一体化的趋势日趋明显”。① 美国新闻学会媒介研究中心主任安德鲁·纳齐森也对媒介融合提出了自己的理解：“（媒介融合是）印刷的、音频的、视频

① 喻国明，等.传媒经济学教程[M].北京：中国人民大学出版社，2009：252.

的、互动性数字媒体组织之间的战略的、操作的、文化的联盟。”①

从中我们可以看出媒介融合的三层意思：(1)媒介融合是信息技术发展的产物。(2)新媒体的兴起，使媒介融合成为可能。(3)传统媒体被“兼容”到功能更强的新媒体体系，最终的发展方向是媒介一体化。媒介融合带来媒体产业的大变革，这既是机遇，也是挑战。这个传统媒体与新兴媒体相互交融纠缠、创新转变的时代，我们称为融媒时代。

融媒时代的传播途径、方式、效果等的变化，对播音员主持人的专业素养提出了更高的要求。焦中明和唐群认为融媒时代播音员主持人应走向的“记者化”“全面化”“明星化”②。

一、播音员主持人角色的记者化

随着我国电视产业的发展，播音员主持人队伍越来越庞大，也造成这支队伍在专业素养、思想品德、人生修养等方面良莠不齐。我们在提高播音员主持人队伍整体素养的同时，应该注重提高融媒时代播音员主持人的新媒体素养。

(一)兼顾记者的采编工作

传统的播音员主持人是信息的传递者，要准确、流利地传递信息，完成从信息生产到信息消费这一传播链条的中间环节的工作。而在媒体竞争日益激烈的环境下，播音员主持人仅充当中间环节是远远不够的，他们要参与到整个事件的采访报道中去，并参与整个节目的策划、编辑和播报。因此，播音员主持人要积淀深厚的文化内涵，积累丰富的人生阅历，提高自己的新闻敏感度，提升自己的采、编、播、报能力。

① NACHISON. Good Business or Good Journalism? Lessons from the Bleeding Edge, A Presentation to the World Editors' Forum. Hong Kong, June 5, 2001.

② 邱一江.融媒时代的播音主持艺术研究：记者型主持人[M].广州：暨南大学出版社，2014：156-160.

(二)拥有全媒体记者的身份认同

全媒体记者指掌握所有媒体表达语言,具备突破不同媒体界限的思维,并适应多种复合媒体岗位的工作要求,集策划、写作、摄影、摄像、录音、编辑、网络技能运用及现代设备操作等多种能力于一身的人才。

融媒时代带来了新的传播手段以及全新的媒介形态,它的传播特征主要表现在以下两个方面:第一,新闻业务的资源共享。媒介融合将媒体之间的界限打破,在资源共享的基础上形成全新的新闻采编流程:采集新闻素材—制作成文字、图像—形成新闻产品—传播给受众。这个流程强调资源的共享及不同媒介的差异性。第二,数字化的新闻载体。数字技术和通信技术的发展使媒介大融合成为可能,随着这两大技术的发展与成熟,将会出现集多种媒体形式于一体的全新数字媒体平台,广播、电视、报纸、网络、手机等媒体都将数字化。融媒时代传播方式的变革,要求播音员主持人改变对自我身份的定位,不但要能承担策划、写作、播音、主持等常规工作,在某些特定场合,还要能承担摄影、摄像、录音、编辑、传送等工作。如果不能全身心地投入全媒体的潮流中去,必将遭到时代的淘汰。

(三)加强评论能力

在融媒时代,信息资源的独享显然是不可能的。面对激烈的市场竞争,某一媒体想要立足于众媒体之中并成为佼佼者,可从两方面着手:一是同质资源的差异化报道,从不同角度的探索、深度的挖掘、广度的拓宽等方面寻求新的信息资源增长点;二是加大评论力度,让播音员主持人代表媒体立场,表明己方观点。融媒时代,观点制胜。大到国家大事,小到社会事件,评论既可直抒胸臆,又可微言大义。

融媒时代,众声喧哗。人们渴望在海量信息中听到具有公信力和新闻良心的评论。播音员主持人应练就对新闻事件快速反应的评论能力,以确保在纷繁复杂的媒体环境中能代表媒体发出自己的声音。

二、播音员主持人能力的全面化

为提升品牌影响力，媒体应建设一支高素质的现代播音主持队伍。尤其在媒体环境发生翻天覆地变化的今天，播音员主持人更应打造自己的核心竞争力，力争在媒体竞争中立于不败之地。播音员主持人的“全面化”包括以下内容：

（一）素质趋于全面化

融媒时代，节目形态多样化和技术的不断进步对播音员主持人提出了更高的要求。如强调播音主持的基本功、正确的价值理念及安全播出意识、复合型的知识结构、所主持领域的专业知识及专业眼光、台前幕后的创意策划及现场掌控能力、独特的个人风采魅力等。播音员主持人须具备的素质总体来说可归纳为三点：第一，具备强烈的竞争意识。随着近几年我国媒体发展步伐的加快，市场竞争日益激烈，播音员主持人不但要不断提高自身的整体素质，还要更新自己的知识结构，以适应未来媒体的竞争。第二，具备更高的职业道德和更强的社会责任感。播音员主持人要对自己的媒体人身份及所代表的媒体负责，去伪存真，不造成负面的社会影响，不误导受众，以防降低媒体的公信力。同时，播音员主持人还应保持良好的个人形象，保持一个媒体人应有的职业形象。第三，崇尚新闻专业精神，视真实为新闻的生命，坚守自己的新闻良心。

（二）加强新媒体素养

融媒时代，播音员主持人不仅要具备传统媒体所要求的精湛的业务能力，还必须观照多媒体平台，具备全媒体观念，掌握多媒体传播需要的技术手段。

如今，播音员主持人的社会角色已由转述者和沟通者逐渐转变为内容的生产者，因此，播音员主持人要学会和善于利用新媒体扩大电视节目的影响力。很多播音员主持人在广播电视媒体之外，都拥有自己的博客、微博等信息发布平台，从而拥有一定的影响力，为自己及节目做了很好的推介。

融媒时代急需全能主持人，而在中国媒体从业人员中，能胜任全媒体的主持人可以说是屈指可数。有些人认为在媒体专业化细分的环境不需要全能主持人，一个主持人也不可能什么都主持。这个观点如今显得有些不合时宜。社会需要全能主持人，不是要求主持人一定什么都能主持，而是要培养主持人一种全媒体的大数据传播意识，并掌握相关技能。主持人作为一个节目的符号和形象代言人，是一个节目的品牌标识，同时也是未来媒体资源整合的联系人、纽带和桥梁。

第六章
现实观照审思：播音主持专业课程现状分析

播音与主持艺术专业是为广播电视等新闻媒体培养优秀播音员和节目主持人的专业。目前，全国许多高校都开设此热门专业，出现了两种现象：一方面，这些院校的播音主持相关专业为媒体输送了大批“德才兼备、声形俱佳”的媒体语言传播高级人才；另一方面，参差不齐的播音主持专业课程和教学现状使人才培养的质量大打折扣，影响并阻碍了这个专业的健康良性发展。尽管关于播音员主持人是该社会培养抑或院校培养的争论长期存在，但我们认为，院校培养高素质传媒人才有其优势所在。“多年的教育实践告诉人们，高级专门人才的培养，其质量的高低在很大程度上取决于学校课程和教学质量。”[①]高级专门人才的培养，其主要途径就是高校教学。课程是教学活动中内容和实施过程（或方式）的统一，因而是实现教育目的的手段。课程的设置合理与否，课程质量的高低，其实施是否有效，都直接关系到高级专门人才的质量。因此人们常说，课程居于教育事业的核心，是教育的“心脏”。[②] 同时，课程又是把教育思想、观念、目的、宗旨等转变为具体教育实践的中介，没有这个中介，一切教育思想、观念、目的、宗旨等都不可能得到落实。在各国的教育改革中，课程改革一向是改革的主战场。在被奉为“现代课程理论的圣经”的《课程与教学的基本原理》中，泰勒提出了四个基本问题：(1)学校应该力求达到哪些教育目标？(2)提供哪些学习经验才能实现这些目标？(3)怎样才能有效地组织这些学习经验？(4)怎样才能确

---

① 王伟廉.高等学校课程研究导论[M].广州：广东高等教育出版社，2008：13.

② 潘懋元，王伟廉.高等教育学[M].福州：海峡出版发行集团，福建教育出版社，2013：107.

定这些目标正在得以实现？本章将从课程目标的确定、课程内容的选择、课程实施的过程、课程评价的方法等“泰勒原理”出发，对高校播音主持专业课程现状进行分析。

第一节 播音主持专业课程目标现状

一、课程目标原理

人的发展、社会发展与教育的关系，是教育学的基本问题，也是高等教育学的理论基础。“教育是培养人的社会活动”这一关于教育的定义，揭示了教育的两种基本功能：促进人的发展和促进社会发展；包括三个基本概念：教育、人、社会。教育如同“扁担”，人与社会是教育的两端，教育是人与社会关系的中介。

课程目标(curriculum goals)指的是课程本身要实现的具体目标，是期望一定教育阶段的学生在品德、智力、体质等方面达到的程度。由于课程分为宏观、中观、微观等三个层次，故其目标体系存在三个方面。课程的宏观目标是指教育目的：一个国家在很长的历史阶段内的教育总目标——教育目的一经提出就具有相对的稳定性。教育目的反映的是社会、国家对人才的需求和期望，也是时代、社会、国家对学生成长发展的总体要求。所以作为课程的宏观目标，教育目的要具有比较大的覆盖面、极强的包容性和概括性。中观目标作为宏观目标的进一步具体化，既包括培养目标——依据国家的教育方针、教育目的、社会发展及学校自身的性质等方面来确定，具有较强的方向性和概括性；也包括课程改革对课程目标的具体要求。微观目标包含两个层面：一是学科领域的课程目标；二是具体学科课程标准中的目标。学科领域的课程目标涉及某一具体学科在某一领域方面对学生成长与发展的预期要求，具有较强的学科性。这是我们通常意义上理解的课程目标。

课程目标具有如下三个主要特征：(1)终结性与过程性统一。课程目标作为学生通过一段时间的学习所要达到的效果，必然具有终结性，但课程目标的终结性同时具有“过程性”的特点，其主要表现是：随着某课程目标的实现，新的、更高层次的课程目标将由课程实施的主体——教师和学生共同构建出来。① 即课程目标是一个动态的生成过程。(2)统一性与层次性并存。课程目标是对学校人才培养规格的整体规划，所以具有统一性，而课程目标的层次性则表现在两个方面：一是在整个课程目标系统上的层次性，即培养目标、培养方案目标和具体课程目标之间存在着层次性；二是体现在课程目标的内涵上，“知识和技能”“方法和能力”“情感态度和价值观”这三个层次也是逐步提升的。(3)指向性和激励性结合。这是课程目标最突出的一个特征，也是课程目标的功能所在。如果把教育比作一艘航船，那么课程目标就是指引这艘航船前进的灯塔。因为一切教育活动的展开都要以目标为依据和指向，正是这种指向性使课程目标具有激励功能，激励着教育个体朝着目标前进。

二、国内部分高校播音主持专业培养目标

教育目标是整个课程的基本指向，也是学习者整个学习活动展开的指向和归宿，它体现了“为什么而学”的问题。教育目标包括多个层级，其中典型的层级有教育理想、培养目标、课程目标和教学目标等。② 课程编制通常是以某类专业或某一专业为单位来进行的，因此确立专业培养目标就成为课程编制的首要任务。“培养目标”指不同层次、不同类型、不同专业所要培养的人或人才的方向、规格和各种要求。它是教育目的的具体化。③ 表 6-1 为国内部分高校播音主持专业培养目标。

---

① 罗尧成.我国研究生教育课程体系研究[D].华东师范大学，2005：93.

② 丁念金.课程论[M].福州：福建教育出版社，2006：37.

③ 潘懋元，王伟廉.高等教育学[M].福州：海峡出版发行集团，福建教育出版社，2013：125.

表 6-1　国内部分高校播音主持专业培养目标①

学校类型	学校名称	培养目标
传媒类	中国传媒大学	播音与主持艺术专业就业面向广播影视媒体及相关机构，培养具备中国播音学、新闻传播学、中国语言文学、哲学、美学、艺术学等多学科知识与能力，从事新闻播音主持、综艺主持、专题主持、体育评论解说、影视配音、文艺演播，以及播音主持教学与研究工作的复合型语言传播精英人才。
	浙江传媒学院	播音与主持艺术专业培养适应21世纪文化艺术事业产业发展需要，德智体美全面发展的，具备艺术学、中国语言文学、新闻传播学等相关学科知识结构与应用能力，与各级广播电台、电视台联动的，且能在各级各类广播电台、电视台、新媒体和其他传媒机构、大专院校及相关单位从事播音与主持工作、播音与主持艺术教育工作、语言传播相关工作的复合型高级应用型专门人才。
	山西传媒学院	播音与主持艺术专业培养具备新闻播报、影视配音、出镜采访和节目主持的能力，适合在广播电视等媒体及其他企事业单位从事播音、主持、采编、解说等工作的高级应用型、创新型、复合型人才。
艺术类	中央戏剧学院	电影电视系设有导演专业（含影视编导方向、影视制片方向）、播音与主持艺术专业（广播电视节目主持方向），培养影视导演创作人才、影视制片人才、影视市场的营销运作者、娱乐文化界各部门综合管理者及主持各类广播电视节目的专门人才。
	上海戏剧学院	播音与主持艺术专业主要培养在传统媒体及新媒体等行业中复合型、创新型的传播艺术人才。该专业学生应学习传播学、语言及应用语言学中的基本理论和知识，立足戏剧影视学的艺术传播功能，接受各种演播形态中的大众的口语表达的基本训练，掌握大众传播、人际传播、口语传播的言语沟通能力。
	吉林艺术学院	播音与主持艺术专业（主持与播音方向）培养能在各级电视台、广播电台、院校、文艺团体及新闻传媒部门从事播音员与主持人工作以及采编的专业人才。系统掌握播音与主持艺术基础知识和基本理论，具有播音与主持的基本技能，具有采、编、播一体的专业创造能力。
体育类	上海体育学院	播音与主持艺术专业培养具备新闻传播、体育学、播音学、艺术学与美学等多学科的知识与能力，熟悉我国新闻宣传政策、法规，适应现代广播电视与网络媒体需要，能在各级各类媒体及单位从事体育播音与主持、体育评论与解说、出镜采访与编辑制作等应用型专门人才。

① 本表为笔者结合各高校网站专业介绍以及调查走访综合整理而成。

续表

学校类型	学校名称	培养目标
体育类	广州体育学院	播音与主持艺术专业以播音学为基础，以新闻学为方向，以体育节目主播为特色，培养能熟练运用普通话、粤语、英语等多种语言，从事电视台、广播电台及其他大众媒体和相关事业单位体育赛事采访、报道和现场解说，以及在各类新闻和综艺节目中从事主持、播音、采编、制作及影视配音等工作的应用型创新人才。
	西安体育学院	播音与主持艺术专业培养德、智、体、美全面发展，具备广播电视新闻传播、语言文学、播音学以及艺术学、美学、体育学等多学科知识，具有在广播电台、电视台、体育赛事中采访、报道和现场解说以及各类新闻和综艺节目主持播报的能力，能够在电台、电视台及其他大众传播媒体和相关国家体育企事业单位，从事广播电视节目主持、播音、采编、制作及宣传工作的复合型语言学高级专门人才。
理工类	华中科技大学	播音与主持艺术专业在传统播音主持的基础上凝练“出镜记者”特色培养方向，旨在培养具备新闻传播理论知识和深厚的文化功底，熟知广播电视媒体的传播特性，能从事播音与主持、节目编导与广播电视新闻采编工作的专业人才。毕业生可胜任广播电视媒体、影视制作机构和企事业单位的播音、节目主持、配音及新闻采编、出镜报道、节目编导、礼仪传播等工作，亦可进一步深造，从事播音与主持艺术专业的研究和教学工作。
	浙江工业大学	播音与主持艺术专业以中国语言文学、新闻传播学、广播电视艺术学、中国播音学为学科基础，强化播音主持专业基础理论与专业表达能力。培养具备多学科知识与能力，能在广播电台、电视台、新媒体及其他相关单位从事广播电视播音与节目主持工作的复合型应用语言学高级专门人才。
	成都理工大学	播音与主持艺术专业依托学校影视传媒和表演专业的学科优势，强调学生影视制作基本技能的掌握和表演才能的训练，注重学生的综合素质和实践能力，旨在培养媒介融合背景下采、编、播、演一体化的应用型、复合型有声语言传播人才。专业培养适应我国社会发展，具备中国语言文学、新闻传播学、戏剧与影视学等多学科知识和能力，能够在广播、影视等传媒机构及其相关单位从事播音主持、新闻传播、公关宣传等工作的应用型、复合型人才，并为在新闻传播学、戏剧与影视学等多学科领域的进一步深造打下基础。

续表

学校类型	学校名称	培养目标
师范类	天津师范大学	播音与主持艺术专业培养具备播音与主持以及新闻传播、语言、文学、艺术等多学科知识与技能，在电台、电视台及其他新媒体、新兴产业从事播音与主持或采编播一体化以及有声语言应用相关领域和新闻、传播、教育等工作的应用型专门人才。在第四学期初根据学生自愿报名和考核成绩再分为播音与主持艺术、采编播一体化主持和双语播音与主持三个专业方向。
	西北师范大学	播音与主持艺术专业培养具备广播电视新闻传播、播音学、语言文学及美学、心理学等多学科知识与能力，能在广播电台、电视台和影视媒体及相关单位从事广播电视播音与节目主持工作，能在政府机关及企事业单位从事公共关系、新闻发言、非媒体主持、社交礼仪、企业形象代表等礼仪文化工作的复合型高级专门人才。
	四川师范大学	播音与主持艺术专业依托学校戏剧与影视学一级硕士学科的师资优势，主要为广播电视、新媒体等电子传播媒介培养既具较高播音主持专业素养，也有较高文化艺术水准的播音主持应用型专门人才。学生毕业后可去广播电台、电视台、新媒体机构、传媒公司担任播音员、主持人、记者、编辑、策划，可去政府机关、企事业单位从事宣传工作，也可攻读戏剧与影视学、新闻与传播学等学科的硕士研究生。
综合类	吉林大学	播音与主持艺术专业培养具备广播电视新闻传播、语言文学、播音学以及艺术学、美学等多学科知识与能力的复合型应用语言学高级专门人才。要求学生掌握马克思主义、毛泽东思想、邓小平理论的基本原理，具有较熟练的外语能力和扎实的文学基础，有过硬的汉语基础知识和晓畅的普通话表达能力，能够掌握现代电子媒体技术，有一定的表演经验，能在广播电台、电视台及其他单位从事广播电视播音与节目主持工作。
	武汉大学	播音与主持艺术专业培养具备新闻传播基本理论知识和深厚的文化功底，熟悉我国新闻宣传政策及法规，能从事播音、主持、采编、节目制作及其他相关工作的高级专业人才。学生毕业后可在电视台、广播电台等新闻单位从事播音与电视节目主持、采编、节目制作等工作，也可在国家宣传管理部门、企事业单位及高等学校从事新闻宣传、文秘、公关和教学科研等工作。
	广州大学	播音与主持艺术专业开设普通话（简称“普语”）、广州话（简称“粤语”）两个方向。播音与主持艺术专业（普语、粤语方向）面向传播媒体尤其是粤、港、澳的广播电视及各类新媒体，以培养播音员、主持人为主要目标，坚持知识与能力协调发展的原则，在课程设置中突出广播电视节目主持能力的系统训练，突出广播电视节目制作能力和创新能力以及新闻素质的综合培养，使学生成为具有中国语言文学、新闻传播学、戏剧与影视学等跨学科知识基础，能在各类社会组织中从事播音、主持、宣传组织、传播策划、新闻采编、新闻发言、节目制作的应用型、复合型人才。

综合以上各类高校播音主持专业培养目标，可以划分出以下几类人才培养目标类型：新闻播音人才、主持人才；体育播音员与主持人、体育评论与解说员；艺术主持或娱乐主持人；社会活动及礼仪公关活动主持人；企事业及相关部门的宣传公关人才；传播艺术人才；出镜记者等。

这些高校虽然身处不同的领域、不同的层面、不同的方面，都开设了播音与主持艺术专业，却各行其道，莫衷一是。在课程设置方面大多数以中国传媒大学的课程为蓝本，设置了相当大比例的播音员语言技能训练课程，而在主持人思维训练或即兴口语表达训练方面的课程设置比例相对较小。

与其他几所院校不同，上海体育学院、广州体育学院、西安体育学院等几所体育院校开设的播音与主持艺术专业，培养的是“体育方向”的播音主持人才。“体育”给这个专业和专业培养目标作出了明确的目标认定，其概念外延为体育播音与主持、体育评论与解说、出镜采访与编辑制作等。从另一个角度考察，这个专业方向培养的是一种体育专业的播音与主持人才，体育类院校的播音与主持艺术专业，因而从众多的同类专业中脱颖而出。艺术院校在表演课程体系的基础上有培养综艺娱乐节目主持人的优势。中国传媒大学依据其传统扎实的新闻教学实践和雄厚的课程资源培养出大批优秀的新闻播音员。

上海戏剧学院孙祖平教授认为“主持无专业”，播音与主持艺术（体育方向）＝体育（播音与主持方向）；播音与主持艺术（综艺娱乐方向）＝表演（节目主持方向）。[①]

所以反观其他各类理工类、师范类、综合类高等院校的播音与主持艺术专业，整体性缺失类似体育学院这样以“体育”定位播音员主持人的专项人才培养举措。虽然我们希望，综合型大学能够培养出各种类型的节目主持人，但这在学校教育实践中是难以实现的。所以关于播音主持专业定位、培养目标、人才规格等方面还需进行相当长一段时间的探索和审思。

---

① 孙祖平.伪命题、新命题、元命题和终极命题：电视节目主持人培养的四型命题[M].上海：上海书店出版社，2015：118.

第二节 播音主持专业课程内容现状

一、课程内容原理

1859年，斯宾塞提出“什么知识最有价值”的著名命题；1949年，泰勒在《课程与教学的基本原理》中提出了“怎样选择有助于达到教育目标的学习经验”的问题，“选择学习经验”成为“泰勒原理”的基本构成。自此以后，课程内容的选择成为众多课程专家关注的基本问题之一。课程内容(curriculum content)是学校设置的学科内容的总称。它可以指一门学科的内容，也可以指一个专业的学科内容，还可以指一个学校的全部学科内容。课程内容是课程结构中的主要成分，是课程目标的具体体现，影响课程内容选择的主要因素包括文化知识、学习者和意识形态。研究者对课程本质的不同理解，会导致他们对课程内容的选择持极为不同的观点：知识本位的课程观认为课程内容应以知识技能为主体，即建构学科价值取向的内容体系；经验本位和活动本位的课程观认为学生的身心发展是课程内容选择的依据，即构建儿童本位的课程体系；社会本位的课程观认为社会需求是课程内容选择的依据，即构建社会价值取向的内容体系。事实上，课程内容的选择深受社会意识形态的影响，阿普尔认为，课程内容或者知识的选择与分配不是技术性问题，而是社会中各个阶级之间经济权力和文化权力之间相互作用的结果。

选择课程内容后怎样组织，又延伸出课程设计和课程设置的问题，即课程结构(curriculum structure)的问题。对于课程结构的解释，不同的学者从不同的角度、层次出发得出了不同的结论。如廖哲勋指出，“课程结构是课程内部各要素、各成分、各部分之间合乎规律的组织形式”[①]。施良方认为课

---

① 廖哲勋.课程学[M].武汉：华中师范大学出版社，1991：68.

程结构是"课程各部分的组织和配合，即探讨课程各组成部分如何有机地联系在一起"①。顾明远认为课程结构有广义和狭义之分，"广义的课程结构是指学校课程中各个组成部分的组织、排列、配合形式；狭义的课程结构是指一门课程中各组成部分的组织、排列、配合的形式"②。综观这些对课程结构的解释，我们可以发现其揭示的课程结构的实质大同小异，即课程结构解决的是根据课程目标设计什么课程，如何组织、安排这些课程等问题，它是人们根据专业培养目标及思想中占主导地位的价值观念在课程实践中的具体体现。课程的知识构成是课程结构的核心，体现出一定的课程理念和课程设置的价值取向，影响着学生知识结构的发展。课程结构具有以下几个方面的特征：一是客观依据性。课程结构从性质上看是一种人为结构，而非自然结构，是人们根据一定的课程原理设定的结果，因此有一定的客观依据性。二是有序性。有序性用来描述事物之间和事物内部要素之间关系，指事物内部的要素和事物之间的要素有规则的联系和转化。课程结构内部各构成要素、各成分之间的联系具备一定的有序性。课程结构的有序性主要表现为"空间性"（三个层次：宏观课程、中观课程、微观课程）和"时间性"（两种结构：直线式课程和螺旋式课程）。三是序变性。课程会随着社会的需要、学生的需要而变化，表现出一定的序变性。因此，只有根据现实的情况对课程结构进行适当调整，才能满足社会的需要，满足学习者的需求。

二、国内部分高校播音主持专业课程设置

我们对全国开办播音与主持艺术专业的有关高校的播音主持专业课程设置进行考察和分析（表 6-2）。

① 施良方.课程理论——课程的基础、原理与问题[M].北京：教育科学出版社，1996：92.

② 顾明远.教育大辞典[Z].上海：上海教育出版社，1990：258.

表 6-2 国内部分高校播音主持专业课程设置①

学校类型	学校名称	课程设置
传媒类	中国传媒大学	播音与主持艺术专业除了开设人文类、传播类基础教育课，还开设播音主持艺术导论、普通话语音与播音发声、播音主持创作基础、广播电视播音主持业务等专业教育课，新闻及综艺模块方向课，院校两级选修课等，通过扎实的专业教学、富于特色的方向指导、广泛深入的业界实践，培养素质全面和一专多能的广播电视播音主持人才。其中，新闻节目播音主持和综艺节目主持是人才培养的重点方向。
	浙江传媒学院	播音与主持艺术专业除公共基础课外，还开设播音主持艺术概论、汉语语音学、艺术语言发声学、播音主持创作基础、广播电视播音与主持、应用语言学、艺术学、新闻与传播理论、采访写作编辑评论、表演基础、形象造型与形体等课程。
	山西传媒学院	播音与主持艺术专业的主要课程：播音主持艺术概论、播音发声、播音创作基础、文艺作品演播、即兴口语表达、新闻播音、电视节目主持、广播节目主持、影视配音、出镜记者现场报道、演播言语组织、演播空间处理等。
艺术类	中央戏剧学院	播音与主持艺术专业（广播电视节目主持方向）的主要课程：主持艺术概论、主持语言基础、主持语言技巧、主持节目创作、新闻理论与实践、口语表达、主持艺术节目学、视听语言、主持节目赏析、电视节目采编制作、电视节目策划、主持人素质训练、传播学基础、电视剪辑、时政分析、新闻英语、美学基础、形体、声乐、文学作品鉴赏、音乐欣赏以及其他公共必修课等。
	上海戏剧学院	播音与主持艺术专业的主要课程：艺术概论、广播电视史、影视制作流程、语言制作艺术、表演基础、影视表演、电视新闻采访与写作、节目策划与文案写作、艺术嗓音技巧、形体设计、形象设计、主持人语音基础、主持多样态节目播报、主持人语体艺术、主持学理论基础、主持人节目精读、演播言语组织、演播空间应用技巧、主持节目创作等。
	吉林艺术学院	播音与主持艺术专业的主要课程：播音专业理论、传播学、新闻采访、广播电视写作、主持人表演、汉语普通话语言语音基础、语言表达、即兴口语训练、电视广播播音、电视广播节目主持等。
体育类	上海体育学院	播音与主持艺术专业的主要课程：体育评论与解说、综艺娱乐节目主持、体育传播学、英语体育新闻报道、运动技战术分析、表演基础、即兴口语表达、播音主持创作基础、体育评论写作、体育新闻播音与主持、体育现场报道、节目主持人文案写作、普通话语音与发声、语体艺术、影视配音艺术等。

① 本表为笔者结合各高校网站专业课程设置介绍以及调查走访综合整理而成.

续表

学校类型	学校名称	课程设置
体育类	广州体育学院	播音与主持艺术专业的主要课程：体育解说评论、播音学概论、播音发声学、播音创作基础、节目主持艺术、文艺作品演播、新闻学概论、广播电视新闻学、广播电视节目制作、广播电视采访与写作、摄影技术、摄像技术、网页制作、电脑排版技术、非线性编辑等。
	西安体育学院	播音与主持艺术专业的主要课程：播音主持、演播语言组织、纪录片解说、形体训练、体育运动理论及实践、体育科学等。
理工类	华中科技大学	播音与主持艺术专业的主要课程：普通话语音、播音发声学、播音创作基础、语言表达、电视播音与主持、广播播音与主持、形体训练、表演基础、广播电视新闻报道、电视编导、出镜记者报道等。
	浙江工业大学	播音与主持艺术专业的主要课程：语言学概论、新闻学概论、传播学、广播电视节目制作、播音主持语音学、播音主持发声学、播音主持创作基础、播音主持概论、自选节目读解、演播言语组织、广播电视口语表达基础、广播节目播音主持、电视节目播音主持、影视配音艺术、形体与表演、形象设计、文艺作品演播、新闻采访与写作、新闻评论学、播音主持艺术研究以及新闻节目播音主持、访谈节目主持和社教综艺节目主持等。
	成都理工大学	播音与主持艺术专业的主要课程：普通话语音与播音发声、节目主持艺术、中外文学、音乐基础、声乐、形体、传播学、播音创作基础、播音文体、文艺作品演播、电视节目主持艺术、新闻学、表演理论与技巧、广播电视采访与写作、出镜记者报道技巧、环境新闻概论等。
师范类	天津师范大学	播音与主持艺术专业的主要课程：播音与主持艺术概论、普通话语音与播音发声、播音创作基础、播音文体与语体、节目主持艺术、文艺作品演播、新闻学、传播学、广播电视艺术学、即兴口语表达、表演基础、影视剧配音、广播播音与主持、电视播音与主持、广播电视节目策划、广播电视节目采访、广播电视节目写作、广播电视节目评论、英语播音与实践、英语口译、英语发音基础、英语视听等。
	西北师范大学	播音与主持艺术专业的主要课程：普通话语音、播音发声学、播音创作基础、即兴口语表达、广播电视播音、广播电视主持、电视采访学、电视节目策划、媒介伦理等。
	四川师范大学	播音与主持艺术专业的主要课程：普通话语音与发声、即兴口语表达、播音创作基础、广播播音与主持、电视播音与主持、现场报道、影视配音等。

续表

学校类型	学校名称	课程设置
综合类	吉林大学	播音与主持艺术专业的主要课程：基础课有播音学概论、中国古代文学、中国现当代文学、欧美文学、古代汉语、现代汉语等；专业课有播音发声、播音创作基础、广播电视播音、广播电视节目主持、文艺作品演播、新闻学概论、新闻采编、广播电视节目制作等。
	武汉大学	播音与主持艺术专业的主要课程：普通话语音与播音发声、播音创作基础、主持艺术和技巧、广播编辑与节目制作、形体训练、即兴口语表达、广播电视文稿写作、广播电视史、视听媒介批评、电视文化、电视节目评析、电视纪录片、大众传播学、中国古代文学、传播伦理与法规等。
	广州大学	播音与主持艺术专业的主要课程：播音发声学、普通话语音、广州话语音、播音创作基础、形体训练、主持人演播仪态训练、主持人思维能力训练、表演基础、即兴口语表达、文艺作品演播、普语广播节目主持、粤语广播节目主持、新闻类电视节目主持、生活类电视节目主持、综艺类电视节目主持、电视片配音等。

从上表可以看出，虽然近些年来各院校进行了一些课程的调整，比如开设了相关的新媒体课程，但都只是概论类的。因为新媒体、融媒体的变化更新速度快，较为科学严谨的新媒体、融媒体的课程设置还有待时日才能完善。

中国传媒大学的吴郁教授和曾志华教授在《播音主持专业人才培养研究》一书中，曾较为详尽地梳理了各院校的课程情况，总结了播音与主持艺术专业课程设置的大致特点。① 这些特点到目前依然有所显现，综合表现为以下几方面。

1.通识课程中思想政治课对播音主持专业的学生至关重要

2019 年 1 月，习近平总书记在人民日报社调研时强调，要因势而谋、应势而动、顺势而为，加快推动媒体融合发展，使主流媒体具有强大传播力、引导力、影响力、公信力，形成网上网下同心圆，使全体人民在理想信念、价值理念、道德观念上紧紧团结在一起，让正能量更强劲、主旋律更高昂。

播音员主持人是“党和政府及人民的喉舌”，由于从事的是大众传播行

---

① 吴郁，曾志华.播音主持专业人才培养研究[M].北京：中国传媒大学大学出版社，2009：81-82.

业，并占据着国家传媒工具最核心的位置，其一言一行对公众的影响都是不容忽视的。加强播音主持专业教育的正确导向教育非常重要。因此，大力提高播音员主持人的思想政治素质，对保障媒体宣传的舆论导向作用，提高媒体的宣传效果，有着十分重要的作用。系统学习马克思主义原理，加强播音主持专业人才的思想品德、职业道德修养的教育，是保障其思想品质的基础。教育部对各个学校的思想政治素质课程设置有基本的要求，主要有：马克思主义哲学、思想道德修养、毛泽东思想概论、邓小平理论、马克思主义政治经济学、法律基础等。同时各个学校针对本校的实际教学情况和播音与主持艺术专业的特点，又增加了一些专业性较强的思想政治素质课，比如播音主持艺术导论、播音学概论、职业道德修养等，有的新闻院校还增设了新闻道德与新闻法规等课程。这些课程旨在全方位培养播音主持专业人才的道德修养，努力落实德才兼备的培养要求。因此，提高播音员主持人的思想道德理论水平，也是播音主持专业课程设置的一项主要内容。

2.播音主持专业教育注重文学类课程的开设

播音与主持艺术专业培养出来的人才，从某种意义上说，从事的是文化艺术行业，经常和文字打交道。尤其随着广播电视的发展，播音员主持人不仅能够说，还要能够写，更要能够做节目，因此，提高学生的文学艺术素养是播音主持专业教育的基础。我们可以从几个学校的文学艺术课，大致看出文学艺术素养课在课程设置中所占的比重。

中国传媒大学主要开设的文学艺术课程有：现代汉语、古代汉语、中国现当代文学史、中国古代文学、外国文学、美学、艺术概论等；浙江传媒学院主要开设的文学艺术课程有：现代汉语、戏曲艺术、写作基础、古代汉语、大学美术基础与欣赏、大学音乐基础与欣赏、中国古代文学、中国现当代文学史、外国文学等；四川师范大学主要开设的文学艺术课程有：现代汉语、古代汉语、中外文学等；上海戏剧学院主要开设的文学艺术课程有：艺术概论、美学、表演、中国现代文学等。

3.有声语言表达课程是播音主持专业的核心课程

播音主持专业亦称为广播电视有声语言传播专业。因此进行系统的播音主持有声语言技能训练，是整个培养体系的核心内容。经过调查，全国的播音主持专业课程基本都是按照《中国播音学》的理论体系要求设置的，大致有普通话语音、播音发声学、播音创作基础、广播播音与主持、电视播音与主持、播音文体业务、演讲与论辩、文艺作品演播、即兴口语表达、节目主持艺术等课程。

播音员主持人的有声语言表达特点是准确、清晰、圆润、生动且富于变化。因此，播音主持专业课程就是以此为训练依据，循序渐进开设的。从入门级的普通话语音和播音发声学到创作基础，再到有声语言的具体运用和播音文体业务等课程，都是根据学习者不同阶段的学习特点开设的，层层递进，环环相扣。这些科学的专业课程设置，搭建起了播音主持专业人才培养体系的核心框架。

4.广播电视新闻播音主持课程在各大院校播音与主持艺术专业中普遍设置

播音员主持人在新闻传播过程中，占据了举足轻重的地位，而且从近些年的传播实践活动中可以看出，工作一线对于播音主持专业人才的业务要求已经不止于坐在演播室里，面对提示器，播读几条新闻。随着时效性的提高和传播技术条件的改善，越来越多的新闻节目要求播音员主持人走出演播室，到现场去采访报道。创作环境发生的改变，要求播音员主持人必须具备较强的口头语言表达能力、现场采访报道能力、独立主持广播电视节目的能力。播音员主持人要有采、编、播一体的能力。因此，加强播音主持专业人才的新闻素质教育，是播音与主持艺术专业课程设置的基础原则之一。

目前，播音与主持艺术专业开设的新闻类课程大致可以划分为两类：理论性课程和实践性课程。

(1)新闻理论性课程。例如新闻理论、传播学概论、广播电视概论等。这些课程主要是让学生系统地了解新闻学和传播学的基础理论，对广播电视新闻传播过程有一个大致的了解，这对其以后的实践活动具有一定的指导意义。

(2)新闻实践性课程。例如广播电视采访、新闻采访与写作等课程，注重训练学生的新闻编采实际操作能力，增加其新闻敏感性，提高其捕捉新闻事件的能力。有条件的高校甚至还让学生带上采录设备走出校园，到社会上去采制报道，有效地锻炼了学生的新闻业务实践能力。

5.各院校校本课程的开设，有利于提升学生的综合素养

例如，上海戏剧学院开设表演理论及实践方面的课程，上海师范大学开设形体训练、国标舞等课程。虽然这些课程与播音员主持人的业务技能没有直接关系，但是能增加播音员主持人的底蕴，拓展播音员主持人的视野。值得一提的是，上海戏剧学院开设的《电视节目主持与创作》是很有特色的一门课程，其中融入了表演创作元素，使电视播音与主持变得更加丰富，操作性更强。上海师范大学谢晋影视艺术学院把表演、主持、广播电视编导、动画四个专业联合起来，使学生除了学习播音主持课程之外，还可以学习表演、编导、动画配音等课程，增强了对学生综合技能的培养。

但是我们要看到，高校的播音与主持艺术专业重视实践技能、忽视理论研究的现象依然存在。播音主持工作作为广播电视宣传工作的重要组成部分，它的学科理论和业务实践，一直与我国社会发展不同阶段的政治、经济、文化等因素密切相关，为我国的广播电视宣传作出了不可磨灭的贡献。

因此，虽然播音主持是实践性很强的专业，但是专业教育除了注重实践外，理论研究也是不容忽视的。这给我国高校的播音主持教育提出了更高的要求：除了肩负着播音主持教育理论研究的使命外，还要兼顾职业教育中制作和操作教育的使命。在现实的教育中如何协调好二者的关系就显得尤为重要。不接触社会、不实践，就难以从现实的层面了解广播电视；不重视播音学理论，播音主持教育发展又难以站在一定的高度审视正在发生的播音主持新现象，更不能把握其发展规律。

另外，从播音主持的教育规模来看，从最初的两所学校“北广”和“浙广”，发展到现在的三百多所大学开设（再加上一些专科院校，开设播音与主持艺术专业的学校高达六百多所），目前，大部分学校都是借鉴和参考最初两所大学的办学模式和课程设置。能从自身的地域特色、专业特色来实行教学改革和创新的学校却不多。一方面，学校无法提供给学生真正与社会接触的实践机会；另一方面，学校在理论上的研究和建设也很有限，而从实践中深化的播音理论和教育理论更是少之又少。

播音理论的建立和自成体系，一直是行业的骄傲。完整的播音理论体系多年来卓有成效地指导着播音业务实践，培养了一代代优秀的播音主持

从业人员。但同时，飞速变化的媒介格局和社会现状的多元化，也对播音理论和实践提出了更高的要求。“理论建设是播音主持事业发展的基石，我们应该加强播音主持艺术理论的研究，在正确的艺术理论指导下，博采众长、兼收并蓄，同时播音理论研究的课题繁重而紧迫，播音学的理论研究任重而道远。”①

第三节 播音主持专业课程实施现状

一、课程实施原理

课程实施（curriculum implementation）比较复杂。“课程”定义的多样化决定了“课程实施”定义的多样化。但通过梳理和归类可以发现，研究者对课程实施的解释一般包括：第一种，把课程实施看成课程方案付诸实践的过程。李子健等人将课程实施定义为“将课程计划付诸实践的过程”②。这一课程实施的解释可以认为是对课程论专家、课程实施问题研究的奠基者富兰和庞弗雷特（M.Fullan & A.Pomfret）等人关于课程实施本质理解的转释。这种解释将课程计划和课程实施分开讨论，有一定的合理性，但难以把握课程实施的全部本质。第二种课程实施的定义认为课程实施即教学，黄甫全指出“课程实施实际上就是教学”③，这种定义缩小了课程实施的内涵。我们认为课程实施是将课程计划付诸实践，并在实践过程不断调试以实现预期课程目标的过程。这个过程实质上是课程中的人和事相互作用的过程。课程实施的内涵包括三个方面：一是课程实施是一个实践的过程，这个过程是事先设定的；二是课程实施的过程是一个复杂的、动态的非线性发展过程；三是课程实施是通过教学活动这一环节而得以进行并完成的。

① 张颂.播音主持艺术论[M].北京：中国传媒大学出版社，2009：142.

② 李子健，黄显华.课程：范式、取向和设计[M].香港：香港中文大学出版社，1994：311.

③ 黄甫全.大课程论初探——兼论课程（论）与教学（论）的关系[J].课程.教材.教法，2000(5)：1-7.

二、课程实施良莠不齐，课程资源严重缺失

课程实施是播音主持专业教育的关键环节，但实施现状中反映出的问题却令人痛心疾首。张颂、吴郁、曾志华等教授在相关研究中曾一针见血地剖析过。至今这种“慢性病”依然没有得到有效根治。

当前，我国播音与主持艺术专业的专业课教学主要是以大课讲授和小课训练相结合的方式进行的。大课讲授是指按照教学计划的步骤，对学生进行专业理论上的讲解。学生人数较多，可以是一个班级，也可以是一个年级；小课训练则是依据专业理论，在专业教师的带领下，对学生进行“一对一”的实际操作训练。学生分成若干小课组。

大课和小课结合教学的方式可以有效地整合教育资源，有针对性地提高学生的实际操作水平，并且做到理论与实践相结合。目前，各地大学相继开设了播音与主持艺术专业。规模扩张与师资力量短缺是目前播音主持专业教育工作中的主要矛盾。这个矛盾最突出的表现是课程资源和师资力量的严重不足。

广播电视事业的繁荣使社会对播音主持专业教育的关注度空前提高，这种关注一方面促进了教育的发展，一方面又引起人们对播音主持行业不理性的预期，致使专业教育在根基还不稳固的情况下快速膨胀。各高校在市场导向下一哄而上，而师资力量和理论研究上又有所欠缺，必然难以保证教育质量。与此同时，社会对播音主持专业教育的认识也过于简单化，不少人以为会说普通话、容貌端正就可以做播音员主持人。显然，这种错误的理解对于已经或将要学习播音与主持艺术专业的学生以及开设了这个专业的学校来说是一种误导。

正是在这种误导之下，许多学校盲目开设播音与主持艺术专业。许多关乎学生语言能力培养和职业素质提升的专业课根本无法开设，或者勉强开课却课时有限。有些学校没有自己的专业老师，所有的专业课全凭外聘教师代授。外聘教师大多来自实践一线，他们有着丰富的话筒（镜头）前的经验，但教学是有着自身规律的，有时候实践经验并不能完全替代理论知识。另外，所有的专业课依靠外力，往往时间上不能固定，不利于本专业的

可持续发展。还有的综合院校或理工院校，“师资”是来自本校的毕业生，更有甚者，高年级的师哥师姐“教”低年级的师弟师妹。他们大多没有从事过广播电视工作，实践经验缺乏，授课过程中，示范、引导能力偏弱。这样的课程资源、师资力量与较大规模的招生形成了强烈的反差。

播音主持专业教育与一般的文科教育不同，它不是通过课堂讲授就可以培养出优秀人才来的。按照教学规律，必须通过大课讲授、小课辅导，实施艺术个性化教育。所以办这个专业，必须有充裕的师资力量。然而现在的状况是，有的学校由于师资不够，大课讲得很多，却不能安排足够的小课对学生进行训练。这对于技能性很强的语言训练来说，要想让学生达到一定的水平，恐怕是难以做到的。还有的学校由于专业教师少，就不断扩充小课组人数，有的学校一个小课组能达到 30 人。这样的小课“规模”根本无法实行“一对一”的教学模式。

播音与主持艺术专业是一个培养特殊人才的专业，在专业培养上要投入很高的教育成本。它是一项实践性很强的专业，教学上应该具备视、听、录、摄、演、控的全套播音实验设备，可以说是一项高投入的学科专业。

国家对播音主持专业教育所需要的设备和师资条件都做了明确而具体的规定。在国家 1993 年颁布的《普通高等学校本科专业目录》和 1998 年颁布的《普通高等学校本科专业目录》中，播音专业都是带“ * ”号的专业，即由教育部审批的一般控制设置的专业，其中的一个基本考虑就是其专业教学的特殊性和高投入性。然而目前办有播音与主持艺术专业的许多院校，没有录音、录像设备；有的学校虽有部分设备，但老师缺乏媒体实践经验，缺乏操作技能和操作训练，很难给学生进行话筒（镜头）前的演练和示范。从这些学校毕业学生的普遍反映来看，他们感到所学的理论知识远远不能适应业界的实践，许多老师讲授的内容与实践严重脱节；学校硬件设施差、实践时间少，听、看节目和接触实践的机会少。可以想象，这些学校培养出来的学生，很难适应广播电视实践工作，而实践性极强的广播电视教育的培养目标是“学、术并重”，即基本素质和基本技能的培养训练并重。学生基本技能的训练在学校得不到应有的重视，学生缺乏实践，势必影响广播影视事业人才的综合素质。播音与主持艺术专业“超常规”发展带来了一系列问题，师资、教材、设备等办学条件严重不足。看来，“超常规发展”是目前高等院校播音主持专业教育存在的最显著问题之一。“超常规发展”带来的直接后果是播音主持专业毕业生数量不断增多，而质量却得不到保证。①

在传统媒体和新兴媒体不断融合的大背景下，播音与主持艺术专业培养的毕业生，其人才结构与素质水平也急需提升。目前，业界最需要的是具有扎实的功底、真正的实力，具备放眼世界、立足现实、勤于思索、勇于创新，能及时跟上行业发展步伐，与个人价值观社会主流价值观一致的复合型、创新型、应用型人才，这种人才是中国广播电视以及新媒体产业发展的生力军。而课程资源与师资力量的严重匮乏，是制约人才培养的瓶颈，应该引起播音与主持艺术专业的重视。

第四节　播音主持专业课程评价现状

一、课程评价原理

如何理解课程评价(curriculum evaluation)呢？“评价”在《朗曼当代英语词典》的解释为：计算价值或程度。按照马克思主义的观点，评价是一种认识与反映的过程。评价是人类的一种认识活动，它是一种以把握世界的意义或价值为目的的认识活动。而价值是主体与客体需要的关系，必须强调的是，评价只能揭示价值关系，而不是制造价值关系，不能单靠评价自身就把价值关系评价出来。施良方认为，评价可以被简单地定义为决定某一事物的价值。课程评价指研究课程价值的过程，是由判断课程在改进学生学习方面的价值的那些活动构成的。虽说评价只有一个基本目的——评价某一事物的价值，但它可以起很多的作用。评价在课程中的作用包括：诊断课程，修正课程，比较各种课程的相对价值，预测教育的需求，确定课程目标达到的程度，等等。②

① 吴郁，曾志华.播音主持专业人才培养研究[M].北京：中国传媒大学大学出版社，2009：19-20.

② 施良方.课程理论——课程的基础、原理与问题[M].北京：教育科学出版社，1996：149.

从逻辑上说，评价活动有这样的操作程序：一是把握价值主体的需要；二是把握价值客体的属性与功能；三是以价值主体的需要衡量价值客体的属性与功能，判断价值客体是否能满足价值主体的需要。英国课程论专家凯利认为，课程评价是评估任何一种特定的教育活动的价值和效果的过程。美国课程论专家比彻姆认为，课程评价包含判断课程系统的效果和所规划课程的效果的那些必要过程。泰勒提出了课程评价的概念：课程评价过程实质上是一个确定课程与教学计划实际达到教育目标的程度的过程。我们认为课程评价是通过系统地收集一定的信息，按照一定的方法和标准对课程目标、内容和实施等有关问题的价值或特点作出判断的过程。它是一个价值判断的过程，要求在事实描述的基础上，体现评价者的价值观念和主观愿望。也就是说，课程评价对象的范围很广，既包括课程计划本身，也包括参与课程实施的教师、学生、学校，还包括课程活动的结果，即学生和教师的发展。评价在课程中的作用越来越重要。

二、课程评价方式单一，缺乏多元评价机制

课程评价对整个课程从“生成系统”到“实施系统”[①]具有非常重要的意义。“课程评价的功能具有多样性，诸如需要评估、课程诊断与修订、课程比较与选择、对目标达成程度的了解、对成效的判断，等等。”[②]因此，课程评价既是对学生课程学习情况的反馈，也是对教师教学质量的评估。课程通过何种评价方式来衡量学生知识与技能的掌握程度、文化与专业素质的全面与否以及学习态度与情感的客观体现，将对学习者知识格局的形成产生直接影响，同时课程评价的合理运用也直接督促着教师的课程实施行径、间接推进着课程体系的不断完善。

笔者通过一系列走访和调查后，发现目前我国高等院校播音主持人才培养课程评价方式均由各占一定比例的平时成绩（30％、40％、50％）和期末考试成绩（70％、60％、50％）两部分构成。平时成绩的评价主要由按时上课

---

① 王伟廉.高等学校课程研究导论[M].广州：广东高等教育出版社，2008：13.

② 李雁冰.课程评价论[M].上海：上海教育出版社，2002：7-8.

率、课堂积极参与程度、录音录像作业完成情况等构成，期末考试成绩则是教师在每学期末按照教学要求、教学进度等对学生进行相关笔试，或组织学生在演播厅朗诵各种文体或主持各类节目进行口试汇报。

这些看似合理的课程评价背后，仍然存在诸多实际问题：(1)评价主体单一，课程评价几乎都由学校和教师来进行，学生难以参与对自我、对同学的评价。(2)评价方式单一，我国高等院校播音主持人才培养课程基本只有一种评价模式：平时成绩×百分比＋期末考试成绩×百分比＝最终成绩。(3)评价内容单一，平时成绩多为记录学生是否缺勤和作业完成情况，期末考试则多为关注学生语音的改善和语言表达技能的掌握，而对于学生学习兴趣、学习态度以及学习过程中的情感体悟则难以进行相对客观的反馈。(4)评价没有及时反馈给学生，难以用于对学生的再指导。目前播音主持专业人才培养课程的评价多作为对学生学习结果的一个终极评定，师生很少从课程评价中去总结与思考，更难以通过总结和思考去探寻更为高效的教学方式和学习方式。

目前有不少院校改变了单一的通过期末考试评定成绩的做法，更加注重“过程评价”，通过学生平时的学习情况以及参加各种专业比赛的获奖情况等对学生进行综合全面的考评。

播音与主持艺术专业作为一个新兴学科，其人才培养体系目前还处于探索阶段。在探索的过程中，我们要不断积累经验，遵循本专业的办学规律，坚守好本专业建设的底线，加强规范建设，强调规范操作，避免盲目办学和低水平办学。在注重实践技能训练的同时，加强理论研究，从教育学规律和课程与教学论的层面来审视播音学，使得高校培养出来的播音主持人才知其然更知其所以然，能更好地迎接市场挑战。

第七章
践行课程理论:播音主持专业课程开发构想

高等教育研究与基础教育研究相比,虽然有不少共同之处,但在解决问题方面,高等教育研究有其特殊的地方。这种特殊性表现在两个方面:一是在宏观方面,高等教育研究在解决问题时,更多直接涉及社会、经济、科技、政治、文化等方面的内容,以解决高等教育与社会其他系统之间的关系问题,因此需要更多地与社会接触。二是在微观方面,高等学校的教学、科研和社会服务等活动的研究,比基础教育研究要复杂得多。“在高等学校,学科专业林立、课程复杂多样,而且高等学校处在科学技术发展前沿,特别是大学,云集了各类学科的高层次人才。这些特殊情况使得高等教育研究者与中小学教育研究者比起来,在进行微观的教育研究过程中,对教育实践者的影响力要小得多,进行高等教育实践和高等教育改革的难度也大得多。”①

第一节　播音主持专业课程开发理念

“大学课程与教学作为一个研究方向急需支持本领域的理论基础和实践论证,而高等教育是一门学科还是一个研究领域至今仍有颇多争议,世界各国研究形态也各异。”②同时,在我国,一般意义上的课程与教学论等同于

① 王伟廉.高等学校课程研究导论[M].广州:广东高等教育出版社,2008:239.
② 潘懋元.潘懋元论高等教育[M].福建:福建教育出版社,2007:5.

普通教育的课程理论与教学理论。“课程与教学论的专家学者主要关注基础教育而非高等教育，导致中学后教育为社会科学家和课程领域研究者所忽视。”①由实践与理论的一般关系可知，课程理论从课程实践中总结得出，并上升为理论，对课程实践具有普遍性指导意义。问题在于，当下的课程理论大多由研究者从中小学实证研究中获得，这些理论形成一定的学术规范和思潮后，就被广泛地应用到大学课程中。一方面，教育的连续性和普遍价值使得这种应用具有实际意义；另一方面，大学课程理论也要完善本体的理论，融入课程与教学论的领域，形成新的研究范式。

一、高校课程体系本质特征分析

（一）大学课程体系对大学生发展的适应指向

大学课程体系不是向大学生灌注和填充材料，“大学是自我陶冶的学校”（洪堡语）。学生主体观就体现在构建课程体系的思想中。学生是具有主动性、能动性和创造性的人。学习课程的过程就是一个人成长的过程，就是不断增加经验的过程。课程是学生参与文化活动的过程。课程本质的经验性强调学生的参与，使学生不再只是课程的追随者，而且成了课程的主人和占有者。教育是引导个体去领悟生活的艺术。因此，学生的求知欲和判断力，以及控制复杂情况的能力等，都必须靠有机的课程体系来唤起。

课程体系不是一个空壳，它是一个既有思想内容，又具形式结构的育人的“文化场域”。② 我们之所以将大学的课程体系作为一个整体提出并加以研究，是因为大学以专业（学科）领域作为一个整体来培养人才。“专业”是什么？卢晓东认为，我国大学专业沿袭了苏联的模式，是“学校内资源使用与人才产出的实体组织”③，美国大学专业“仅仅是课程的组织形式”。但不管如何界定“专业”，大学教育最终都要落实到一系列培养人才的课程上。

---

① ALTBACH，PHILIP G. Higher Education：a Worldwide Inventory of Center and Program[J]. The Orxy Press，2001(2)：37-38.

② 胡弼成.大学课程体系现代化[M].长沙：湖南大学出版社，2006：25.

③ 卢晓东.高等学校“专业”内涵的研究[J].高等教育论坛，2002(1)：11-18.

一所大学，学校系统再好，如果没有作为实体或课程组织形式的整体优化的（或以专业为单位的）课程体系加以配合，学校的培养目标就无法实现。大学课程体系主要解决两个问题：一是实现培养目标应选择哪些课程及其内容的深度和广度；二是各课程之间在内容和呈现方式上如何互相配合和衔接。从宏观来讲，所谓课程改革，首先就要解决好课程体系的整体结构问题。课程改革绝不仅限于增加或减少几门课程，对于课程体系整体结构的调整，应当多角度、全方位地考察和探究。从课程内容上看，要解决好德、智、体等各自的课程门类、课时比例及其相互关系的问题；从课程范畴上看，要解决好课堂教学与课外活动、社会实践活动的比例和相互关系的问题，正式课程与非正式课程关系的问题；从课程形态上看，要解决好分科课程与综合课程、活动课程相互关系的问题；从课程类型上看，要解决好必修课程与选修课程的比例和相互关系的问题，在选修课程中，又要解决好任选课程与必选课程的关系问题等。这些问题的解决，需要处理好课程体系内部的一些结构要素关系，为学习者成为不同层次、不同类型的人才打好基础，使他们成为全面发展的人才。

因此，大学课程体系实质是提供给人们一张把握人类知识世界和选择文明方式的发展蓝图。大学通过实施以课程体系为主体的培养方案，向求学者提供学会生存与发展的知识、技能和素质体系。大学课程体系犹如大学针对社会的不同需要，向不同学科、专业及层次的学生提供的具有不同营养的“菜单”，每一位学生可以据此选择喜欢的“美味佳肴”，以“汲取”自己所需要的适合现实和未来社会经济发展的知识、能力和素质。因此，大学课程体系是人才培养的蓝图，是大学生个体发展的适应指向。

播音与主持艺术专业在人才培养中，也十分重视学生人格的培养，先“人”后“才”，倡导学生先做一个身心健康、充满正能量的人，然后再去主持节目、传播信息、引导舆论。

（二）大学课程体系对大学生素质的整体影响

大学课程体系作为一个系统，整体性是它的本质特征。整体性首先表现为课程体系以目标要素为总纲。课程体系目标是通过分解为具体的课程目标和课程结构目标，通过课程体系要素的结构即要素之间的相互配合、协调发展达到最佳状态而实现的。当相同的课程设置具有不同的结构形式时，课程体系就会产生不同的性质、功能和效果。设定课程体系目标，旨在提高或改变课程体系的性质、功能和效果。为了使大学课程体系对实现学校培养目标产生最好的效益，使学生全面、和谐地发展，除了考虑系统要素设置外，还要建立合理的课程体系整体结构，即优化课程体系内容要素的结构。确保学校课程体系结构的完整性，并在此基础上达到课程体系结构的整体性。

其次，课程体系要素的优化可以达到最优的体系功能。整体大于部分之和，是系统论的重要定律之一。这里的“整体”是指结构优化的整体。如果不是结构优化的整体，它充其量只能等于甚至小于部分之和。这样的“整体”不能称为真正的整体。课程体系对于培养人才所起的作用，不是单个课程要素的结果，也不是各门学科的作用机械相加的结果，而是体系内各门学科以及要素之间相互联系、相互配合的结果。

因此，大学课程体系是被组织化了的整体，是一个有自身内在逻辑关系的系统。课程要素的内在逻辑性是课程体系组织的“粘合剂”。它使课程体系的各个要素有机地串联起来，使之成为一个联系紧密的“人才培养整体”，而不仅仅是大量学科或知识的简单罗列与堆积。揭示和发现课程体系要素的内在逻辑性的关键，在于找到课程体系构造的本质联系。可见，我们必须从整体出发，提出课程体系的整体目标，在实现整体目标的前提下，明确每一课程体系要素在课程体系中的地位和作用，从而确定其在课程结构中的主次、性质以及课程要素的增减、内容的筛选和学时学分的赋值。每种课程要素的改革和优化都必须服从和服务于课程体系的整体优化，应尽可能使课程要素的功能取向与整个系统的取向一致。这就是课程体系的整体化，即从课程体系的整体性出发，在考察问题时强调局部与整体的有机关联性，选取在总体上最优的解决方案。因此，课程体系中各要素的相互配合和整体功能达到最佳状态，是教育者追求的理想境界。叶圣陶先生认为：“教育的最后目标却在种种境界的综合，就是说，使各个分立的课程所发生的影响纠结在一块儿，构成有机体似的境界，让学生的身心都沉浸在其中。”①

---

① 叶圣陶.叶圣陶教育文集[M].北京：人民教育出版社，1994：102.

二、高校课程体系的现代化辨析

高校课程体系现代化是高等教育现代化的重要组成部分。如何实现现代化,一直是高等教育理论界的热门话题。课程体系现代化有哪些特征?具体表现在哪些方面?以下我们分析高校课程体系现代化的特征,以此作为播音主持专业课程体系建设和开发的理论依据。

(一)高校课程体系的开放性

所谓开放性,主要指高校课程体系中的信息与外界的信息之间能够便利地交流。纵观世界高等教育发展的历史,课程从封闭走向开放是一个共同的趋势。有学者研究欧洲高等教育后指出,尽管西方各国高等教育近代化的模式不尽相同,但几乎都是通过将近代科学技术转化为知识形态引入高等教育内部,通过课程或专业设置的变化,激起高等教育内外部之间的矛盾运动,达到近代化的目标。[①] 同样,在现代,如果没有开放的高校课程体系及时将现代科技引入高校课程,现代化就难以最终实现。与一般意义上的高等教育现代化不同的是,课程体系的现代化一方面以开放为前提,另一方面,这种开放又是现代化的必然结果。高校课程体系与外界的信息交流除了引入科学技术这一方式外,还包括不同国家、不同地域、不同高校之间文化与亚文化的相互借鉴、相互吸收、相互融合,这同样是开放性的含义。社会现代化中最重要的一个方面是人的观念的现代化。从教育的角度看,若不依据课程的开放性来选择、吸收、融合外来文化和亚文化,人的观念的现代化几乎是不可能的。开放性还有另一层含义,即高校课程体系对社会需求的开放性。这既包括社会对高级人才的需求,也包括社会对接受高等教育的需求。传统的高校课程体系之所以会被扬弃,就是因为其封闭性或者阻隔了社会需求信息的传入,或者本身就不具备随着时代变化而调整以满足社会需求的功能。

---

① 黄福涛.欧洲高等教育近代化——法、英、德近代高等教育制度的形成[M].厦门:厦门大学出版社,1998:13.

与“开放性”容易混淆的是“国际性”或“国际化”。有人认为，现代化高校课程体系应具有国际性。持这种观点的人主要的着眼点在于高等教育的国际交流以及在交流过程中课程管理上的相互沟通或称“接轨”。应该说这一特点的确是高校课程体系现代化的特征之一，但是开放性比国际性在含义上要广泛得多，它不仅包含与各国、各地区高校之间的信息交流，也包含与社会其他方面的信息交流。此外，开放性作为基本特征，在逻辑上与之相对的是封闭性；而与国际性相对的是地方性，或曰本土性。所以用国际性代替开放性作为基本特征，显然不恰当。

此外，“开放”在这里指的是体系的开放，而不是教育的开放或课程内容的开放，前者具有系统论的含义，而后者则与政治文化意识形态等不可分割。体系的开放是某种机制或状态的表述，而不是价值表述。

（二）高校课程体系的灵活性

灵活性是开放性的延伸。没有开放性，灵活性便没有意义。这一特征是指高等学校课程体系应具备自我调节机制，能够对不断发展的科学技术和不断变动的社会需要随时作出反应。纵观整个高等学校课程体系发展的历史，从某种意义上可以说是从僵化走向灵活的历史。这是因为社会发展的速度在加快，变化令人目不暇接。科技的突飞猛进、职业部门的频繁更替、个体接受高等教育的需求日益增多，使课程处在变革之中。如果高校课程体系没有一种随时调整以顺应变化的灵活机制，将与社会实践脱节。

高校课程体系的灵活性若针对社会需要的人才数量变化来讲，也可以叫作弹性。这种具有弹性的课程体系能以最低限度的损失来换得对社会人才需求数量变化的最佳适应。

如果从满足社会需求在质量上的变化而言，灵活性也可以理解为“永续发展性”，即当社会对人才的质量和规格有了新的要求，或由于科技的发展使高校课程在某些方面必须作出质的或结构性的根本改革时，这种课程体系也能较为顺利地作出调整，而不致付出过大代价。就此而论，高校课程体系在向灵活性迈进的过程中，应具有相当的前瞻性。

与“灵活性”容易混淆的是“多样性”。“多样性”的确在某些方面与灵活性有相似之处。但灵活性的相对概念是僵化或呆板，灵活性是排斥僵化的。

而多样性的相对概念虽有“单一性”和“一刀切”这样的对立面，但也有“一致性”“统一性”这样的相对概念。高校课程体系不应以是否多样作为衡量是否达到现代化的标准。此外，多样性考察的是不同课程体系之间的差异性，而灵活性考察的是课程体系的性质与品格。

在灵活性上容易产生歧义的是对“稳定性”的追求。有人认为，现代化的高校课程体系应有灵活性，但也应保持一定的稳定性，不应总是随着社会变化而变化。这是对灵活性的误解。就稳定性而言，僵化的课程体系最缺乏稳定性。因为一旦社会有大的发展变化，这种课程体系就不得不靠外力作出割舍和改变，往往因为一旦不可弥补的损失；而灵活的课程体系可以依靠自身的机制作出反应和调整。课程体系越是灵活，就越能持久地保持稳定。因此，灵活性也是衡量课程体系成熟度的一个指标。

（三）高校课程体系的整体性

如果说前两个特征考察的主要是高校课程体系与外界关系的话，那么后两个特征则可以说考察的是其内部关系。传统的课程体系是由零散的学科和内容组成的拼盘，最大的缺陷是缺少整体性。现代课程体系强调整体性，既是现代系统科学强调整体大于部分之和在课程体系上的反映，也是现代社会对人的各方面全面和谐发展的期望的反映。

整体性包含三层含义：第一，课程体系构建过程中各个环节的整体性，即课程体系的构建必须包括目标的确定及表述，课程内容与教育教学活动的选择、组织，课程体系构建与运作过程及其结果的评价等基本环节。第二，课程体系在人才培养目标上的整体性，强调作为整体的人的各个方面的和谐发展。第三，课程体系中有关要素的整体性，即保证各学科、各种课程类型、各种教育教学活动与方法之间能够相互促进，使整体功能得以最大限度地发挥。

容易与整体性混淆的是“综合性”。与整体相对的是割裂、零散，而与综合相对的是分化，同样属于基本理论范畴。高校课程体系的现代化既包含综合也包含分化，不能认为课程体系的综合化程度越高，现代化水平就越高。当然，我们也应该承认，整体性也包含综合性的含义，但它又超出了综合性的范围，包含了课程体系各环节的完整性、课程中各内容和教育教学活动的协调与渗透，以及人才培养目标的完整性等内容。

（四）高校课程体系的可测性

课程体系作为一个整体，可视为一个系统，应具有某种程度的可控性，这也是建立教育质量保障体系必须考虑的问题。从某种意义上讲，高校课程体系的可控性可以理解为可测性。如果缺少可测性，课程体系的运作情况就不得而知，体系的效果也难以保证。如果人们对课程体系的运作情况不甚了解，那么开放性、灵活性和整体性特征也就无从体现。所以，可测性作为一个基本特征是不可取代的。

可测性既适合整体的课程体系，也适合内部各个环节、各个要素。从管理学角度看，无论是目标管理还是过程管理，都要依据一定的反馈信息。传统的课程体系之弊端，在于体系的运作主要凭经验获得反馈信息，无法科学地作出决策。可以说，在高校课程体系迈向现代化的过程中，可测性越高，可控性就越强，课程体系的功能就发挥得越好，现代化水平就越高。

作为基本特征，这里避免使用可评价性与可定量化两个容易产生误解的概念。评价是价值判断，对高校课程体系的价值判断，通常凭经验也可以作出。可以说，自从有了高校课程体系，就同时有了评价。因而作为现代化课程体系的特征，显然不能用"可评价性"这种表述。至于"可定量化"则是另一极端。"可测"并非一定要数量化。它要求在定量和定性两方面对课程体系的运作情况作出分析和测定。可测性的实质在于体现课程体系构建和运作过程中反馈系统的建立和健全。此外，这里没有直接使用"可控性"的概念，主要考虑到课程领域的复杂性。在课程领域里，有些因素难以控制，却是可测的。如果不能做到可测和基本可测，我们把课程体系作为一个系统看待，恐怕就没有意义了。

除了上述四个"软性特征"外，还有一个"硬性特征"，即设备、设施的特征（如具备现代化信息技术手段）。这种"硬性特征"可以看作课程体系的外部条件。诚然，如果将其列入基本特征，好处在于促使人们在构建高校课程体系时充分考虑手段的现代化。但缺点也是显而易见的：一方面，容易使人一味追求设备、设施的先进而忽视课程的实质性部分；另一方面，课程体系强调的是系统、结构方面的现代化，而手段的现代化可作为课程现代化的基本特征,却在逻辑上不适合作为“体系”的特征。不过,手段的现代化作为课程体系现代化的一个必要条件或“硬性特征”,将其单独列出,可能还是有益的。①

以上阐述的高校课程体系现代化的基本特征,在一定意义上可以视为课程建设的最主要的部分——课程体系的建设与改革的指导思想。具体到每门课程都应遵循这些思想。单门课程的建设除了配备师资和其他资源外,很重要的方面在于确定这门课程或这组课程在课程体系或培养方案中的地位和作用。

三、高校课程设置的原则及其影响因素

(一)高校课程设置的原则

“课程”是一个有很多歧义的概念,对它的界说,从广义到狭义,不下几十种。我们主要从狭义方面来理解,简单地说,课程就是课业与学程,指在教师指导下,学习者所经历的全部经验。在我国,课程设置一般由国家统一制定,各级各类学校参照执行。而在欧美国家,课程设置原则上由各高校根据学科体系与社会需要自主制定。课程设置是高等学校培养目标的具体实现过程。课程开发模式与课程内容选择是影响课程效果的最主要因素。

1.课程开发宏观模式

课程开发理论或技术是专门研究如何按照一定的程序和步骤,科学地开发课程并使之形成某种结构的一门学问。但目前高等学校课程开发还没有一套比较成熟的理论和技术,其原因一方面是对高等教育的系统研究起步比较晚,另一方面是课程开发活动本身的复杂性。总的来说,目前高等学校课程开发的模式可以分为两种:经验演进模式和科学设计模式。②

然而,两种模式的划分只有相对意义。在实践过程中,这两种模式往往是相互渗透和相互补充的。这也是长期以来高等学校课程内容既能保持传

① 王伟廉.高等学校课程研究导论[M].广州:广东高等教育出版社,2008:186.

② 杨德广.高等教育学概论[M].上海:华东师范大学出版社,2010:162.

统，又能不断改革的根本原因。对两种不同模式进行划分的意义，主要在于促进课程开发者更全面地考虑与把握课程的设计与改革，使课程开发的效果达到最佳。

(1)经验演进模式

自从有了高等学校，就有了高等学校的课程编制。与当时高等学校的产生与发展并没有多少科学依据一样，课程编制也没有相应的理论与原则来指导，经验与探索是最主要的开发依据。随着高等学校的发展，课程内容一直处在变化与改革中，但每一次变化与改革都不会在课程内容上从零开始。从编制模式上看，一般是在大框架基本不变的前提下，对课程内容进行一些局部的改革与修正。这种改革模式基本上属于渐进式或改良式，既比较容易被人接受，也易于稳定教育教学秩序。但这种模式也有明显的缺陷，即容易满足于传统的经验，对课程编制过程中出现的科学性问题往往思之过少或用之过少。尽管这种模式在实际应用中还有一些问题，但它能在高等教育发展史上长盛不衰，也表明人们对这种模式的接受并不完全是因为使用起来比较方便，可能还有一些更深层次的原因，诸如文化传统等。当然，也不排除这种模式自身所具有的科学性问题。

(2)科学设计模式

这种课程开发模式出现的时间较经验演进模式要晚一些，在指导思想上也更强调理性思维，一定程度上是对经验演进模式的否定与革命。它的产生主要是由于高等学校的发展、科学技术的进步以及社会关系日益密切以后，人们对原来的课程设置方式与内容不满，力图以新的课程模式来打破或代替传统课程模式。这种模式的优点是，勇于摆脱原来课程模式的限制，按一种新思路或新规范来开发课程。但这种课程开发模式也有一定的局限性：一方面，课程编制模式的改革其实也是教育试验的一种，这就决定了在新的课程编制出现之前，必须有相当充分的论证与依据；另一方面，课程编制的效果显现需要一个比较长的周期，这对任何一种新的课程编制模式来说都是一种挑战。

2.课程开发微观模式

科学设计模式又包括以下几种课程开发的经典模式：目标模式、过程模式、实践模式、环境模式。

美国课程论专家拉尔夫·泰勒在《课程与教学的基本原理》一书中提出著名的“泰勒原理”以后，课程编制的“四阶段”，即目标模式就成了课程编制中的主导范式，而且一直影响至今。不过，20世纪70年代以来，英国课程论专家斯腾豪斯的“过程模式”、美国课程论专家施瓦布的“实践模式”、丹尼斯·劳顿和斯基尔贝克的“环境模式”等都对“目标模式”有所超越，同时丰富和发展了课程开发理论。

(1)目标模式

拉尔夫·泰勒在《课程与教学的基本原理》一书中提出了课程编制的“四段论”，形成了著名的“泰勒原理”，即目标模式的课程编制原理。这一模式又称为“理性计划模式”(the rational planning model)“手段—目的”模式(“means—ends” planning model)。

目标模式专注于课程开发和方法而非课程本身的内容。泰勒认为各学校应自行决定目标，目标的决定可根据学习者、校外生活、学科专家等来加以筛选。20世纪60年代后，随着“教育目标分类学”的不断发展，可观测的行为目标大行其道，目标模式由此发展到顶峰。在此之后，有些学者据此对该模式加以修订。

目标模式提出后，立刻受到主要发达国家课程理论界及实践界的积极回应，一度成为20世纪五六十年代课程编制的主导范式，至今依然具有很大的影响力。我国改革开放以来的课程改革以及新基础教育课程改革在许多学科课程编制上也深受其影响，这或许说明“泰勒原理”在相当程度上发现了课程编制活动中的某些规律性成分。

当然，目标模式不可避免地存在一些问题。首先，该模式采用“决定主义”的观点解释人类的行为，把人变成机器，抹杀了人性的丰富性、复杂性、主体性等特征。其次，该模式依据的行为目标多有缺陷：目标分类基本上是测验题的量表，而非认知过程；没有说明不可测定的价值如何目标化，容易导致价值缺失；目标的意义也较难统一，易产生歧义。最后，它以知识为中心，重视知识的逻辑与结构，主张学科专家成为课程开发的主导者。强调“预成性”，即在教学之前就开发出一套现成的物品(学科教材)，而教师只是这种物品的使用者、执行者和消费者。这种开发模式有利于规范教师(特别是新教师)的教学行为，但不利于师生主体性的发挥，也容易造成只重学科、教材的设置与编制，而忽视课程实际运作中的“特定情境”的要求，课程缺乏必要的弹性。

(2)过程模式

基于对目标模式的批判，英国课程论专家斯腾豪斯在1975年出版的《课程研究与开发导论》(*An Instruction to Curriculum Research and Development*)中提出了课程编制的过程模式。他认为，目标模式对于训练行为技能是很适用的，但对于知识的学习则不适宜。这是因为知识的本质在于可以通过对知识的运用进行创造性思维。因而，课程应该考虑知识的不确定性，鼓励个体化、创造性的学习，而不是把知识及其学习作为满足预定目标的尝试。

斯腾豪斯认为，人们能够从具有内在价值的知识形式中，挑选出那些能够体现该知识形式的内容。这些选择出来的内容，能够代表那些最重要的过程、最关键的概念和该知识形式(或领域)中固有的标准。过程模式鼓励教师对课程实践的反思批判和发挥创造，不过，教师应遵循下列五项原则：①教师应该与学生一起在课堂上讨论研究有争议的问题；②在处理有争议的问题时，教师应持中立原则，使课堂成为学生的论坛；③探究有争议的问题的主要方式是讨论，而不是灌输式的讲授；④讨论应尊重参与者的不同观点，无须达成一致意见；⑤教师作为讨论的主持人，对学习的质量和标准负责。

过程模式非常强调过程本身的育人价值，强调师生互动，既重视教师的自主权，又重视学生的自主活动。过程模式对教师素质的要求很高，由此，斯腾豪斯提出了著名的在今天亦影响很大的“教师即研究者”的课程思想，认为教师应当成为课程的研制者、开发者，而不仅仅是接受者、消费者，这就为当今世界课程改革中重视教师主体作用的编制模式提供了理论依据。

当然，过程模式也遭到一定的批评。首先，有的学者认为它“长于方法而拙于目的”，容易导致教学过程含混不清，使教师业绩和学生学业的评价成为棘手的问题。其次，过程模式重视教学的脉络，强调实际发生的事件，因而缺乏规范性。最后，过程模式仅仅是依据当代教育哲学的某些理论而产生的，因而有其片面性。

(3)实践模式

实践模式(the practical curriculum development model)的代表人物是

美国学者施瓦布。20世纪70年代初，美国著名课程论专家施瓦布就在其系列论文中指出，课程绝不是只有教材这一个因素，而是教师、学生、教材、环境四个因素动态交织、互相作用的有机体。这四个要素间持续的相互作用便构成实践性课程的基本内涵。

教师和学生是课程的主体和创造者，其中学生是实践性课程的中心。教材是课程的有机组成部分，是由课程政策文件、课本和其他教学资料构成的。但是，教材只有在成为相互作用过程中的积极因素时，只有在满足特定学习情境的问题、需要和兴趣时，才具有课程意义。因此，教材具有很大的灵活性和变通性，可以根据不同学习情境的需要进行选择和取舍。课程环境是由除教师、学生、教材之外的物质的、心理的、社会的、文化的因素构成的，它直接参与到课程相互作用的系统中。

实践性课程的开发方法是审议。所谓审议，是指对不同对象进行权衡以作出选择。实践性课程开发是以具体实践情境的特殊需要为核心进行的，它必然植根于具体的实践情境。因此，校本课程开发是该课程模式的具体体现。

在实践模式中，施瓦布特别指出不能忽视学生的作用和地位。他认为，学生是课程的有机组成部分，他有权诘问他应当朝哪个方向发展，他应当学些什么。① 20世纪70年代末以后，当课程研究由“课程开发范式”转向“课程理解范式”时，学习者的履历生活史、个人知识和经验等为传统课程研究所漠视或摒弃的东西，被置于课程研究的中心。②

(4)环境模式

环境模式(the situational model)又称情境模式或文化分析模式，其代表人物是英国课程专家丹尼斯·劳顿和斯基尔贝克。如果说目标模式根植于行为主义心理学，过程模式根植于教育哲学，那么环境模式则根植于文化分析主义。劳顿认为，设计课程要考虑三个方面的问题：①知识的性质本身：知识是什么？知识的不同形式以及不同的逻辑处理；②儿童或个别儿童的本性：认知的成长如何？③社会情境、压力与社会需要。劳顿认为，教育的主要目的在于

---

① SEHWAB.The Practical:A Language for Curriculum[J].The School Review,1967,78(1):1-23.

② PINAR.Understanding Curriculum[M].New York:Peter Lang,Chapter 8,1995.

传播社会的文化遗产，特别是其中的最佳部分及“共同文化遗产”。

斯基尔贝克认为，课程编制应牢牢地置于某种文化结构中，这种结构把课程编制看成一种手段。借助该手段，教师通过使学生领悟各种文化价值、各种用来对文化进行解释的结构和各种符号系统，来修正和改造学生的经验。环境模式强调要按照不同学校的情况，通过对学校环境进行全面分析和评估来作出课程决策。课程编制应该针对单个的学校和它的教师，即以学校为单位的课程编制乃是促进学校获得真正发展的最有效的方式。这也是后来“校本课程”开发的理论依据。该模式有五个主要组成部分：①分析环境：考察学校的环境并对其中相互作用的因素进行分析，包括外部因素，如意识形态的变化、家长和社会的各种愿望，以及各学院和大学这样一些“教师供应机构”可能对学校的帮助等；内部因素，如教师、学生的特点，学校风气以及设备、资源和所面临的问题。②表述目标：对师生各种活动的目标进行表述。③制定方案：包括选择学习材料、安排教学活动、调配教职员，以及挑选合适的补充材料和教学手段。④阐明和实施：尽量使新方案在推广时就将可能发生的问题暴露出来，然后在实施过程中有把握地加以解决。⑤检查、评价、反馈和改进：包括对课堂活动进展情况做经常性评定，对产生的各种结果进行评价，对所有参与者的表现做详细记录。

环境模式是一种综合的课程编制模式。它综合了目标模式和过程模式，试图把课程开发过程看成一个整体，用系统的观点来进行课程开发，注重结合特定的环境来考察这个过程中的各种要素和问题的各个方面，并把决策同更广泛的文化因素和社会因素联系起来。该模式随着当今校本课程实践的深入发展而日益凸显出强大的生命力。

3.课程内容选择的基本原则

课程内容的选择与确立，既要服从于高等学校的培养目标，又要符合科学技术发展的基本原则，还要服从于社会的发展变化与实际需要。课程内容选择的基本原则主要有：

(1)适时原则

即课程内容必须适应时代的要求。这里的时代要求包含两个方面：一是要符合社会发展的历史潮流，不能把一些陈旧过时，或被历史证明是错误的或不完整的内容带到课程中去。二是要符合科学技术的发展水平与潮流，特别在理学、工学和其他一些应用研究学科领域，要快速反映出科学与技术发展的最新成果与最新研究，使课程内容与时俱进。

(2)完整原则

完整原则也有两层含义：一是指每一门具体的课程在反映本学科的知识体系和内容方法时是完整的，课程是学科知识体系的浓缩。对每一门具体的学科来说，一门课程就是一个有机整体。二是每一门具体的课程，都是整个人才培养计划的一个组成部分。因此，当各种不同的课程组合到一起以后，不同学科知识的组合应当既是完整的，又互不重叠。

(3)经济原则

在选择课程内容时，经常会出现两种情况：①同一个目标，可以通过不同的课程内容和形式的组合来实现；②同一课程内容可以通向不同的教育目标。在这种情况下，就要根据实际需要，对课程内容和形式进行优化选择。优化的基本标准是课时少、压力轻、效果好，尽量使每一门课程的投入少而效益大。

(4)实践原则

在选择课程内容时，要尽量考虑到理论与实践的结合。高校教育不同于中学教育的一个很重要的方面，就是高校教育要更多地为学生提供锻炼、检验真理及发现探索的机会。

(5)量力原则

课程内容的选择，一要考虑到学生的接受能力，二要考虑到高校的师资水平及其他方面的限制因素。课程内容并不是越难越好、越先进越好、量越多越好，选择时，应充分考虑到师生的接受水平和内容的适度性。

(6)满足原则

这一原则主要是指课程内容的选择与安排，要考虑到学生在学习上的满足感和能力培养上的成就感。这对学生的发展与成功具有非常重要的意义。这种满足感与成就感不是停留在表面上的成绩或其他外在的表现，而是学生在学习课程内容之后，从内心产生的一种比较完整全面的自我肯定。

课程内容选择的以上几条基本原则之间有着密切的联系，在实际的选择过程中，既可能出现相互促进的情况，也可能出现一些矛盾和重复。在不同时期选择不同的课程内容时，各原则的重要性可能也会出现一些差异。因此，课程内容选择的关键在于根据实际情况，灵活掌握和使用，并通过实践来不断完善。

(二)高校课程设置的影响因素

高等学校自产生以来，课程就不断地发生变化，尤其到了现代社会以后，课程改革的强度和力度越来越大。促进高等学校课程改革的原因，一方面是社会的发展和科技的进步，另一方面则在于教育学和心理学不断取得新的研究成果。

1.社会发展和科技进步对高校课程设置的影响

社会对高等教育的影响是多方面、多角度的，就课程设置而言，又可以分为对课程门类、课程内容、课程结构等方面产生的影响。

(1)对课程门类的影响

社会生产力的发展水平决定了社会的产业结构、就业结构和人口结构，由此影响到高等教育的专业结构和课程结构，使高等学校课程门类结构在不同时期具有鲜明的时代特征。在中世纪时期，欧洲大学普遍把文学作为神学、法学、医学的基础预备课程，因此，各大学的课程门类基本上以文学系的课程为主体，神学、法学、医学在完成文学系课程的基础上再各加 2—3 门专业课，整个课程门类结构比较简单。到了 19 世纪近代科学进入高等学校以后，课程门类也随之大幅度增加，即使是传统的神学、法学、医学课程，也不再以文学系课程为主干，而是形成了各具特色的专业课程结构体系。尽管这一时期大学中的专业门类没有增加，但课程门类大量增加。到了 20 世纪特别是 20 世纪后半叶以后，高等学校中的课程门类急剧增加，这一方面是适应新产生的各种专业的要求，另一方面也是适应传统专业更新的要求。

(2)对课程内容的影响

社会发展与科技进步对课程内容的影响，主要通过对不同种类专业人才的素质要求体现出来。社会生产力水平不断提高，对从业人员素质的要求也逐步提高，从而促进课程内容不断更新。同样是从事机械制造的工人，工业革命时期对其的素质要求与 21 世纪信息时代对其的要求是截然不同的，高等学校的课程内容必须根据不同的要求作出相应的调整。同时，随着科学研究的不断深入，同一门课程在不同社会发展时期，讲授的内容也不会完全一致。以物理学这门古老的课程为例，在相对论出现以后，课程内容和结构体系发生了很大变化，新出现的相对论及其应用成果在新的内容结构中占有重要的比例。另外，由于科学技术与社会生产生活之间的联系日益紧密，技术的进步及应用也随之成为影响高等学校课程内容改革的重要因素。

(3)对课程结构的影响

课程结构是课程组合形式的基本框架。因此，不管是课程的门类变化，还是课程内容的改革，最后都可以归结到课程结构的变革上来。门类和内容的变化以局部变化和量的调整为主，结构的调整与变化则是一种比较全面的质的变革。所以，在考察社会发展与科技进步对课程的影响时，一个很重要的切入点就是对课程结构变化状况的考察。

课程结构的调整与改革，既可以由门类和内容的量的积累达到一定程度之后来实现，也可以根据社会和科技发展的趋势预先进行设计。在现代科学技术突飞猛进的当下，人们越来越意识到主动进行课程结构变革的重要性。高等学校审时度势，主动进行课程结构的改革逐渐成为现代高等学校课程改革的一种潮流与方向。

2.教育学和心理学的研究成果对高校课程设置的影响

教育学和心理学的研究成果是现代高等学校课程编制的科学性基础。现代高等学校的课程编制，具有两个显著特征：一是越来越多地考虑到学生的个性发展和能力养成，以及对学生学习的积极性、主动性和创造性的培养，这正是因为吸收了青年心理学、学习心理学和教育心理学等心理学的研究成果。二是越来越多地考虑到课程内容设置自身的科学性问题，既要考虑到学生的身心发展和接受能力，又要考虑到教育教学内容对现代社会的影响，这是对现代教育学和心理学有关成果的综合吸收。除此之外，现代教育学和心理学的研究成果还促使广大教师对整个教学过程有了新的认识，从而在一定条件下促使人们探索新的方式方法或建立新的课程目标。例如，现在高等学校普遍重视的对以培养创新能力为主的课程教学体系的探索与研究，就是长期以来人们对传授知识与培养能力之间关系进行不断思索与探讨的结果与尝试。

如今在课程设置过程中，课程模式存在从过去的全盘苏式（即苏联模式，立足教学论，采用三段式——基础课、专业基础课、专业课，或四段式——公共基础课、专业基础课、专业课、专业方向课）到全盘美式（即美国模式，立足课程论，提倡通识课程、核心课程）的倾向。我们应该防止从一个极端走向另一个极端。任何一种模式都有优点和缺点，中国的课程与教学应该从辩证思维的哲学角度出发，萃取各种模式的精华，为我国培养更多的“通才”和“专才”服务。播音主持专业培养的学生应该是“通才”或“杂家”，走上工作岗位后，既有播报新闻和主持各类节目的语言表达技巧和能力，也能够在其他类型节目中（比如财经节目、体育节目等）体现节目所要求的专业素质。

第二节　播音主持专业课程开发实践

一、S大学播音主持专业基本情况

S大学创建于1954年，是上海市重点建设的高校，是一所以文科见长并具教师教育特色的文、理、工、艺等学科协调发展的综合性大学。学校现有本科专业86个，覆盖哲学、经济学、法学、教育学、文学、历史学、理学、工学、管理学、农学、艺术学等11个学科门类。经过几十年的努力，学校已经建立起一批具有优势和特色的学科。学校顺应科技革命和产业革命加速汇聚融合的时代背景，自觉融入高等教育改革的潮流，秉持“厚基础、重实践、国际化”的人才培养理念和“价值引领、知识传授、能力培养”的教育教学理念，致力于提升学生核心能力素养。通过构建人才培养的价值体系、知识体系、能力体系以及政策配套与资源支持体系、质量文化体系，形成了全面发展、个性发展与卓越发展深度融合的人才培养模式。

S大学的播音与主持艺术专业设在影视艺术学院中。影视艺术学院是一所以本科教育为主体，以培养新时代富有创新精神、实践能力和服务意识的高素质影视人才为特色的艺术类学院。学院以培养新时代优秀的影视人才为目标，兼顾影视艺术中的表、编、摄、录、播各个环节，逐步完善专业设置。学院采用专兼职相结合的师资配备模式，建设起以专家型教师、骨干教师、教学能手、教学新秀为主体的师资梯队。学院依托综合性大学的办学优势及人文环境，发扬办学传统，不断拓展"密集型训练、高起点教学、全方位培养、实践中提高"的办学特色，结合中外广播影视教育的经验，注重实际表演技能的培养，使学生在艺术修养、表演、主持实践和技能训练、影视编导和制作、影视动画等方面得到全面发展。学院重点组织和推荐学生参加各种艺术实践活动，以培养学生的实践能力和创新能力。学院以"厚基础、重实践、国际化"的培养模式改革为抓手，根据本学院的实际情况，有目标、有步骤地推进本科教学、教学管理和国际高等教育的接轨与并轨发展。

S大学是上海一所以师范教育为特色的综合大学，在其影视艺术学院中开设有表演专业、播音与主持艺术专业、广播电视编导专业、动画专业等多个专业。2002年在表演学下面设艺术主持方向，2005年开始正式以播音与主持艺术专业之名招生，每届招收30人左右。师资构成有毕业于中国传媒大学、上海戏剧学院的专业教师，也有来自广播电视一线的播音员主持人。全国开办播音与主持艺术专业的学校大约有300所，S大学的播音与主持艺术专业全国排在前十名（表7-1）。因此，选取S大学的播音与主持艺术专业作为研究对象有一定的普遍性和代表性。

表7-1 全国高校播音与主持艺术专业排行榜①

排名	学校名称	专业
1	中国传媒大学	播音与主持艺术
2	浙江传媒大学	播音与主持艺术
3	上海戏剧学院	播音与主持艺术
4	天津师范大学	播音与主持艺术

① 中国播音主持网：http//www.byzc.com/.

续表

排名	学校名称	专业
5	四川师范大学	播音与主持艺术
6	湖南大学	播音与主持艺术
7	武汉大学	播音与主持艺术
8	S大学	播音与主持艺术
9	吉林大学	播音与主持艺术
10	东北师范大学	播音与主持艺术

二、S大学播音主持专业课程现状

(一)培养目标特点

S大学播音与主持艺术专业，旨在培养能在广播电视媒体行业从事语言表达、语言传播及语言教学工作的高级传媒人才。本专业人才培养方案：主要学习中外广播电视的现有理论，依托学科基础平台课程，让学生有一定的理论基础。同时，强化专业基础课，如语音与发声、语言表达、艺术语言表达与表现等，加强专业核心课程的实践性环节训练，使学生具备广播电视传媒行业播音员主持人的基本能力。毕业生应该具备以下几方面的知识和能力：

第一，掌握播音主持的基本理论知识，锻炼并提升实际运用能力。其中包括各类节目主持风格的熟悉、各类节目主持能力的把握、有声语言和形体语言的有机交融，在学习和实践中准确理解主持人节目和节目主持人的关联，并基本确立属于自己的演播个性与主持风格。

第二，通过声乐、形体、表演等相关课程的学习，充分解放天性，更好地了解自身的优势及特点，锻炼形象思维，把握艺术的内在规律，获得各方面艺术知识的有效积累。

第三，通过中外文学经典赏析、中外戏剧影视经典赏析、艺术原理、艺术心理、新闻采写基础、广播电视经营管理、公共关系学等课程的学习，丰富除专业技能以外的综合素质，为顺利进入广播电视等媒介机构做好充分的准备，或是继续读研深造。

S大学的播音与主持艺术专业的特色集中表现为两个方面：一是与本院中的其他三个专业——表演、广播电视编导、动画之间实现了资源共享、联合打造，这与全国其他高校播音主持专业课程模式和环境有所不同；二是在主持专业里开设了表演专业，把表演课程体系的声台形表的模块借鉴过来，丰富了主持专业的课程内容，有利于播音员主持人综合能力的培养和拓展。

(二)课程体系构成

S大学播音主持专业课程体系分为公共必修课、专业必修课、限定选修课、任意选修课、实践教学课等板块，具体课程设置如下。

1.公共必修课

本部分课程主要培养大学生的基本素质，包括大学生思想品德素质和基本文化素质，主要有马克思主义理论、思想品德、外语、计算机、体育、大学语文、中国近现代史等课程。

2.专业必修课

本部分课程培养学生必须具备的语言表达功力和节目主持能力。专业必修课分为两条主线：一是专业主干课程(包括学位课程)，有主持艺术概论、口才言语组织、演播空间处理、电视节目比较评析、电视节目主持与创作、广播电视艺术研究等；二是专业基础课程，有语音与发声、语言表达、广播电视新闻播音、艺术语言表达与表现等，按照由浅入深、由低至高的顺序扎实有效推进。

3.限定选修课

本部分课程是进一步拓展学生专业学科素养的课程。将表演专业中的表演、形体、嗓音训练等课程以及广播电视编导专业的影视编辑、摄像基础、多媒体技术等课程充实其中，使学生拓宽本专业领域的相关知识和技能，成为集采、编、播能力于一身的专门人才。具体课程包括：艺术创意、文化艺术、影视艺术概论、广播电视经营管理、新闻采写、演播空间创意与设计、专业英语、嗓音训练、形体(基本功)、形体(社交舞)、表演(基础训练)、表演(小品)、化妆等。

4.任意选修课

本部分课程是为了发展学生的个性特长，进一步拓宽学生的知识面而开设的。学生可以依据自己的兴趣爱好，自由地选择相关课程进行学习。课程开设可根据学生实际和社会发展需要随时进行调整。任意选修课开设的课程有形体与礼仪、表演基础训练、声音形象塑造、通俗歌曲演唱、摄像图形创意、电视摄影基础、影视音乐作品分析、文化创意产业、媒介经营管理、影视编辑艺术、海报宣传设计基础、微电影创作基础、网页设计、音效设计、知识产权、管理学、心理学与教育、教育学基础、新媒体与传播等。

5.实践教学课

这个环节主要包括基础教学汇报（二年级下半学期），毕业汇报（四年级上半学期），在广播、电视、新媒体等相关单位进行与语言传播相关岗位的专业实习，毕业论文写作与答辩等。

各类课程学分数和学时数如表 7-2 所示。

表 7-2　各类课程学分数和学时数

课程类型	学分数	百分比％	学时数	百分比％
公共必修课（学位课）	22	13.2	576	20.5
公共必修课（非学位课）	18	10.8	324	11.6
专业必修课（学位课）	47	28.1	846	30.1
专业必修课（非学位课）	20	12.0	360	12.8
限定选修课	33	19.7	558	19.9
任意选修课	8	4.8	144	5.1
实践教学课	19	11.4		
总计	167	100	2808	100

除了上述五类课程之外还有一类课程，就是学校的公共选修课。

6.公共选修课

S 大学的通识教育及文化素质教育主要通过综合素质课程和副修系列课程来实现。综合素质课程属于限定选修课，每一个本科生在校期间必须选修 2 门课程，获得 4 学分方可毕业。从二年级起，学生每学期可以在网上选修 1 门综合素质课程，不得选修与本人所学专业课程重复或内容相近的课程。副修系列课程属于任意选修课程，每一个本科生可以通过学校开设的副修系列课程或学院开设的选修课完成任意选修课的学习。

由副修系列课程中，不少于 4 门的课程组成一个系列，每门课程为 2 学时、2 学分。学生修满同系列 4 门课程，可申请副修系列课程修习证书；若未修满 4 门课程，则获得学分可以抵冲任意选修课学分。学生不得选修与本人所学专业课程重复或内容相近的课程。在二、三年级，学生每学期可以在网上选修 1 门副修系列课程，每个本科生在校期间修读副修系列课程不能超过 4 门。

张颂教授曾分析说："我们的播音主持专业，现在全国已经有 300 多所院校开办了大、中专科，学士和硕士学位的课程，如雨后春笋，蓬勃兴旺。这个专业刚刚列入'本科目录'的时候，在新闻学下；后来转为艺术之下，并在专业名称的前面带上了'星号'，即需要'控制'的专业。出乎预料，十几年的工夫，竟有了如此规模！"①播音与主持艺术专业有些"盲目过热"②。

如今大学生就业难，播音与主持艺术专业的学生虽然就业率不低，却往往不对口。从就业情况来看，与培养目标存在不小的差距，据笔者对 S 大学播音与主持艺术专业近三年的就业统计：毕业生中，去往广电媒体的仅占 3%，攻读考研的占 5%，留学深造的占 14%，进入新媒体行业的占 15%，进入企/事业单位的占 20%，自主创业的占 15%，其他占 28%。（图 7-1）

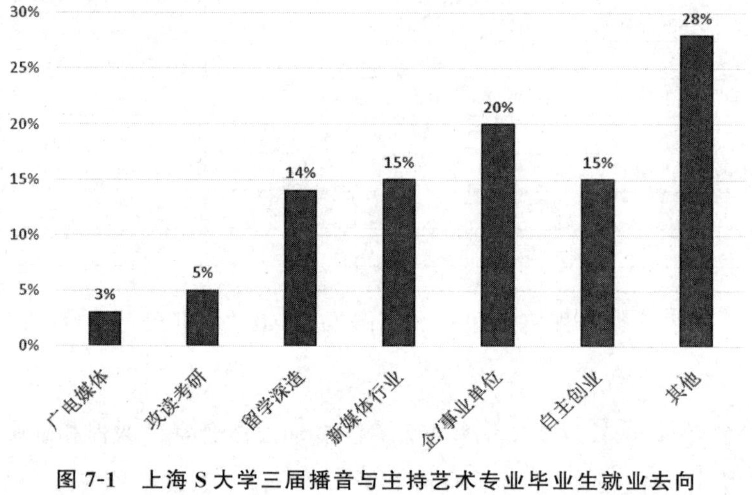

图 7-1　上海 S 大学三届播音与主持艺术专业毕业生就业去向

---

① 高祥荣.播音主持语言表达艺术[M].上海：上海百家出版社，2010：序 4.

② 中国传媒大学播音主持学院吴郁教授对本研究的访谈。

S大学的播音与主持艺术专业在课程目标、课程内容、课程实施、课程评价中存在着和其他大学特别是师范类和综合类大学的播音与主持艺术专业同样的情况和问题。面对这些共性的问题，以下以S大学播音与主持艺术专业为例，我们试图提出一些改进和完善的策略。

三、S大学播音主持专业课程开发策略

（一）课程目标——指向应用型本科

信息技术与传播观念的进步使得新媒体以活跃的态势影响着传统媒体的发展与格局，也对从业人员的综合能力提出了更高的要求。作为培养媒体从业人员的播音与主持艺术专业，如何面对新媒体不断发展带来的机遇与挑战，研究新媒体对专业发展的影响，通过调整专业定位方向等措施制定更为切合实际的人才培养模式，成为亟须研究的课题。

国家层面的人才培养目标，是国家在宏观层面对高等学校人才培养目标的基本规定。我国主要通过《高等教育法》来规定。《高等教育法》首先对我国高等教育的总体培养目标作了明确规定："高等教育必须贯彻国家的教育方针，为社会主义现代化建设服务，与生产劳动相结合，使受教育者成为德、智、体等方面全面发展的社会主义事业的建设者和接班人。高等教育的任务是培养具有创新精神和实践能力的高级专门人才，发展科学技术文化，促进社会主义现代化建设。"这就说明，不管是什么类型的高等教育，也不管是什么层次的高等教育，只要举办高等教育，它所培养的人才就必须达到以上最基本的标准。这是高等教育在人才培养目标方面的共性要求。

《高等教育法》对人才培养目标的共性要求有两点：(1)"高级专门人才"是我国高等学校人才培养目标的基本定位，其核心是"高"和"专"。① 所谓"高"，是指高等教育在整个教育体系中的高等性以及学生所学知识与技术的高深性；所谓"专"，是指按学科行业分类教学的专门性以及学生知识与能力结构的专业性。(2)创新是知识经济时代对人才的共性要求，而加强实践

① 杨志坚.中国本科教育培养目标研究(之一)[J].辽宁教育研究，2004(5)：10-15.

能力培养是世界高等教育的趋势，也是我国高等学校人才培养急需加强的重要内容。因此，“具有创新精神和实践能力”不仅反映了时代发展对高级专门人才能力与素质的要求，也使得我国高等学校人才培养具有一定的时代性和前瞻性。

《高等教育法》对不同层次高等教育的人才培养目标作了明确规定：“高等学历教育分为专科教育、本科教育和研究生教育。高等学历教育应当符合下列学业标准：(1)专科教育应当使学生掌握本专业必备的基础理论、专门知识，具有从事本专业实际工作的基本技能和初步能力。(2)本科教育应当使学生比较系统地掌握本学科、专业必需的基础理论、基本知识，掌握本专业必要的基本技能、方法和相关知识，具有从事本专业实际工作和研究工作的初步能力。(3)硕士研究生教育应当使学生掌握本学科坚实的基础理论、系统的专业知识，掌握相应的技能、方法和相关知识，具有从事本专业实际工作和科学研究工作的能力；博士研究生教育应当使学生掌握本学科坚实宽广的基础理论、系统深入的专业知识、相应的技能和方法，具有独立从事本学科创造性科学研究工作和实际工作的能力。”这说明专科层次、本科层次与研究生层次高等教育的人才培养目标有很大差异。

但《高等教育法》并没有对不同类型本科教育的人才培养目标作出具体规定。这说明《高等教育法》对高等学校人才培养目标的总体规定，以及对本科教育培养目标的基本规定，是不同类型本科层次人才培养都应该达到的基本要求。所以从这一点来说，应用型本科人才首先应该是具有创新精神和实践能力的高级专门人才，能够比较系统地掌握本学科、专业必需的基础理论、基本知识，掌握本专业必要的基本技能、方法和相关知识，具有从事本专业实际工作和研究工作的初步能力。

学校层面的人才培养目标是在遵循国家层面人才培养目标宏观规定的前提下，根据自身的办学定位、办学特色、办学条件，对所要培养人才的比较具体的规定。随着高校办学自主权的扩大，学校层次的人才培养目标可以由高校自己来确定。从高等学校所培养的人才来看，基本上可以分为学术型人才、应用型人才与技能型人才三种，每一种人才又可以进一步细分。高校首先应该确定主要培养哪一类人才，然后根据学校的办学特色，进一步细化人才培养目标。

研究型大学、应用型本科院校、高职院校在人才培养上除了高校的共性要求之外，还有哪些区别呢？研究型大学以培养学术型人才和精英领袖型人才为主要目标。如北京大学的人才培养目标是“为国家和民族培养具有国际视野、在各行业起引领作用、具有创新精神和实践能力的高素质人才”，中国人民大学以“国民表率、社会栋梁”为人才培养目标。应用型本科院校以培养应用型本科人才为主要目标。现在很多地方本科院校将人才培养目标定位于“高素质应用型人才”，如北京工商大学提出培养“复合性应用型人才”，首都经济贸易大学提出培养“高级应用型工程技术与管理人才”。高职院校以培养技能型人才为主要目标。如深圳职业技术学院的培养目标是“培养生产、建设、管理、服务一线的高素质技术应用型人才”，江苏无锡职业技术学院的培养目标是“高级技术应用型人才”。

应该说，通过2003年启动的五年一轮的普通高等学校本科教学工作水平评估和各高校制定的“十一五”“十二五”“十三五”发展规划，多数院校对自身的办学定位（包括人才培养定位）有了更清楚的认识，定位更加准确，更切合实际，但仍然有不少院校存在人才培养定位偏高的现象。另外，虽然很多高校已经明确了人才培养定位，但如何将其与学校的办学特色、专业设置、课程体系紧密结合并加以落实仍未有明确规划。这是目前多数高校面临的主要困惑与难题。如现在很多普通地方本科院校都明确定位于培养高素质应用型人才，但对于应用型人才与学术型人才、技能型人才的本质区别是什么并不清楚，从而出现人才培养模式、课程体系与研究型本科高校趋同的现象。

实际上，应用型不是层次的高低，而是类型的不同。在现实中，往往一提“应用”，很多人就感觉比“科学”“研究”低一个层次。所以一些新建的地方本科院校想提高知名度，就努力向学术型、研究型大学看齐。不少学校甚至不惜丢弃专业特色而去追求“高层次”。一些应用型专业的教师缺少相关领域的工作经历，更缺少参与大型项目技术研发的经历，产学研合作不深入，因而培养出的人才应用性不强。还有不少新建的本科院校由于录取的大都是分数段靠后的学生，生源质量不佳，学生对学习信心不足。因此，国家应从宏观上进行分类指导，促进高等教育的多样化发展。应用型本科教育应符合“教育发展必须与社会经济发展相适应”的规律，各校在制定发展战略时，要立足于各自的层次和类型，争创一流，切忌随大流与急功近利。①

从高等教育的价值取向来看，虽然专业性和高深性是高等教育的基本价值属性，但就应用型专业性教育与学科型专业性教育错位发展的价值取向而言，学科型专业性教育强调基础性、广博性、普适性和非职业性，应用型专业性教育则强调专门性、针对性、实践性和行业性。薛天祥在《高等教育学》中认为，"专业是根据学科分类和社会职业分工需要分门别类进行的高深专门知识教与学活动的基本单位"。学科分类和社会需求是专业形成的重要依据。按照《辞海》的解释，学科有其特定内涵："一是学术的分类，指一定科学领域或一门科学的分类（discipline），如自然科学中的物理学、生物学，社会科学中的经济学、教育学等；二是指教育的科目（subject）。"不论是哪一种"学科"，学科性质是系统的知识分类体系，而专业则是高等学校培养专门人才的基本教育载体；学科是一个知识范畴，专业是一个教学范畴；学科指向专门的科学研究，专业指向行业或职业、分工；学科发展以知识的发现和创新为发展目标和价值取向，专业建设以培养满足社会需求的专门人才为目标导向。这是不同类型的高等学校内部学科发展与专业建设各自最本质的特征。应用型大学的学科专业建设不仅强调有成熟的学科和比较完整的学科体系作为支撑，更要求有稳定的行业需求和职业岗位作为基石，强调以培养专业应用型人才为宗旨、以专业建设为重点、以学科建设为依托，一手抓专业建设，一手抓学科建设，设置具有行业针对性和适应性的专业结构群，并以此构建专业应用型教育人才培养体系，建构以学科带头人为龙头的专业教育团队，形成关键性的持续竞争优势。②

笔者认为，由于播音学的学科属性（应用新闻学、应用语言学）以及播音与主持艺术专业的强实践性，无论其开设在哪一类的高校（传媒类、艺术类、综合类等）、哪一层级的高校（985 高校、211 高校、双一流高校、普通高校等）都应该定位于应用型本科专业，使播音与主持艺术专业回归到它应有的专业定位中。

S 大学是以师范教育为特色的综合性大学，其学校定位为"应用研究型

---

① 潘懋元.探索本科教育人才培养新模式——"应用性本科教育学术研讨会"综述[J].教育发展研究，2007(7)：126-127.

② 潘懋元.应用型人才培养的理论与实践[M].厦门：厦门大学出版社，2014：19.

大学”。S大学本科人才培养的总体思路是：对接国家战略和上海城市建设人才需求，按照学校定位和人才培养目标要求，确定人才培养规格和学生核心能力素养。在教育教学理念和人才培养理念引领下，通过扎实有效的教学改革措施，不断提高人才培养质量，形成富有特色的本科人才培养模式。S大学人才培养模式是促进学生全面发展、个性发展、卓越发展深度融合的人才培养模式：(1)在实践中丰富和发展养成教育，构建与完善德、智、体、美协调发展的通识教育体系，促进学生全面发展；(2)探索和完善人才培养途径，尊重学生主体性和自主性，建立多样化的人才培养体系，包括推进学分制改革，实施大类招生专业分流，提高专业流动比例，鼓励辅修专业，增加选修课比例，打通第一、第二课堂，认定项目学习学分，突出以学生为中心，以能力为导向，促进学生个性发展；(3)落实以学生能力素养提升为核心的卓越发展六大培养计划，激发学生的学习主动性，夯实专业基础，培养核心能力素养、开拓国际视野，促进学生卓越发展。S大学人才培养的核心能力素养(SCIL)，其主要内容是“2S－4C－2I－1L”。“2S”即目标导向的自主学习和自主发展能力(Goal-oriented Self learning，Self-development)；“4C”即独立思考与批判性思维能力、创造性解决问题能力、沟通交流能力以及团队合作能力(Critical Thinking，Creative Solution，Effective Communication，Team Collaboration)；“2I”即国际素养、信息素养(International Cultivation，Information Literacy)；“1L”即领导力素养(Leadership)，充分体现了符合国际潮流的全人教育思想。

S大学的播音与主持艺术专业的定位及培养目标与学校的定位以及培养目标一脉相承。比如学生培养目标中的三个发展——全面发展、个性发展、卓越发展，可以对应播音员主持人的发展：培养德才兼备的播音员主持人，培养有个性风格的播音员主持人，培养优秀而卓越的播音员主持人。而具备这三个条件的播音员主持人也正是媒介所需要的。

以下探讨一下应用型本科的人才培养规格。关于应用型本科人才培养规格，学者们进行了多方面的探讨。笔者认为，无论是哪一类应用型本科高校，其人才培养规格都有共性要求，那就是对知识、能力、素质三方面的要求。

1.应用型本科人才的知识要求

在知识、能力、素质三个基本要素中，知识要素是基础要素，它从根本上影响着能力要素和素质要素。能力是知识外化的表现，素质则是知识内化的结果。本科教育的过程，实际上就是教育者通过一系列的具体课程将知识传授给学生，后由学生主动构建形成一定的知识结构的过程。知识的广度和深度从根本上影响着知识的结构形式。应用型本科人才应掌握以下几方面的知识。

(1)工具性知识。这是任何高级专门人才都应具备的知识，但不需要对每一种工具性知识都精通，只需要能够运用一般的工具性知识来认识和解决专业问题即可。具体包括：①外语知识，具有一定的本专业外文书籍和文献资料阅读能力，能使用外文进行一般性交流。②计算机知识，能够熟练地掌握本专业需要的各类计算机技术的相关知识，能够熟练地运用计算机来解决专业问题。③信息技术应用和文献检索知识，能够熟练运用互联网收集各种信息，具备一定的综合文献资料检索的能力。④方法论知识，能够较好地掌握归纳、演绎、推理、总结、研究等方面的方法论知识，并将其运用到工作实践中。

(2)人文社会科学与自然科学知识。应用型本科人才作为高级专门人才必须了解和掌握人类、社会和自然发展及其规律的基本知识与基本理论。具体包括：①人文社会科学知识，了解哲学、政治学、历史学、法学、社会学、心理学等人文社会科学方面的基本知识。②自然科学知识，了解数学、物理、化学、生命科学等自然科学方面的最新发展趋势。

(3)专业知识。专业知识是应用型本科人才应该重点掌握的知识，包括两方面：①专业基础知识，也称为学科基础知识。应用型本科人才作为本科层次的人才，必须掌握本学科的基础知识与基本理论。目前《普通高等学校本科专业目录》(1998)对各专业的主要课程都作了明确规定，在专业教学指导委员会没有分类指导的情况下，应用型本科人才培养没有必要完全按照该目录来开设所有课程，可以选择一些与专业培养方向比较接近的、实用的课程；也可以把几门课程进行整合，成为一门综合性课程；还可以开设所有课程，但在学分学时安排上进行平衡，使学生达到系统了解水平就行。②专业方向知识，专业方向知识是直接面向职业或岗位的知识，是应用型本科人才知识体系的核心。专业方向知识包括理论知识与实践知识两部分。应用型本科人才培养一定要将理论知识与实践知识并重，让学生在学习专业知识的过程中了解将要从事的工作流程与过程。

(4)相关学科专业知识。应用型本科人才是直接面向职业的人才，必须具有较强的解决专业问题的能力。而社会实践中的问题是复杂多样的，单纯依靠一门学科的知识是无法完全解决的。因此，应用型本科人才除了要系统掌握本学科专业的基本理论和基础知识外，也要了解相关学科专业的基本理论和基础知识。

2.应用型本科人才的能力要求

在知识、能力与素质三要素中，能力要素是核心要素。从教育的角度看，能力是知识追求的目标。学习者学习知识的根本目的是获得能力和提升能力。一个有能力的人可以在一定的知识基础上进一步获得知识和创新知识，从而促进其综合素质的全面提升。能力水平是评估人才价值的主要尺度。应用型本科人才应具备以下两方面的能力：

(1)专业应用能力。专业应用能力包括专业基本技能和专业核心应用能力两部分。专业基本技能是指完成专业工作应具备或掌握的基础性的专门技术技能。专业核心应用能力是指综合运用专业知识，完成专业工作任务所特有的最主要的综合能力。专业基本技能是专业核心应用能力的重要支撑。每一个专业都要明确所培养的人才应具备哪些专业应用能力，然后根据每一项专业应用能力来设置相应的课程。

例如新媒体时代，播音主持专业学生除了具备以语言功力和语言表达能力为中心的播音主持能力外，还应该提升新闻学和传播学的素养，以适应记者型主持人的发展之路。这些需要拓宽的应用新闻学基本技能包括：①媒体写作技能；②摄影摄像技能；③新媒体技术技能；④调查统计与社会活动技能；⑤文化创意策划技能。除此之外，应具备的专业核心应用能力包括：①新闻采访写作能力；②广播电视编导能力；③新媒体综合编辑能力；④媒介行动策划能力；⑤新闻传播综合实践能力。

(2)关键能力。澳大利亚教育工作者在1992年提出了“关键能力”的概念，即有效参与当下的工作形式及工作组织所必需的能力。关键能力是一般性的，并不是某种具体的专业和职业技能，而是对不同职业的适应能力，即使职业发生变更，劳动者的这些能力依然起作用。这种能力又被称为跨职业能力或可迁移能力。关键能力的组成要素包括：①收集、分析、组织意见和信息的能力；②表达意见和信息的能力，指使用一系列交流形式来有效地交流意见和信息的能力；③计划和组织活动的能力，指计划、组织和自我管理，包括较独立地完成一项任务的能力，确保对过程和结果的有效交流、报告和记录；④与他人合作及在团体中工作的能力；⑤应用数学思维和技巧的能力；⑥解决问题的能力；⑦利用技术的能力，具体指利用技术体系、设备和材料的能力以及把知识和技能迁移到新情境中的能力。此后，又有不同的学者对关键能力的组成要素提出了不同的观点。高林在《应用型本科教育导论》一书中，提出了应用型本科人才应具备的关键能力：①运用所学知识解决实际问题的能力，包括能不能“学以致用”，以及有没有“学以致用”的意识等；②表达和沟通能力，包括人际沟通能力、文字表述能力、中文语言表达能力和在经济发展国际化环境下的外语应用和表达能力；③团队合作能力，主要指分工协作能力和主动配合能力；④组织协调能力，包括在团队中的组织能力、优化资源能力和组织团队按时完成任务的能力；⑤创新能力。

3.应用型本科人才的素质要求

素质是指把从外在获得的知识、技能内化于人的身心，升华形成的稳定的品质与素养。高素质不仅可以使知识和能力更好地发挥作用，还可以促进知识和能力的进一步扩展和增强。素质是一个综合性概念：既包括思想道德素质和文化素质，又包括专业素质；既包括身体素质，又包括心理素质。应用型本科人才应养成以下素质：

(1)基本素质。基本素质是指具有良好的公民道德，具有合格的思想政治素养，具有良好的身心素质，具有基本的人文、科学素养。

(2)职业素质。职业素质是指具有高度的职业责任心、严谨的工作作风和踏实的工作态度，以及一丝不苟地完成本职工作的意识和能力；具有强烈的进取精神、认真刻苦钻研业务的素质；具有团队精神、善于合作和协同工作的素质。下图初步勾勒一下作为应用型本科播音主持专业本科人才培养规格(图 7-2)。

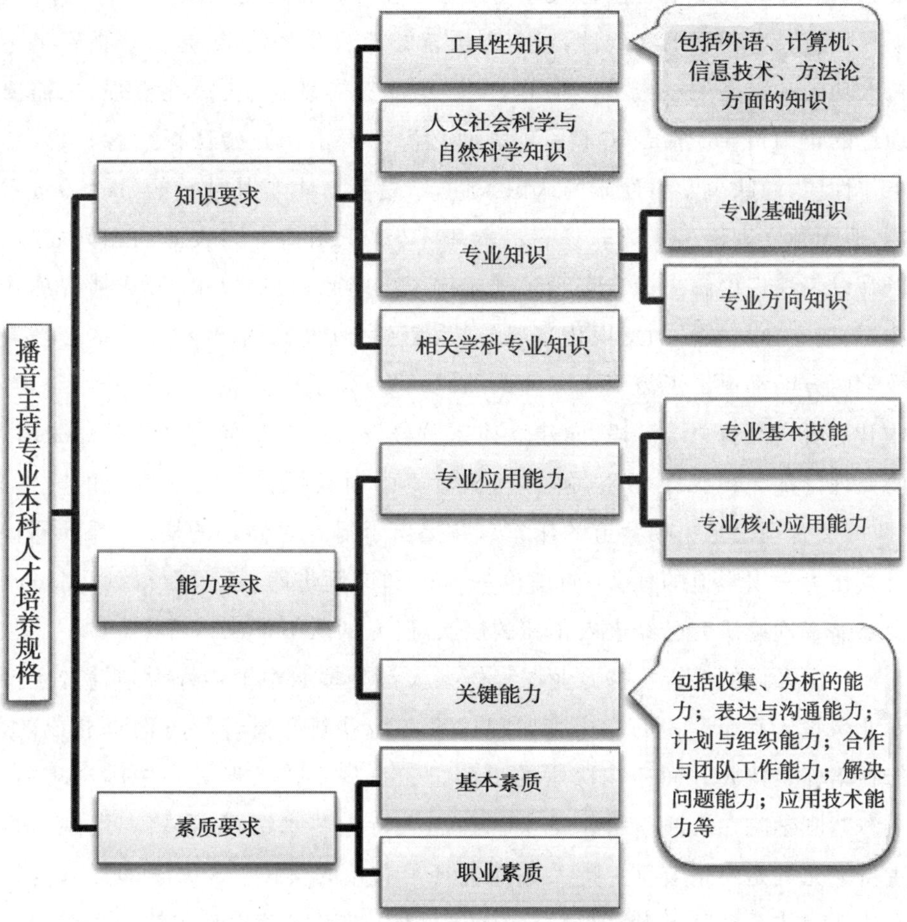

图 7-2　播音主持专业本科人才培养规格

(二)课程体系——表演课程新建构

1.对表演课程体系中"台词"的新解读

课程体系应以能力均衡培养为基准。应本着科学评估、正向推动和可持续发展的思路对课程体系进行科学合理的优化。同时,学校应适当扩展课程空间,为学生提供更多选择。课程体系优化是一个循序渐进的过程,需要科学严谨的态度和稳定准确的控制。不能一味地求全求快,以免对整个教学体系产生剧烈的冲击和干扰,只有遵循均衡性与选择性并重的模式,才能为新媒体环境下播音主持人才培养建立良性的课程发展体系。

播音具有很强的实践性,对有声语言的驾驭及其效果,是考查播音员主持人功力和水平的试金石。但是,实践不能脱离理论,实践性再强,也需要理论的正确指导。播音艺术家夏青回忆说:"由于一开始认识播音,只限于工作性质,尚缺少学科性质的认识条件,于是就产生了某种偏颇,即'播音重要,但无独立理论';从苏联播音经验中,又认识到播音同表演的相同之处,以为以表演理论解决播音实践问题就行了。因此,长期以来,形成播音理论体系、建立独立学科的意识相当淡漠。"①直到广播电视播音和学校播音教育教学两方面都提出了需要研究理论的问题之后,播音理论研究才开始起步,才开始脱离经验总结阶段,向建立体系阶段发展。但从播音队伍整体来看,研究理论却显得无足轻重,鲜有问津者。张颂教授曾经发出急切的呼声,"研究播音理论是一项紧迫的任务",并提出了播音学体系的构想,呼吁同行将其作为一项紧迫的任务,向理论的深度和广度进军,不久便得到了认同。现在播音理论研究已经进入了新的层次,研究的队伍正在不断壮大。

全国开设的播音主持专业课程体系大都是按照中国传媒大学播音主持专业课程体系而设置的。这套课程体系在培养新闻播音员方面卓有成效,但在培养主持人方面还在探索的道路上。自从主持人形式在中国出现后,上海戏剧学院在表演学科基础上构建起主持人艺术课程,在培养电视节目主持人尤其是娱乐节目主持人方面进行了有益的尝试。S大学的播音主持专业课程体系借鉴了上海戏剧学院的主持人课程体系。但在教学实践中发现,这套体系重视对主持人思维、形态等方面的训练,对普通话语音的标准度、新闻播音的训练重视不够,学生的语言基本功培养受到影响。综合这两种课程体系的优缺点,笔者认为,表演学中的"声""台""形""表",前三类课程是为"表"服务的,即为演员在话剧或影视剧中的最终表演服务。借鉴表演课程体系后的播音主持课程体系,"声""形""表"是为"台"服务的。不过,播音主持课程体系中的"台"指的是广播电台、电视台,指话筒前的有声语言

① 张颂.播音主持艺术论[M].北京:中国传媒大学出版社,2009:147.

创作，不同于表演课程体系中的"台"，指的是话剧或影视的台词（图 7-3、图 7-4）。

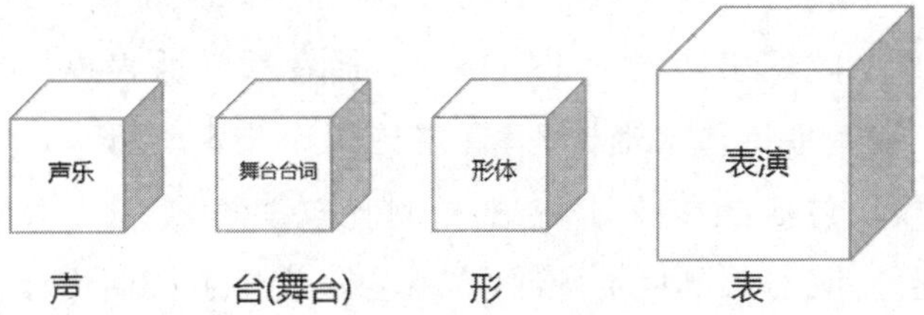

图 7-3 表演专业课程体系

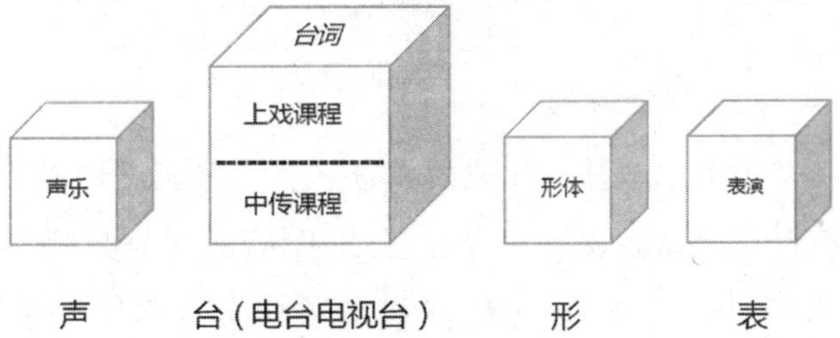

图 7-4 播音主持专业课程体系

2.中传和上戏专业核心课程新融合

那么台词表达和播音主持语言表达有何区别呢？张颂教授认为，话筒前、镜头前不同于舞台上，播音主持用声不同于美声唱法，无须腹式呼吸，无须头腔共鸣。播音主持的气息，要使用胸腹联合式呼吸法，声音要走中部通道，共鸣以口腔为主，兼用鼻腔和胸腔。在讲究情声气结合的过程中，应该"气托声、声传情""声随气转，气随情动"。在话筒前、镜头前，切忌高音大嗓，切忌声嘶力竭，不用极限声区，而用自如声区。其实，这样更需要扎实的语言功力，更需要熟稔的表达技巧。没有麦克风的那些年代，话剧表演艺术家们的台词功夫能够让最后一排观众听清每一个字。老舍说过：话剧，决不能用"话"去"锯"观众的耳朵！①

正是有了以上这些新的认识和新的解读，笔者认为借鉴表演体系的播

① 高祥荣.播音主持语言表达艺术[M].上海：上海百家出版社，2009：序 3-4.

音主持课程体系中的“台”，特指符合播音主持创作特点的“语言表达”核心课程。

这一核心课程包括两大课程模块，即中国传媒大学的播音教学课程模块和上海戏剧学院的主持教学课程模块。播音教学课程模块包括：播音主持发声艺术、播音主持艺术理论、播音主持创作艺术、口语传播艺术等。主持教学课程模块包括：主持艺术概论、节目比较读解、自选节目评析、演播言语组织、演播空间处理、节目主持创作（综艺）、节目主持创作（访谈）、节目编辑制作等。

（三）课程实施——突出实训和实践

1.以“在做中学”理念为先导

“在做中学”是美国教育家杜威的教育名言。我国外国教育史学科的奠基者滕大春教授在总结杜威的教学论思想时认为：“‘在做中学’，是杜威从哲学的认识论作出的推论，也是他从教育实践中得出的结论。”[①]“在做中学”，可以说是杜威《民主主义与教育》一书的核心理念，也是杜威的实用主义哲学和教育理论的核心内容。

“在做中学”，也就是在“经验”中学习。那么，什么是经验呢？杜威认为：“经验包含一个主动的因素和一个被动的因素，这两个因素以特有形式结合着。只有注意到这一点，才能了解经验的性质。在主动的方面，经验就是尝试这个意义，用实验这个术语来表达就清楚了；在被动的方面，经验就是承受结果。”[②]杜威说，我们对事物有所作为，然后它反过来对我们有所影响，这就是一种特殊的结合。经验的这两个方面的联结，可以测定经验的效果和价值。单纯的活动并不构成经验，这样的活动只是分散的、消耗性的活动。作为尝试的经验包含变化，但是，除非变化是有意识地和变化所产生的一系列结果联系起来，否则它不过是无意义的转变。当行动所造成的变化反过来对我们自身造成改变时，这样的变化就具有意义。一个孩子仅仅把手指伸进火焰，这不是经验；当这个行动和他遭受的疼痛联系起来的时候，

① 杜威.民主主义与教育[M].王承绪，译.北京：人民教育出版社，2008：23.

② 杜威.民主主义与教育[M].王承绪，译.北京：人民教育出版社，2008：153.

才是经验。从此以后，他知道手指伸进火焰意味着灼伤。一个人被灼伤，如果没有觉察到是另一行动的结果，就只是物质的变化，像一根木头燃烧一样。思维便是准确地、审慎地把所做的事和它的结果联结起来。

杜威同时认为，教育的过程是一个连续不断的生长过程，在生长的每个阶段，都以生长的能力为目的。首先，在“经验”中学习，在实践操作中学习，让学生参与到对知识的发现和探究的过程中去，在“做”的过程中学习和掌握知识。使人们乐于从生活本身学习，这是一种境界，也是学校教育最好的产物。教师所要做的事，是使每一个学生有机会在有意义的活动中使用他自己的力量。如果我们把一个所谓的统一的方法强加给每一个人，那么除了最杰出的人以外，其他人都要成为碌碌庸才。

播音与主持艺术专业是实践性很强的专业，学校的实训和媒体的实践对播音主持人才培养尤为重要。

2.“拟制片人制”教学模式的借鉴

“模式”一词是英文 model 的汉译名词，model 还可译为“模型”“范式”“典型”等，一般指研究对象在理论上的逻辑框架，是经验与理论之间的一种可操作性的知识系统，也是再现现实的一种理论性的简化结构。最先将模式一词引入教学领域并加以系统研究的人，是美国的乔伊斯（B.Joyce）和韦尔（M.Weil）。乔伊斯和韦尔在《教学模式》一书中认为：“教学模式是构成课程和作业、选择教材、提示教师活动的一种范式或计划。”实际教学模式并不是一种计划，因为计划往往显得太具体，太具操作性，从而失去了理论色彩。将“模式”一词引入教学理论中，是想以此来说明在一定的教学思想或教学理论指导下建立起来的各种类型的教学活动的基本结构或框架，表现教学过程的程序性的策略体系。①

教学模式是在一定的教学思想或教学理论指导下建立起来的较为稳定的教学活动结构框架和活动程序。结构框架突出了教学模式从宏观上把握教学活动整体及内部各要素之间的关系和功能；活动程序则突出了教学模式的有序性和可操作性。

---

① 李凌，黄林非.高职院校主持与播音专业人才培养模式研究与实践[M].长沙：湖南科学技术出版社，2013：30.

杜威提出了"以儿童为中心"的、以"在做中学"为基础的实用主义教学模式。这一模式的基本程序是"创设情境—确定问题—占有资料—提出假设—检验假设"。这种教学模式改变了以往教学模式单一化的倾向,弥补了赫尔巴特教学模式的不足,强调学生的主体作用,开辟了现代教学模式的新道路。

20 世纪 50 年代以来,随着科学技术的发展,教育面临着新的科技革命带来的挑战,促进人们利用新的理论和技术去研究学校教育和教学问题。现代心理学和思维科学对人脑活动机制的揭示,发生认识论对个体认识过程的概括,认知心理学对人脑接受和选择信息活动的研究,特别是系统论、控制论、信息加工理论等的产生,对教学实践产生了深刻的影响,也给教学模式提出了许多课题。因此,这一阶段在教育领域出现了许多教学思想和理论,也产生了许多教学模式。

S 大学播音与主持艺术专业在长期的教学实践中,借鉴湖南大众传媒学院播音与主持艺术专业的经验和做法,在明确媒体一线对于播音员主持人的用人机制及能力要求的基础上,拟将广播电视行业以制片人为中心的节目制作及管理的"制片人制"引入课堂教学。该模式可使播音主持专业核心课程实现培养目标市场化,使该专业的课堂教学真正实现"教、学、做一体化"。制片人制是影视产品生产的组织形式,制片人是影视生产关系的枢纽。赵玉明、王福顺主编的《广播电视词典》对"制片人"是这样定义的:"电视节目制片人——电视节目制作集体中的总责任者。负责拟定选题与拍摄计划,组织导演、编剧、摄影、录像、录音、演员等摄制人员,协调各方人员有效率地工作,指导监督制片工艺处理等。"制片人通过团队组建、流程管理、品牌管理,确定职业规范、岗位标准、工作规程、资源分配原则和方法等,促进广播电视生产的栏目化、专业化、品牌化发展。在电视节目的制作过程中,制片人全面统筹和协调所有工作,包括节目题材的选择、确定,摄制计划的制订,选择编剧(撰稿)、导演、摄像、录音、美工、灯光、剧务等技术人员以及表演性节目中的演员等。此外,制片人的职责还包括对电视节目内容及处理方法的决定和制作监督,以及节目完成后的播出和销售安排等。可以说,电视制片人制的实行是我国电视节目运作机制的一项重大改革。这种机制调动了电视工作者的积极性、创造性,使电视台的人、财、物等资源在一定程度实现了合理配置，取得了原有的管理模式难以实现的社会效益和经济效益。

将广播电视行业的制片人制引入专业的实践教学，构建了一套“学岗直通”的新型教学模式——“拟制片人制”教学模式。“拟制片人制”教学模式，就是根据对播音员主持人的培养目标和规格，依照教育教学“三大要素（教师、学生、情境）”之间的关系和播音主持专业教学特点，在教学中仿照广播电视行业制片人制的管理机制而形成的教学行为范式。其内涵是师生身份员工化，教学内容节目化，教学组织岗位化，教学评价过程化，教学手段角色化，教学环境职场化（图 7-5）。

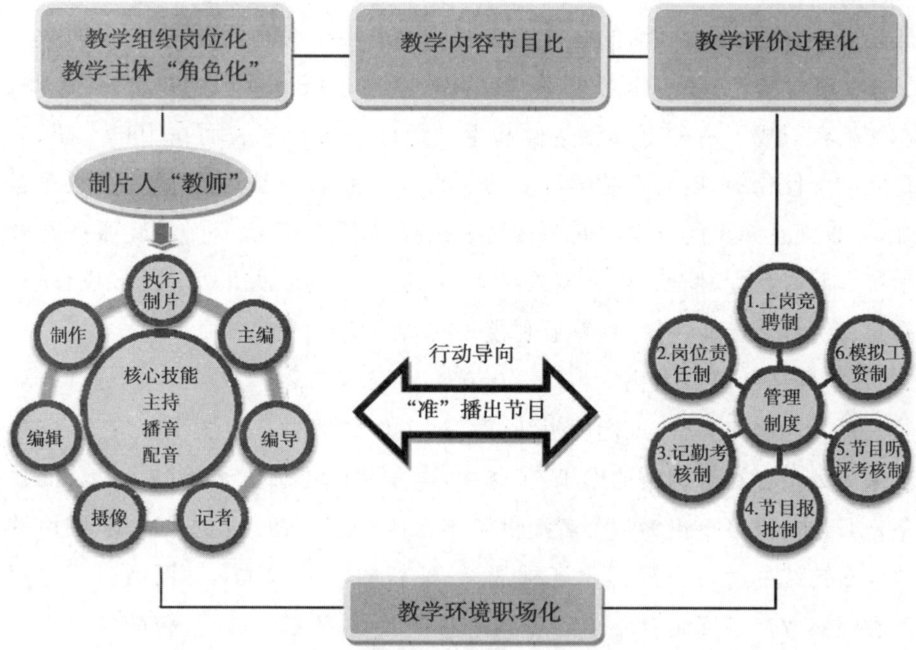

图 7-5　“拟制片人”制教学模式示意图①

---

① 根据李凌、黄林非所著《高职院校主持与播音专业人才培养模式研究与实践》（湖南科技出版社，2013：36）改编绘制。

3.新媒体教学手段的运用

(1)知识学习的生活化

过去,应试教育的强势地位使得在线教育始终难以渗透到中国教育的核心区域,在线教育一直被视为应试教育的补充。在线教育占据的是学生的业余时间,这使得这一产业一直处于主流教育的边缘位置。但随着互联网的发展,在线教育逐渐形成一套具备互联网思维的独立教育思路。如果说过去的在线教育仍然在模仿线下教育的统一规范性和标准化模式,那么近来的在线教育以可移动设备为载体,实现了知识学习的生活化。①

所谓学习的生活化,就是在生活中学习,在用户产生学习主动性的任何时间点都能够便捷学习。这种学习不再是一种被排除在生活时间之外的额外学习,而成为日常生活的有机组成部分。在互联网时代,用户共享的除了具体的教学资源,还有学习框架、数据库、个性化服务甚至用户交流,由此,在线教育形成了一种更具创造性和生动性的教学模式。而在用户一端,又是完全个性化的,以自身的学习主动性为直接推动。因此,新的在线教育思维,一方面是知识的日常时间覆盖面大幅提高,另一方面是个性化服务与教学资料两者高度融合。这使得在线教育成为一个更加独立于线下教育,具有自身优势和产业逻辑、独特盈利模式的新领域。

(2)网络学习自主化

进入网络化时代,人们的生活、学习、工作的情景都发生了相应变化,生活中无处不存在着网络的影子:工作中,电子化的办公大大提高了办公的效率;学习中,网络不仅为学习者提供了丰富的学习资源,更重要的是,网络的普及对传统的学习方式提出了挑战,一种新的学习方式——网络自主学习正在悄然兴起。网络自主学习作为一种新型学习方式,跟传统的学习方式相比有很多质的不同。尽管存在诸多问题,但是随着全国各大高校校园网络的进一步普及,网络自主学习已经成为大学生们主要的辅助学习方式。

自主学习,又称个别化学习、选择性学习,是一种以人本主义心理学为基础的现代学习理论。其主要内容是指个体自觉确定学习目标,制订学习

① 马化腾.互联网+国家战略行动路线图[M].北京:中信出版集团,2015:367.

计划，选择学习方法，调控学习过程，评价学习结果的过程或能力。[①] 自主学习可以说是一个新问题，但也可以说是一个古老的问题。因为对于“自主学习”这一问题的研究，最早可追溯至古希腊苏格拉底。他提出教师的角色应该是一名“助产士”，强调学生自己学习的积极性、主动性；教师应当引导学生去主动学习而不是单纯地把知识传授给学生。瑞士心理学家皮亚杰（Piaget）提出了系统的自主学习的思想。在其影响下，美国心理学家布鲁纳（J. S.Bruner）提出了认知结构学习理论。布鲁纳作为美国哈佛大学教授，曾主持该校的认知研究中心，专门研究认知学习。他认为人类学习的现象不能以在实验室中研究动物的学习现象来推论，而必须亲临学习第一现场进行观察和研究，只有这样才能了解学生学习的真实情况。他强调学生的学习是主动探索的过程，是从事物和现象的变化中去发现原理，从而构成学习的主要条件，他由此创立了发现学习论（discovery learning theory）的研究方法。此外，认知心理学流派中影响较大的还有信息加工理论的自主学习思想，该理论用信息加工的控制论来解释自主学习，把学习中的自主视作元认知，认为应该重点研究元认知知识、元认知监控在学习中的作用，并主张通过学习策略教学促进学生的自主学习。[②] 后来，美国人本主义心理学家罗杰斯提出了“以学生为中心”的人本主义学习思想。人本主义学习思想建立在人本主义心理学的基础之上，强调教学的目标在于促进学生的学习。因此学生的学习并不是教师严格地强迫学生无助地、顺从地学习枯燥乏味、琐碎呆板的教材，而是在好奇心的驱使下去吸收任何他自觉有趣和需要的知识。也就是说，教师是学习的促进者，而不是权威者，教师应为学生提供更多的指导机会。随着我国网络技术的不断发展以及普及程度的不断提高，现在网络学习已经深入各个领域的学习中。

（3）教学手段的现代化

移动互联网时代，教学方式向“个性化、互动化、社群化、数据化”变革，互联网改变了教师的传统观念，对教师的教学技术提出了新的要求。

上海师范大学黎加厚教授认为，这些变化带来了互联网时代教学方式

① 庞维国.从自主学习的心理机制看自主学习能力培养的着力点[J].全球教育展望，2002(5)：28.

② 庞维国.自主学习：学与教的原理和策略[M].上海：华东师范大学出版社，2003：25-26.

的变革。对于这个方式变革国外是怎么应对的？国际上通行的做法是：鼓励学生和家长自带设备（Bring Your Own Device ，BYOD），如笔记本电脑、平板电脑、智能手机或其他移动设备，在课堂上与校园网连接进行学习。值得强调的是，BYOD 不仅仅是让家长为孩子准备学习终端，其核心理念是保证每一个学生能够使用自己的设备进入“互联网＋教育”的个性化学习，体现了教育的公平、个性、均衡。为什么目前中国大多数中小学禁止学生带手机、电脑等设备到学校，尤其不能带进课堂？主要原因还在于我们的教育理念、教学方式、管理模式等与信息技术的飞速发展之间存在矛盾。我们的教师没有准备好，教育管理部门没有准备好，社会和家长也没有准备好。其中，最关键的是教师没有准备好，还不能够适应在“互联网＋”的时代教书育人。但是，在新的时代面前，教师要做好准备。概括起来，就是掌握“从老三篇到新三篇”的教学技能：老三篇是指 20 世纪师范院校培养师范生的“普通话、粉笔字、简笔画”；新三篇是指在移动互联时代，教师要为学生自带设备进课堂做好“二维码、App、微课”的准备。现在的一线教师要想组织好学生 BYOD 的课堂，二维码、App、微课，你会做吗？你会组织管理 BYOD 的课堂教学吗？不会，你就只好“禁止学生自带设备”了。①

在新的教育技术中，慕课、微课非常火热。除此之外，“手机＋二维码”在教学中的运用对于学生学习也非常便利。黎加厚教授介绍，目前二维码生成工具常用的有几种：第一种是火狐浏览器，第二种是草料二维码，第三种是问卷星，第四种是码书。上课的时候教师怎么把网上的资料传到学生手机上变成二维码？老师和学生先在电脑上安装火狐浏览器，它的地址栏有一个二维码图标。点击一下就可以把网上的文件、拓展阅读、国外的教学资料等转成二维码传到学生的手机。“码书”是教师的创造，现在教学的各个元素都可以做成二维码，上课时学生一扫二维码，就可以在手机上阅读相关信息，如教材、视频、文章、考试以及辅导测评等。黎加厚教授将“码书”定义为：“码书是指将二维码与课程教材相结合，用户可以通过手机体验多媒体视频、音乐、互动交流、及时评价、远程连接、众筹智慧等内容的新型学习

---

① 黎加厚：移动互联网时代，教师需要掌握哪些新能力？［EB/OL］.教师博雅——声音［2016-6-12］http://mp.weixin.qq.com/s? _biz=MzAwMDAzMTI1Nw==&mid=2654130279&idx=1&sn=214e7e49 e3a851fefa5fe0bc8a8b8987&mpshare=1&scene=1&srcid=0612CUuAwQI2pU5e0fQUDt28#rd。

方式。”二维码把多媒体和手机联系在一起给我们教育教学很多启发，它是人类信息传播历史上的又一次飞跃。

S大学播音与主持艺术专业在教学中也使用二维码技术，师生共同维护播音主持语言表达微信公众号“播音人”，把贯口、寓言（表7-3），诗歌、散文（表7-4）等各类文体形式，上传到公众号中，图文并茂，有声有色。学生通过手机搜索微信公众号“播音人”或者扫一扫二维码，就能看到、听到示范篇目的朗诵演播，而且可以不断反复学习，师生之间、学生之间也可以留言互动交流。在生动、个性化的学习中，学生掌握了播音主持语言表达的内部技巧（准备稿件、情景再现、内在语、对象感）和外部技巧（停连、重音、语气、节奏），延伸了课堂学习空间，优化了学习效果。

表7-3　播音主持语言表达·贯口、寓言

标题	内容示例	二维码
贯口　报菜名	蒸羊羔、蒸熊掌、蒸鹿尾儿、烧花鸭、烧子鹅、卤猪、卤鸭、酱鸡、腊肉、松花、小肚儿、晾肉、香肠儿、什锦酥盘儿、熏鸡、白肚儿、清蒸八宝猪、江米酿鸭子、罐焖鸡、罐焖鸭、山鸡、兔脯儿、菜蟒、银鱼、清蒸哈什蚂、烩鸭丝、烩鸭腰、烩鸭条、清拌鸭丝、焖黄鳝、焖白鳝、豆豉鲇鱼、锅烧鲤鱼、清蒸甲鱼、抓炒鲤鱼……	
贯口　报书目	学戏剧，搞文艺，要多读书，勤学习。中外名著，不可不读，成千上万的书目，丰盈无数，列举一些供您选读。暴风雨，茶花女，包身工，华盖集，十日谈，洪波曲，红与黑，双城记，女神，月牙儿，三国演义，春寒，伤逝，狂人日记，战争风云，彼得大帝，啼笑因缘，暴风骤雨，封神演义……	
寓言　猴吃西瓜	猴王找到个大西瓜。可是怎么吃呢？这个猴啊是从来也没吃过西瓜。忽然它想出一条妙计，于是就把所有的猴都召集来了，对大家说：“今天我找到一个大西瓜，这个西瓜的吃法嘛，我是完全知道的，不过我要考验一下你们的智慧，看你们谁能说出西瓜的吃法，要是说对了，我可以多赏它一份，要是说错了，我可要惩罚它！”……	
寓言　谦虚过度	水牛爷爷是森林世界公认的谦虚人，很受大家尊重。小白兔夸它：“水牛爷爷劲最大了！”“唉，过奖了，犀牛、野牛劲儿都比我大。”小山羊夸它：“水牛爷爷贡献最多了！”它就说：“哎，不能这样讲了，奶牛吃下的是草，挤出来的是奶，它的贡献比我多。”……	

表 7-4 播音主持语言表达·诗歌、散文

标题	内容示例	二维码
诗歌 雨巷	撑着油纸伞，独自 彷徨在悠长，悠长 又寂寥的雨巷， 我希望逢着 一个丁香一样地 结着愁怨的姑娘。 她是有 丁香一样的颜色……	
诗歌 致橡树	我如果爱你—— 绝不像攀援的凌霄花， 借你的高枝炫耀自己； 我如果爱你—— 绝不学痴情的鸟儿， 为绿荫重复单调的歌曲； 也不止像泉源， 常年送来清凉的慰藉……	
散文 海燕	在苍茫的大海上，风聚集着乌云。在乌云和大海之间，海燕像黑色的闪电，在高傲地飞翔。 一会儿翅膀碰着波浪，一会儿箭一般地直冲云霄，它叫喊着，——在这鸟儿勇敢的叫喊声里，乌云听到了欢乐。在这叫喊声里——充满着对暴风雨的渴望！在这叫喊声里，乌云感到了愤怒的力量，热情的火焰和胜利的信心……	
散文 匆匆	燕子去了，有再来的时候；杨柳枯了，有再青的时候；桃花谢了，有再开的时候。但是，聪明的，你告诉我，我们的日子为什么一去不复返呢？——是有人偷了他们罢：那是谁？又藏在何处呢？是他们自己逃走了罢：现在又到了哪里呢？……	

网络自主学习成为播音主持专业学生又一重要的学习方式。播音主持专业相关学习网站有很多，比如：中国播音主持网、播音主持社区网、中国播音主持门户、中国广播网、中国口才网等；网络电台有蜻蜓 FM、荔枝、喜马拉雅、阿基米德 FM 等；还有朗诵吧、为你读诗、配音秀等 App。互联网对于播音主持专业的学生来说，既是获取网络资源的土壤，又是展示自我的舞台。

(四)课程评价——方式走向多元化

播音主持专业课程评价是一般评价活动规律在该专业领域的具体表

现。那么，作为一个价值判断活动，“课程评价的功能具有多样性，诸如需要评估、课程诊断与修订、课程比较与选择、对目标达成程度的了解、对成效的判断，等等”①。课程评价的主要作用是“反馈”，其重要功能在于“促进”课程体系的完善，使播音主持专业学生全面而又有个性地健康均衡发展。

课程评价注重对教学过程及结果的价值判断，科学的评价机制可以为课程教学决策服务，引导教学活动朝着更科学的方向发展。播音与主持艺术专业侧重有声语言表达能力的培养，其评价体系的基础是对口语表达能力的评价制度。根据新媒体节目形式多样化的特点，播音员主持人的语言风格和个性特征更为凸显，语言表达样态更为丰富，

此外，新媒体信息传播的高效性和全息性，使得播音员主持人要拥有更强的适应能力和丰富的知识储备。这就需要对传统的播音主持专业评价标准进行调整，使之适应新媒体时代播音主持业态的变化。

原有课程评价模式一般包括对教学过程中的教师、学生、教学内容、教学方法与手段、教学环境、教学管理等的评价。传统播音主持专业课程评价，从教师层面看，主要围绕课程教学目标实现的情况，教师对教学环节的设计与控制能力，教学手段与方法的应用情况，教学效果和实验实训质量等方面进行综合性评价；而从学生层面看，主要针对学生知识的掌握情况、教学环节的参与度、实验实训成果这几个方面展开评价。

新媒体要求评价模式更加多元化或多维化。新媒体的包容性打破了媒介壁垒，使得节目可以通过多种媒体进行传播与共享。② 播音员主持人需要迅速适应不同的节目类型、传播形式、传播媒介，因此评价指标也需要进行相应的调整，逐渐向多维化过渡。

新媒体时代课程评价应由被动评价向主动评价转变。这一转变可以更好地赢得主动权，是对课程评价体系的改善和补充。在课程评价中应注意

① 李雁冰.课程评价论[M].上海：上海教育出版社，2002：139.

② MASH CAST. Real－Time Internet Innovator New Media Broadcasting Company Launches MashCast，the Online Platform Redefining Collaboration，Communication，Distribution and Ommerc[DB/OL].(2009－08－28).http://www.prnewswire.congnews－ releases/real－time－internet－innovator－new－media－broadcasting－company－launches－mashcastr－the－online－platform－redefining－ collaboration－communication－distribution－and－commerce－67016467.html.

以下几点：一是对课程与新媒体发展的规律进行对比分析，思考新媒体路径下课程的评价规律；二是分析新媒体对行业人才培养要求与现行培养要求的差异，并适时进行调整；三是通过分析，促进课程案例与新媒体的融合；四是建立新媒体与课程双向反馈通道，扩大课程传播范围，提升课程影响力。

新媒体以包容的姿态，展现了播音员主持人的个性特点和风格，这也为其发展提供了更为广阔自由的空间。从课程评价标准来看，已有的对学生外形条件、声音条件、表达能力的传统评价模式已经不能满足媒体发展的要求，新的人才评价标准应形成一个包括声音特质、屏幕形象、话语风格、副语言运用等评价要素的更加灵活和立体的评价空间，并在此基础上，进一步完善对分众化传播方式的评价方法，以适应新媒体多样化的发展趋势。

第八章
路径博采众长：播音主持专业人才培养借鉴

第一节　中外播音员主持人选拔途径比较

一、美国播音员主持人培养选拔

播音员主持人往往是与某一类或某一档节目联系在一起的。英文中的“节目”(program)一词有“程序”和“安排”的含义，有时指编排成套的节目系列，有时指单个的节目产品。

广播电视节目具有多元性，世界上没有统一的广播电视节目分类标准，只有一些约定俗成的分类方法。根据传播节目的动机，可以分为公益性文化服务节目与营利性商业经营节目两大类。根据所采用的媒介，可以分为音频广播节目、电视广播节目、卫星广播节目和有线电视节目等。根据节目播出的方式，可以分为直播的节目和录播(制作)的节目。对于最常见的广播电视节目而言，人们首先注意到的是它的各种具体形式：新闻报道、广播剧、电视剧、电影、综艺节目等。这些形式比较固定，具有明显的种类特征。广播电视节目具有综合性的特点。传统上，戏剧娱乐节目和新闻信息节目是综合性电子传媒的重点节目。①

① 郭镇之.中外广播电视史[M].上海：复旦大学出版社，2005：93-94.

在美国,电视节目主持人主要分为两类:一类主持人被称为"Anchor",是以爱德华·默罗为代表的记者出身的新闻主持人。默罗不仅因为二战时在伦敦大轰炸中的现场报道而成为战时英雄,而且因为敢于面对面地与麦卡锡辩论及在感恩节时深入揭露外籍劳工在美国农场中的非人待遇等成为美国正义的象征。另一类主持人被称为"Host",主持歌舞、说笑等娱乐性节目。他们几乎全是喜剧演员出身。一些好莱坞、百老汇明星也时常在这些节目中客串。20 世纪 50 年代末,游戏、智力竞赛类节目兴盛一时,主持人以公正的形象出现,他们多是拥有良好的社会形象和一定知识修养的中年演员。60 年代,谈话节目出现,具有亲和力的新闻记者、谈吐幽默的演员成为这类节目的明星。70 年代以后,电视节目已多如牛毛,主持人在节目中发挥的作用不一。一些王牌节目,如《六十分钟》《二十、二十》等依然由资深记者主持,但他们往往只负责重头新闻报道,如总统竞选。其他外景报道一般由年轻记者负责,串联词也往往由编辑写好送到手上。电视上大量的新闻快讯则由相貌出众的"年轻"播音员承担。这些"年轻"的播音员年龄至少要超过三十岁。名人专访类节目,突出主持人的明星效应。他们面对政界艺坛的风云人物,不卑不亢,甚至针锋相对,专门提出富有挑战性的问题。他们的文稿虽然是由创作集体拟定的,但因为是现场采访,不容迟疑,这些主持人的思辨能力及语言功底都不同凡响。至于娱乐节目,如脱口秀一类,则一般由电视台向私人制作公司购买。这些节目的主持人水平参差不齐,很多人根本离不开现场提问器的帮助。可以说,美国并不存在严格定义上的"主持人"职业,电视节目主持人的职业背景五花八门。

美国的大学有没有播音主持专业?美国是如何培养播音员主持人的?中国传媒大学徐树华教授研究认为,美国的播音教育和研究大概起源于 20 世纪 30 年代初,大致可以分为三个时期:准备和萌芽时期,形成、确立和巩固时期,发展和完善时期。

以下我们依据徐树华教授的研究对美国播音教育大致进行回顾:

1930 年,Sutton 发表了《电台播音员的选拔和培养》,这是目前所能查到最早的专门谈播音员的文章。如果从 Sutton 算起,美国的播音教育和研究应该有近 90 年历史了。公共演讲(Public Speaking)的教学和研究在美国有着很长的历史,直到今天也是很多大学的公共必修课。20 世纪 20 年代末,广播演讲（Radio Speaking）开始引起学界的注意。1929 年，南加利福尼亚大学有硕士论文讨论了声音类型与广播获得成功的关系。1930 年，*The Quarterly Journal of Speech* 第一次刊登了关于广播的论文，探讨了广播演讲的一些规律，美国口语教师协会也开始讨论“演讲和广播”的问题。1937 年，普林斯顿大学建立了广播研究室，俄亥俄州立大学也设立了相关的研究项目。当时口语系师生感兴趣的广播课题一般和口语表达相关。Ewbank（1932）研究了广播中正式演讲、非正式谈话以及在一定引导下的谈话的效果差别。Lumley（1933）采用实验和统计法仔细研究了广播说话的速度。Hardy（1938）分析了广播口语和方言的关系，认为广播促进了美国英语形成某种共同的标准。Townsend（1940，1944）通过对比广播、舞台和讲坛的不同，分析和探讨广播说话者以及听众的心理特点，并认识到广播演讲受广告等因素影响具有一定的娱乐性。Ewbank（1940）总结了当时广播演讲的研究倾向，并指出广播除了发挥娱乐功能之外还记录了历史，提升了口语的价值和地位。这些探讨为专门的播音教学和研究起了良好的铺垫作用。20 世纪 30 年代，美国广播选拔播音员很注重对其语言能力的考查，一般是从 15—20 个候选人里面选一个。Bellows（1931）认为播音员的语言应该准确、有教养而又不失个性。他还特别提到，要提高广播的影响力就要把播音提到足够高的专业地位。1938 年，*The Quarterly Journal of Speech* 上第一次发表了 Stahl 专门谈播音的文章《播音这个职业》。文章认为：“一个成功的播音员的首要条件是拥有让人认可的动听且优质的嗓音；其次，也是更重要的是他知道怎么运用它。”播音员要完成工作，“就要培养两样给他带来无尽好处的工具：一个是嗓音，另一个是作为后盾的大脑”。1929 年开始，美国学院奖（The American Academy）开始给播音员颁发优秀语音奖，用于褒奖“有文化的人的声音”为美国英语作出的贡献。这一奖项被认为：“把播音从一种职业提升到了一种艺术。”为了提高广播语言的质量，Morford（1946）呼吁：“我们需要一批由全国高教机构、公立高中以及大学为几百家电台培养的训练有素的播音员和演员。”①业界的发展和需求推动了播音工作的专业化，带动了播音教育和研究的发展。

---

① MORFORD. Why not Begin at the Beginning? [J]. Quarterly Journal of Speech, 1946(1): 56-61.

1940年前后，美国一些大学的口语系逐渐发展壮大，办学规模不断扩大。1933年有16所高等教育机构提供“广播演讲”以及“话筒技巧”的课程，1938年扩大到180家，1940年扩大到360家，1941年增加到522家。课程内容丰富且渐成体系，形成了14大类课程，一般设在工程系、新闻系、音乐系、英语系、艺术系以及口语系等下面。有59所大学提供广播演讲课程，37所大学开设广播新闻报道课程(Radio Newscasting)，49所大学开设广播播音课程。美国联邦广播教育委员会研制了广播本科教育的课程体系，包括：A.基础课程；B.节目表演的课程：表演、播音、制作、音乐；C.新闻；D.广播写作；E.作为公共服务的广播等。师资建设逐渐加强，教师需要：“(1)经过广播技巧的特殊训练；(2)提供具有足够的通识性文化背景的证明，证明自己认识到有巨大的责任把广播当作一种社会力量来教授，并把情感灌注给学生。”从早期口语学者们对广播的关注，到业界的专业化需求，再到专业教育的快速发展，包括播音在内的广播研究逐渐多起来。这些研究内容十分丰富，大部分把广播作为一种社会工具来研究，其次是把研究兴趣放在专业的播音员、节目制作人等身上，还有一小部分是把广播作为一种艺术媒介来研究。随着广播研究和教学的发展，对播音进行专门教育和研究氛围越来越浓，为一系列专门著作的诞生做好了准备。20世纪40年代，虽然播音员的社会影响力越来越大，但是其社会地位并没有被广泛承认。美国教育部还不认可播音是一个独立的专业，只能算“半专业工人”；一些电台出于人工成本的考虑，也不愿承认播音员是一个专职；演讲系的教学也大多认为播音是演讲和说话的综合，是辩论、讨论和演讲的“异姓兄弟”。Lyon(1948)就“广播播音是不是一个专业”的问题进行了分析，他考察了一个播音员的日常工作，论证了这些工作需要良好的教育背景，并指出广播的社会价值是通过播音员的工作来实现的：“听众听到的、接收到的大部分内容都来自播音员。播音员通过节目、连续广播、采访、制作、编辑和报道等表达别人以及自己的看法，播音员对听众有巨大的社会影响。”因此，他认为，“广播必须支持训练专业的播音员，播音员也必须发展自己以适应其工作以及作为一种社会力量的广播的要求”。Lyon提倡专门的播音教育：“演讲系和开设相关专业的大学必须认识到，广播播音员需要一种仔细规划的系统学术、文化和技能训练，这类需要务必要满足。有些学校和部分专业可能在做了，但不幸的是很不够，或者说播音不应该被划为一种半专业。”他认为播音教育应该是一个平衡的、组织完备的专门项目，就像撰稿、演员和记者一样。[①]

20 世纪 60 年代中期，包括播音在内的广播教育和研究对于其在口语系的学术身份越来越有危机感，口语协会还组织过“需要：广播课程的一个家”的专题讨论。由于历史原因，包括播音在内的广播课程大多数出生在口语系，但是 Grover(1966)认为，实际上口语系也不知道该如何对待广播。在口语系，广播是一个影响力有限的少数派。而与此同时，随着社会影响力与日俱增，作为一种社会控制的工具，广播引起了包括一些著名心理学家、政治学家以及社会学家的兴趣，如 Allport、Lasswell、Lazarsfeld 等。社会学的核心期刊 *Sociological Abstracts* 连续几年在“公共舆论”领域都刊发了大众传媒研究，比口语期刊分量要重很多。德国、西班牙、意大利、瑞典、芬兰等国家也有一些学者在进行类似的广播研究，如果美国的广播学者能参与这些国际学术互动，学术地位自然也就提高了。因此，Grover 认为广播不应该再设在口语系之下，当时新兴起的大众媒介研究似乎是一个机会，可以为广播提供一个新的栖身之地。这一时期，一些播音课程的开展和专著的出版标志着播音专门教育和研究的形成和确立。20 世纪 40 年代以及 60 年代的两次讨论又从不同的角度对其起到了进一步巩固的作用：前者呼唤播音研究的独立性，有利于内部体系的形成；后者则对如何拓展播音的学术空间进行了有益的思考。

20 世纪 60 年代后期开始，美国的播音研究逐渐成熟和完善。专门著作越来越多，目前查阅到有 30 本左右。品种越来越丰富，包括：播音基础理论与实践、播音发声、体育解说、音乐节目播音(DJ)、配音艺术(VO)等。研究内容不断丰富，体系也逐渐完备。从理论探讨到技能培养，再到直播间、演播室环境的利用，甚至入职辅导等，这些研究涉及播音理论和实践的方方面面。播音研究具有很强的实践性，从基本概念出发，从语言创作着眼，探讨播音语言创作的基本规律，再结合不同的媒介、节目语境来进行应用性研究是基本的研究思路。经过将近半个世纪的发展，美国这些基础性播音研究取得了丰硕的成果，也推动了广播电视播音实践和教育的发展。

---

① LYON. Is Radio Announcing a Profession? [J]. Quarterly Journal of Speech, 1946(3): 330-341.

从20世纪80年代开始，美国的播音研究中出现了一些新的发展趋向，十分值得关注。主要表现在：多学交叉，更加注重播音与节目、媒体以及社会的互动，注重结合世界的热点问题，注重吸收传播学的研究模式等，研究的课题也与当代传播学关注的政治传播、文化传播、性别与社会等问题有更多的结合。形成这种新趋向的原因是多方面的，其中之一是美国口语传播研究的转变，或者说是传播学的兴盛。美国的播音研究诞生在口语系，其发展也和口语传播研究的演变有着很强的关联性。19世纪末20世纪初，美国的很多大学都设有演讲课程，这一时期口语研究内容比较庞杂，包括演讲、辩论、戏剧、语言病理以及口语表达技能训练等。20世纪60年代前后，伊利诺大学与爱荷华大学培养的一批学者开始加入，带来一些新课题，如人际传播、组织传播、跨文化传播等，"演讲学系"逐渐转变为"口语传播系"。1970年，美国口语协会(Speech Association of America，1946—1969)更名为口语传播协会(Speech Communication Association，1970—1996)。20世纪90年代播音研究变化最大，社会学导向的人际传播、组织传播、修辞批判成为研究的主流，公共表达则逐渐减少。到20世纪末，更多的社会学者加入进来。1997年口语传播协会更名为美国传播协会(National Communication Association，NCA)，相应地，很多大学的口语传播系也改成传播系。如今，在学术层面，美国的口语传播研究已经超越了口语的限制，成为一门以传播为切入点的社会科学。

一般我们认为播音主持学科和专业是中国独有的，但国外的播音主持著作又引发了笔者对这一问题的疑惑。比如2007年复旦大学出版社出版的《美国播音技艺教程》(卡尔·豪斯曼等著，王毅敏、刘日宇译)和2014年清华大学出版社出版的《美国播音主持实用教程：媒体演播指南》(艾伦·R.斯蒂芬森等著，林小榆、陈一鸣译)。美国有播音主持这一学科和专业吗？笔者也将这一疑问"抛到"了"中国高校播音主持教师联盟"微信群。没想到，《美国播音主持实用教程：媒体演播指南》的主要翻译者、暨南大学林小榆老师也在此微信群中，于是我们开始了一段微信访谈(以下笔者简称"笔"，林小榆老师简称"林")：

笔：林老师好！看到您翻译的《美国播音主持实用教程：媒体演播指南》，我有些疑惑：美国有播音主持教材，那有播音主持专业吗？

林：我们在翻译的过程中也查找了一些背景资料，美国从20世纪50年代开始就出版此类教材了。美国被誉为主持人的发源地，虽然没有设立播音主持专业，但是早已开设相关课程了。

笔：那么播音主持这类课程，一般开设在美国哪一类大学的哪一类专业里？

林：大多开设在新闻、传播或者影视的专业里。这版教程是第三版，当我们翻译完成并出版这一版时，美国已经出第四版了，增加了网络媒体的内容。希望将来有机会翻译这一新版本。

笔：这本书对国内播音主持专业的研究真是很好的借鉴。目前国内引进的版本屈指可数，本书作为国内为数不多的播音主持类译著之一，对了解美国主持人的发展、教育及相关理论体系，都有着重要意义。本书的作者是什么职业背景？是什么契机促使你们翻译了本书？

林：本书的三位作者都是资深的媒体人，担任过主播、制片、媒体管理人等职务，具有丰富的工作经验。同时，他们还长期从事一线教学工作，将经验升华为理论，将教学与实践紧密结合。因此，本教材的特点非常突出，就是专业、系统、全面、实用。本书对广播、电视、新媒体等形式的播音主持进行了全面介绍，对各类节目形态演播技巧进行了详尽讲解。训练方案可操作性强，是一本具有指导性、针对性、实用性的播音主持演播教程。同时，本书附有大量案例、材料、插画，语言简洁易懂，整体风格生动明了。

本书是我们利用业余时间翻译的，历时两年，在此过程中得到了很多教师和朋友的帮助。我们两名译者均毕业于播音主持专业，现从事播音主持专业的教学工作。同时我们都有广播电视主持的工作经历，以及英语专业和海外留学的背景。我们作为译者在翻译时力求专业、准确、贴近中美两国教学的实际情况。

综上所述，笔者认为美国虽然没有播音主持专业，但美国很多大学在口语系、新闻系、广播影视系中都设有类似的课程，而公共演讲课在美国各大学作为公共课程或通识课程普遍设立。美国新闻主持人和娱乐主持人大都从新闻界记者和演艺界演员中选拔。中国广播电视主持人自20世纪80年代主持人节目产生开始，大多从播音员中进行选拔。

国内电视主持人的称呼当从赵忠祥在20世纪80年代初主持中学生智力竞赛开始，沈力女士成为第一个拥有固定栏目——《为您服务》的主持人。现在除新闻播音员外，几乎所有在电视节目中露脸的，以节目主人身份出现的面孔，都被冠以主持人的称号。虽然一大批电视节目主持人是播音员出身，但是国内电视主持人的评奖往往把新闻播音员排除在外。因为许多人认为他们虽然字正腔圆、音亮质纯且传达准确，但只是念稿而已。为此，不少播音员并不服气："大多数所谓的'主持人'不也是背稿吗？难道因为他们多加了些'那么''嗯呀'之类的小零碎儿，或故意把标准普通话说得有港台腔，就高人一等了？"这些抱怨是有道理的。仅仅把严谨的书面语言"翻译"成大白话，或把严肃的面孔换成一副笑脸，并不代表什么水平的差别；在主持过程中即兴来两句俏皮话，鼓励观众拍拍手之类，也与"艺术"大有差距。①

二、英国播音员主持人培养选拔

浙江传媒学院周悦娜对英国播音主持相关课程进行了研究：②

英国广播公司（British Broadcasting Corporation，简称 BBC）成立于1922年11月14日，是世界上第一家公共广播机构，至今依然是全球最大且最有实力的国际广播电视机构。在早期的英国，没有一个社会普遍认可的称谓来指代"广播电视节目主持人"，如BBC最早的三位主持人莱斯利·米切尔（Leslie Michell）、杰斯明·布莱（Jasmine Bligh ）和伊丽莎白·考埃尔（Elizebeth Cowell），在当时就被分别称为"Commentator"、"Announcer"和"Hostess"，而英国现在对"主持人"这一角色最广泛的称谓则是"Presenter"，即陈述者。但在英国院校的专业设置名录里，没有"Presenter"这一专业。

通过访问英国贝德福特大学（University of Betlford-shire）媒体学院院

① 杨澜.凭海临风[M].上海：上海文艺出版社，1996：72.

② 彭少建.中国卓越传媒人才培养的探索与实践[M].北京：中国传媒大学出版社，2015：48.

长阿列克斯·威敦(Alexis Weedon)教授，证实英国大部分开设传媒类课程的院校都没有“播音主持”及其相关专业，所谓的播音主持内容都包含在传媒专业中。它们有如下特点：第一，以课程的形式开设在新闻传播专业(Journalism and Communications)中，以贝德福特大学为例，课程名为“镜前表演”(Performing Before the Camera)。第二，以章节的方式涵盖在广播新闻课程(Broadcasting Journalism)中，以贝德福特大学为例，课程名为“语音和表达训练”(Voice and Presentation Training)。

在英国，虽然院校没有播音主持专业，但社会培训机构有类似的“兴趣班”，专业的电台、电视台也会面向社会不定期地开设培训班，人人都有入行的机会，这和我国将“普通话水平等级证书”和“播音员主持人资格证书”列为行业的敲门砖明显不同。据调查，英国对主持人的期望更多地侧重于实践经验和个人魅力。BBC官网于2013年3月发布的电视主持人招聘启事对“主持人资格”表述如下：“没有特定的入职资格要求，有传播学学位或从事过传媒研究经历可能会对今后的工作有所帮助。重要的是你的个性、工作热情和决心，更重要的是跟踪报道的能力。”对“主持人的一般要求”表述如下：“播音员和主持人要求语音清晰、音质迷人、自信、人缘好、反应敏捷、善于处理突发事件。知识结构上有某方面专长，表达流畅自然，能与观众建立良好关系并有较强团队合作精神者从优，同时要有强烈的表演意识，善于把握时间，有组织协调能力。这些都是必不可少的。”

中英除了对播音员主持人选拔途径不同外，还有以下两点不同：

第一，课程或培训内容设置不同。中国重播音业务，英国重传播能力。中国的播音主持专业虽然有传播学、新闻学概论、新闻采写等课程，但最基础的专业课仍是普通话语音发声、播音创作基础、语言表达艺术等。大课学习理论，小课分组训练。教师在学生的备稿、对稿件的理解、二度创作、播报时情绪掌控、语音收放等方面进行训练和纠正。在我国，播音主持专业学生给人视觉和听觉的识别度很高：形象好，声音条件好，播读有技巧，字正腔圆。英国则不然，在英国主持人的专业构成中排名第一的是新闻传播专业，主持人曾经从事的职业中排名第一的也是记者。以传媒专业著称的威斯敏斯特大学(University of Westminster)，广播电视媒体专业学生一般从最简单的广播采访和60秒电视新闻做起，一直到近半小时的广播电视纪录片，没有专门的语音发声课程，教师只在实践过程中给予类似国内的吐字发音指导，但比重不大。

第二，播音主持专业教育教学的行业需求明显不同。在中国，一提到播音员主持人，我们常常会联想到以下表述：俊男靓女、年轻、青春饭、年纪大了转幕后，等等。不是因为播音员主持人的这些特点不好，而是我们教育的终端需求——行业和受众的审美需求过分拔高了这些特质。不可否认，我们的教育教学和行业之间相互影响，行业需求是我们教育教学的指挥棒。具体地说，广电传媒需要年轻靓丽的主持人队伍，电台的招聘还曾一度"重外表轻声音"，为了保持高就业率，高等院校也就从生源上把关，在招生时专挑美女帅哥。如前所述，其中的无奈也不难理解。中国的电台、电视台节目主持人目前总体来说阅历不足、缺乏经验。而在英国，一毕业就直接从事主持人工作的人员极少，一般都要有若干年的记者经历，甚至他们在成为主持人之后依然身兼记者一职。对大众而言，电视新闻节目主持人只不过是一个在电视上露面的新闻记者而已。当然，娱乐和少儿节目主持人另当别论。总之，实践经验和人生阅历在英国主持人行业中是首要的，因为它们被看成个人魅力的重要来源。个人魅力包括经由时间历练和沉淀之后的从容、庄重、得体甚至沧桑，从这个角度来看，年长倒是英国主持人的一种资本。

周悦娜在研究中还对中英两国播音教育进行了比较分析，并提出了思考建议：

从教育教学的角度来看，我们还是能在中英两国播音主持教育明显的差异中发现一些相同之处。

第一，教学硬件设施差距不大，皆能满足教学或培训的需求。

贝德福特大学新闻传播学院的实验室配置，与中国同类院校实验室的基本配置大体相同，甚至有些实验室的数量或设备的先进程度还不及中国的很多播音主持专业院校。但因其招生人数不多，基本能满足日常教学，且学生人均拥有量高于中国。常见的配置有广播电视演播室、数字视频编辑室、新闻直播室、模拟工作室等。

第二，重视学生的实践实习环节。

播音主持专业具有很强的实践性，我们综合了英国几大专业院校的播音主持人才培养方案发现，该专业的理论课与实践课的比例接近1∶1。其中的实践包括课程内的上镜和录像环节，课程外的实训、实践，还有假期实习和毕业实习等，同时学校将实践实习环节纳入学生的学习考核中。这和中国许多播音主持专业培养模式相近。

第三，注重职业道德和工作态度的培养。

无论是中国的播音主持专业教学还是英国的主持人培训，都十分重视职业素质的培养，如遵纪守法、客观及时、吃苦耐劳、不断学习、追求真相、换位思考、弘扬正义，等等。在上面提到的英国BBC招聘启事中，BBC对主持人期望的品质中很多与主持业务无关，如自信、团队合作等。

英国播音员主持人的培养和选拔对我国播音主持专业教育教学有以下几点启示：

第一，记者型新闻节目主持人在我国不断涌现，是今后主持人行业的一大发展趋势，也是播音主持专业人才培养的一大方向。如白岩松、敬一丹、水均益在当主持人之前都有着辉煌的记者生涯，是国内优秀的记者型主持人。《焦点访谈》《新闻调查》都是中国调查性新闻报道节目的典范。因此播音主持专业要在课程设置上进行改革，调整专业课和基础课之间的比例，适当增加新闻类课程和人文社科类课程，发挥学科之间的互补作用，保证学科之间的平衡，给学生开出一张营养全面的"课程菜单"。

第二，进一步增加实践训练的比重，提高学生的动手能力，尤其是数字音视频的操作能力。在培养播音业务能力的基础上，教师要重视培养学生的新闻传播能力，增加在采访、报道和评论方面的训练。对于其他类型的广播电视节目，如娱乐节目、综艺节目、少儿节目等，应尽可能地增加实践机会，充分利用现有的实验教学设备，提高学生的动手能力和团体合作能力。

第三，教导学生不要局限于主持人的年龄、长相、身材等外部特征，避免急功近利，克服浮躁心理，要摆正心态，终身学习，厚积薄发。让学生明白主持人并非一个吃青春饭的职业，年龄对主持人而言绝不是负担，反倒是某种资本。年轻人在进入电视行业以后不要急着当主持人，急着进入公众视野，而要能沉下去，从一线记者做起，为将来走上主持人岗位打下坚实基础。

三、中国播音员主持人培养选拔

尽管没有人会承认,一个成功的主持人是直接由节目选拔出来的,也没有人会承认优秀的主持人是由学校直接培养出来的,但人们在听到媒体人感慨“好主持人太难找了”以及“好主持人绝对是干出来的”时,还是不能不重新认真审视主持人的培养与选拔问题。毕竟,主持人对于传播效果来说意义重大。由于近年来媒体机构对主持人的大量需求以及优秀主持人的相对短缺,关于主持人的培养与选拔也逐渐进入人们的研究视野。①

从目前的情况来看,主持人的来源主要有两个渠道:一是由专门的教育机构,如中国传媒大学等高等院校来培养和输送,这一类人因为学过一定的专业知识而被称为“科班出身”。二是由媒体公开向社会选拔,这种选拔又可以分为两个渠道,一是栏目自行组织人员选拔,二是从一些主持人大赛或主持人竞赛节目中选拔。通过这种方式选拔出来的主持人因为大多并没有受过正规的训练,缺乏相关的专业知识而被称为“半路出家”。

以下是相关学术争鸣:

(一)主持人“能否由院校培养”之争

一直以来,电视台的制片人和编导以及一些专家学者都对院校培养主持人提出质疑,认为节目主持人不是可以从院校直接培养出来的,尤其是需要新闻从业经验和社会阅历的新闻节目主持人。有的认为当前以青春靓丽、活泼机敏为特色的娱乐节目主持人或许可以直接由院校培养,但是现实的情况是娱乐节目主持人大多来自演艺界。

如孙玉胜就曾表示,正如院校不可能设有“经理专业”和“部长专业”一样,优秀的新闻节目主持人也不应该产生于某个院校的某个专业中,而应通过实践,看其是否具有相应的能力。这个能力在于实践的结果而不在于学历或出身。有几个数据可以说明一些问题:2000 年“荣事达杯”主持人大赛

① 高贵武.主持传播学概论[M].北京:中国传媒大学出版社,2007:12.

中，前10名获奖者中只有一个人有在高校学习主持人专业的背景。①

吴郁教授认为，质疑院校培养主持人，有以下几个主要原因：一是播音主持专业学生在校时较多注重语言表达的有关训练，有些文化积累不够，因此“上手快但后劲不足”；二是主持人节目的深入发展和多样化发展，更需要复合型的、有生活阅历的主持人，专业院校毕业生知识结构单薄，“先天不足”；三是许多主持人专业按播音员的标准和方法培养学生，“产品不对路”。② 客观地看，首先，我们应当承认专业院校的培养奠定了播音员主持人的基本功，经过有效的专业训练，学生在“播报、配音、解说”等方面符合基本的规范，比没有受过专业训练的有明显优势。其次，无论哪种类型的大学，对于学生的成才来说，都只是打下一个入门的基础，不可能对其一辈子负责。一个毕业生进入社会能否成长为实践需要的合格人才、优秀人才，更重要的是看学生的自我提升和经验积累。因此要求播音主持专业毕业生离开学校就能当主持人，特别是成为电视台主流栏目、名牌栏目的主持人，不能不说有些“苛求”和“奢望”的意味。

总之，立足于我国高校培养播音主持人才的历史和现状，专业院校在传授基本理论和基本技能上是有所作为的。完整地看，主持人是由学校教育打下基础，最终由社会培养成才的。这和任何其他专业的人才培养是同样的道理。

在播音与主持艺术专业中，还有到底是培养播音员，还是培养主持人之争。在这个问题上，学界和业界亦有不同的看法。从院校专业设置和人才培养的历史来看，现有的播音专业就是在培养主持人。随着主持人节目和节目主持人的兴起和发展，主持人的培养“依附”于播音专业，成为播音与主持艺术专业。后来又出现了“主持人涵盖播音员”还是“播音员涵盖主持人”的争论。但是从学界培养和业界使用的角度来看，播音员和主持人从语言基本功到语言表达等方面，都是“你中有我、我中有你”的，很难断然分开。所以本专业称为“播音与主持艺术专业”，培养的人才也具有播音员和主持人的共性。因此本研究多使用“播音员主持人”的集体名词指称。

---

① 吴郁.电视节目主持人的综合素质研究[M].北京：中国广播电视出版社，2006：140.

② 吴郁.电视节目主持人的综合素质研究[M].北京：中国广播电视出版社，2006：141.

(二)主持"能否成为专业"之争

正如前文所言,在全世界几乎没有专门培养播音员主持人的专业或学校。中国播音学和播音主持专业在世界范围内"独树一帜"。于是乎在学界和业界也产生了"主持能否成为专业"的质疑和争论。

1.孙祖平:主持不能成为一门专业

上海戏剧学院孙祖平教授,曾任电视艺术系主任,并为首届主持班班主任之一。他对中国开办主持专业提出了质疑,认为"主持不能成为一门专业"①,并有论著《忽悠主持》。孙祖平教授认为,作为一个工种、一种职业,电视节目主持人起源于美国。然而,在主持人的故乡美国,没有培养主持人的专业教育,而且世界上所有传媒大国都没有这个专业。鉴于媒体事业对电视节目主持人的渴求,1998年教育部颁布《普通高等学校本科专业目录》,将播音专业调整改名为播音与主持艺术专业。虽说播音与主持艺术专业有"播音"和"主持"之分,但在实际办学过程中,"主持"的权重大大超过"播音"。之前,全国仅有北京广播学院(中国传媒大学)和浙江广播学院两所院校设有播音专业,增加了电视节目主持人的培养目标后,全国开设该专业的高校也只有3—5所。而时至今日,仅十余年时间,据不完全统计,主持专业已遍布全国近30个省市和自治区,200—300家高等院校设有培养主持人的专业和专业方向,且发展势头不减,新的主持专业仍在不断扩张招生或正在规划筹建……②

孙祖平教授认为,在我国电视节目整体水准较为低下的当下,能培养出上岗主持人的院校屈指可数。即使如此,每年仍有新的主持专业开张招生,且规模相当巨大。如西北某高校一届就招收主持专业学生200名,西南某高校每届招收播音主持专业学生1000名左右,这是相当惊人的数字。与此对应的是,许多院校主持专业毕业生的就业率近乎为零。这究竟是为什么呢?为什么除了我国,包括发明电视节目主持人的美国在内的其他国家,都没有专门培养主持人的专业教育,都没有关于节目主持的理论研究呢?

---

① 孙祖平.主持不能成为一门专业[N].文汇报.2008.10.14.

② 孙祖平.忽悠主持[M].上海:上海文艺出版社,2009:5.

孙祖平教授得出结论：原因很简单——主持不是一门独立的专业。播音是一门专业，播音者运用有声语言，通过广播电视传播信息——解决的是有声语言如何表达的问题；而节目主持不仅要播音，还要创造被有声语言传播的内涵——解决运用有声语言说什么的问题。就电视节目自身的规定性来说，内涵或内容是节目的核心因素。离开了节目的本质属性，所谓“主持”只是一个动词——一个指代状态的抽象词语。从表面上看，“节目主持”似由两个概念组成：节目和主持。其实不然，“节目主持”是一个密不可分的一体化概念，“节目主持”不等于“节目＋主持”，而是一个融合的一体单元，如新闻主持、文艺主持、教育主持和服务主持等，都是节目的内涵和节目的呈现方式融合一体的单位概念。“主持”不可能从节目主持中剥离出来，分割为“新闻＋主持”“文艺＋主持”“教育＋主持”“服务＋主持”，不存在一种能离开节目特定内容和形式而独立存在的“主持”。而我们现行的主持专业教育却把“节目主持”看作一种“节目＋主持”的二元组合，认为有一种“主持”能力的独立存在，只要学习掌握了这种能力，就能主持各种各样的电视节目。在“节目主持”这个二元概念中，“节目”可由任何形态、类型的内容和形式填塞，“主持”则一成不变。殊不知割裂了与节目的血肉联系，“主持”必定沦为子虚乌有的存在。凡以“主持”定义的诸如“主持意识”“主持思维”“主持状态”“主持功力”“主持口才”“主持语言”等特定概念，其实都是经不住深究的空幻之词。现行的主持教育正是建筑在这一实际并不存在的虚有基础之上的。正如医生的概念是各种科目医生的抽象，医学专业是涵盖各种专门科目医生培养的上位概念；教师的概念是各种学科教师的抽象，师范专业是涵盖各种专门学科师资培养的上位概念；运动员的概念是各种项目运动员的抽象，运动专业是涵盖各种专门项目运动员培养的上位概念。那么，主持人的概念也是各种形态节目主持人的抽象，主持专业也应是一种能涵盖各种专门形态节目主持人的上位概念。可是在现行的主持教育体制中，下位的专门学业门类一片空白。正如我们不能在医生的概念层面设置一个不分科目、专门培养医生的学业门类，不能在教师的概念层面设置一个不分学科、专门培养教师的学业门类，不能在运动员的概念层面设置一个不分项目、专门培养运动员的学业门类一样，我们也不能在主持人的概念层面设置一个不分类别、专门培养主持人的“主持”专业。主持人的主持活动受制于节目的存在，有多少种节目就有多少种主持人。现已形成四大类型的节目：新闻节目、文艺节目、教育节目和服务节目。这四大类型节目担负着完全不同的传播任务。所谓电视节目主持人，其实是一群以电视为媒介和手段、从事着不同职业的专业人士：演艺人员、新闻记者和各种专门领域的工作者。节目主持人不是一种纯粹统一的职业，我们不可能用同一种“主持”专业的教学来完成这四大类完全不同的节目主持人的培养。电视节目主持的外延包罗万象，主持人面对的世界广阔、丰富、复杂，我们可以设置一个专门培养医生的医科大学，设置一个专门培养教师的师范大学，设置一个专门培养运动员的体育大学，还可以设置诸如政法大学、财经大学、建筑大学、艺术大学等专门学校，却无法设置一个专门培养主持人的主持大学。主持不是一门独立的专业，那些还在日趋膨胀的主持专业，不能再那样办下去了。

主持不是一门学科专业，那么我们这二三百所院校的主持专业怎么办？孙祖平教授探寻对策：作为权宜之计，可对其进行“戴帽加冕”的改造——给“主持”一个身份的确认，让学习“主持”的学生习得一门除口语传播以外的专业主课，分别予以培养：新闻主持人、文艺主持人、体育主持人、财经主持人……与其说新闻主持、文艺主持、体育主持、财经主持等是“主持”麾下的一个专业，还不如说它们是新闻、文艺、体育、财经诸专业的一个培养方向。目前能培养出一些主持人的屈指可数的学校，其实也是因为拥有较为优质的教学资源和办学传统，且有着潜在的专业培养方向。如中国传媒大学播音与主持艺术专业以多种文化学科群支撑的“广播电视语言传播”为核心，培养的是播报型主持人；上海戏剧学院播音与主持艺术专业的“表演”课程成为事实上的专业主干课程，培养的是综艺娱乐类主持人。所以，把新闻、文艺、体育、财经等作为主专业，和口语传播放在一起施教，兴许才是当下培养主持人的可行之路。

2.王群：也说主持专业

孙祖平教授的观点在学界和业界掀起了很大波澜，孙祖平教授“忽悠主持——主持能成为一门专业吗？”这一观点一方面引发了学界和业界对主持专业的审视。另一方面也有专家发表了自己的看法：“我们忽悠主持了吗？”

华东师范大学王群教授发表了《也说主持专业》一文，提出了我国高校主持专业的设置以及培养机制上的许多值得探讨的问题。①

王群教授从以下几个方面提出了自己的观点：一是专业设置。美国长期以来形成了"学术型""专业应用型""职业技术型"三种专业类型齐头并进的态势，建构起一套较为完善的高校专业分类系统（Classification of Instructional Programs，简称 CIP）。由于美国高校有专业设置的自主权，所以 CIP 收录专业奉行基层化原则。它收录专业的首要条件就是"已经有教育机构设置了该学科专业"；另外，如果权威统计数据表明最近三年内某一专业大幅萎缩或大多数学校不再设置，那么就将被删除。由此可见，美国的专业设置基本上遵循"存在即合理"的精神。因此，与其以美国或别国有无主持专业为依据，来为我国已成事实的主持专业寻根，还不如借鉴他国专业设置的经验，由教育市场本身来确定。二是培养机制。美国的人才培养机制呈现出多元化的特点，我国高校的许多专业在美国是找不到对应院系的。比如，美国没有专门的体育学院或体育系，与国内体育人才自成体系的"一条龙"不同，美国的"一条龙"是在普通学校里完成的，即通过小学－中学－大学或实业团体和俱乐部来发掘优秀的运动员。而据中国传媒大学出版社《世界传媒院校》一书统计，在美国虽然没有播音主持专业的院系，但至少有十所以上的传媒院校开设了相关课程。如波士顿大学传播学院大众传播系就开设了"口语表达""说服与舆论"等课程。

王群教授认为，专业人才的培养是一个国家政治、经济、科技、文化发展的现实体现。如果有一天，我国大中小学确实改变了重读写、轻听说的现状，能像美国那样，从小学到博士普遍开设"口语"课程，培养出大量的口语人才，那么离孙祖平先生希望的撤销主持专业，建立主持人选拔机制的那一天，也就不会太远了。

王群教授提出了办好主持专业的对策和建议："当然，在那一天还没有来到之前，一是要尽早完善专业体系，既不应把与学识割裂的纯粹口才课作为主专业课，也不应把与节目割裂的单纯学识课作为主专业课，而应该二者互补，让学识化为口语技能，以类型节目为训练载体，以栏目主持为教学目

---

① 王群.也说主持专业[N].文汇报.2008-11-1.

标；二是积极鼓励学生读第二专业；三是拓宽专业定位，培养包括节目主持在内的复合型口语传播人才。”

3.张俊德：专门化不等于专业化

复旦大学新闻学院的张俊德教授早在2004年就对主持人的培养发表过自己的见解——“专门化不等于专业化”，我们应该走出节目主持人理论的误区。[①] 张俊德教授认为，自中国的新闻改革以来，学术界一直没有放松对传播中最活跃的因素——节目主持人进行系统而细致的研究，有不少成果对实践中的主持人产生了很大的借鉴意义。同时不可否认的是，学术界对主持人这一媒介角色期待过大，这和法学上的防卫过当类似。其实，受众对主持人的要求远远不如我们想象得那么急切，学术界如此这般希求反而拉大了主持人与受众间的距离。公众视角一变，使主持人也显得不那么自然和自信了。主持人应该永远是受众的朋友，而目前主持人却不自觉地游离了这个最基本的定位，而走向公众的导师——这样一个极端的位置。因而中国当红的主持人都有种“骑虎难下”的感觉，强制寂寞，渴望年老（白岩松语）。有不少理论工作者曾一度要求主持人像学者一样专业化，拥有一两门专业知识，这样视野能够更加开阔，主持起来更加得心应手。殊不知这是强人所难，事实上，不仅中国的主持人办不到，国外的主持人也很难办到。克朗凯特固然学识丰富，成功地主持过关于宇宙飞船的节目，但还不至于成为一个天文学家或物理学家。

理论不能脱离实际，纸上谈兵。很多学者缺乏媒介角色的感受，不注意深入基层即新闻一线去体验生活，导致作出不恰当的评估。著名主持人敬一丹认为“我们的理论应该有一个和实践掺和的问题”。主持人在节目中的“独自站立”是否需要专业化来支撑？而什么样的知识才能支配主持的传播行为和传播思想呢？显然学术界不能提供答案。说白了，这个问题根本就没有答案。即便是市面上通用的新闻素质也不可能在主持中独当一面，更不用说其他专业知识了。这就是为什么很多优秀的主持人并非科班出身的原因。是谁促使他成功的呢？其实就是社会。在社会这个庞杂的系统中，主持人身上的潜质在特定的时间和特定的场合与新闻传播相遇而碰出火

---

① 张俊德.当代广播电视新闻学[M].上海：复旦大学出版社，2004：222-224.

花，从而发挥了自己的才能。主持人的专业化实际上应该是专门化，不管是什么样的主持人都不可避免地受到新闻素养与传播理念的影响和制约。因为主持人可以超越自我，但绝不能超越节目。主持人不是一个专业化的角色，主持艺术是一种专门行为。主持人的专门化体现为"为传播而传播"，一切服从节目的主旨，一切服从传播的内容。

尽管目前有不少主持人拥有除传播以外的专业知识，但并不能说具备了几门知识就可做主持人，或者就用这个标准来衡量主持人。这个理论的误区如果不打破，就不可能对节目主持人有一个客观而公正的认识。传播行为的本质在于激发，主持人身上应该有一种激发自己进而激发别人的直觉，有一种外向的表达欲和转化力。将自己的一切调动起来去敲击他人身上的信息敏感点，使其认同节目的观点。不管是什么类型的节目，也不管是什么样的主持人，大抵如此。主持是一种专门化的工作方式，这个专门主要体现在文化品位、文化内涵、文化意识以及人格魅力上。特别是人格魅力，能在很多方面弥补专业知识的不足。文艺兵出身的王刚，为什么学什么像什么，不管主持什么类型的节目，他都给受众"自己人"的感觉，这其中有很多奥妙。论学历，王刚不值一提，论专业知识，他也不及一些专业主持人，那么他是怎样成功的？成功后的发展趋势如何？目前他又面临哪些困境？这才是我们主持人理论研究不可回避的问题。我们的理论研究应该建立在实践基础上。曾任中国传媒大学发展研究院院长、现任香港凤凰卫视节目副总裁和资讯台台长的钟大年教授说："真正的主持人应该是到哪个栏目哪个栏目红。"

我们认为节目主持人的理论应该到建立在文化人类学基点上的时候了。主持人的成功和失败究竟引发了哪些问题的产生？以人为本的内质如何体现？现代媒介意识赋予主持人节目的内在生命力是什么？

张俊德教授总结认为，中国的节目主持人理论缺乏具体的理论来源和实证定量分析研究，加之受新闻学术发展的内在延续性的制约，理论建构的矛盾始终难以解决。从理论建构的逻辑起点、基本概念、范畴、命题、理论框架等角度切入没有恰当契合的研究方法，随意性较强，缺少必要的限定，新闻传播活动的内在规定和特定社会系统的外在需求与主持行为和理念，没有提供严谨的范式思路，也没有形成理念群，存在用特殊规律代替一般规律的倾向。毋庸讳言，理论研究有时是以矛盾和缺失的形态表现出来的，因而今后我们更要警醒：应从主持艺术内在和外在的双重规定性入手，建构关于节目主持人本身的理论体系。

笔者认为主持人虽然是舶来品，但是到中国之后和中国播音学“联姻”，有了依托和根基，培养播音员语言功力的课程对主持人大有裨益，同时播音学科相关课程也应优化调整，以便更有利于培养学生的主持人素质。播音主持专业学生在学校再学一门其他专业课程的设想带有“理想主义色彩”，学生时间精力有限，其他专业接纳主持专业的学生也不现实。即使学了一门别的专业，比如经济、法律等，毕业时也不一定有成为经济节目主持人或法律节目主持人的机会。因此笔者赞同张俊德教授的观点，“主持人专门化”不等于“主持人专业化”。在“重文轻语”的传统思想和应试教育的影响下，很多人忽视了口语、口语交际及口语传播的重要性。其实，主持人在节目中的作用是穿针引线、抛砖引玉，同时驾驭节目进程、把握节目方向及导向。即使有嘉宾访谈，也应引导嘉宾“多说”，自己“少说”，而不是喧宾夺主。学生在校学习播音主持专业时，应通过通识课程对知识有一个总体把握，同时学好语言基本功和语言表达课程。中国播音员主持人在把握好新闻媒介角色的同时，也承担着示范和传播推广普通话的重任。“有稿播音主持锦上添花，无稿播音主持出口成章”绝非一朝一夕之功，这是一种能力、一种技能、一种素养、一种文化。

中国播音学和播音主持专业在世界上独树一帜，我们不应该崇洋媚外。中国有自己的历史文化传统和现实国情，我们应该树立文化自信。根据课程与教学相关理论以及课程编制的三级范式来看，中国播音主持专业分为国家课程、地方课程、校本课程。“从校本课程到地方课程，再到国家课程，则是逐步一般化的过程。为了避免国家课程、地方课程和校本课程之间的误解，也可以将国家课程开发形成本国课程，地方课程开发形成本地课程，而校本课程开发形成本校课程。”①在世界范围内，各国有各国的本国课程，那么播音主持课程是否可以理解成为中国的本国课程或国家课程呢？这值得我们深思。

---

① 李臣之.校本课程开发[M].北京：北京师范大学出版社，2015:49.

(三)播音主持专业招生考试方式

播音主持专业核心属性是新闻性，重要属性是艺术性，播音主持一般被划归到艺术学门类的戏剧影视学中，按照艺术类招生。艺术性决定了考生无论报考哪所院校，都必须经过各级各类的艺术类考试：省考、联考、校考以及初试、复试、加试等。

据中国最大的教育门户网站中国教育在线统计，2013 年中国传媒大学播音主持专业考录比达 89∶1，而据浙江传媒学院招生办统计，2013 年该校播音主持专业考录比已超 100∶1。播音主持专业招生可以说是“百里挑一”，竞争的激烈程度可见一斑。

就报考条件而言，笔者综合了几大院校的招生简章，发现报名“门槛”并不高，仅有五官端正、身高等要求。但因报考人数增加，这些要求近年来有水涨船高之势。就考试内容而言，一般是指定稿件或自备稿件朗诵、播读，话题评述等。考官主要考查考生的形象气质、语音面貌、语言表达及评述能力，所以要想在众多考生中脱颖而出，必定要内外兼修：有面子(形象好)、有嗓子(声音好)、有脑子(思维好)，即“有声、上相、内涵深”(张颂)。不少院校还有才艺展示的环节，考生若有音乐(声乐、器乐)、舞蹈、美术、表演等方面的才艺，也能为自己加分。事实证明，根据艺术通感理论，有艺术特长的考生在入学后，在学习播音主持课程时，语言表达更有悟性灵气和审美情趣。

根据教育部相关会议和文件精神，在 2019 年的播音与主持艺术专业招生简章中，一批重点大学如吉林大学、重庆大学、暨南大学、华东师范大学等将本专业招生的高考文化分数线确定为各省市的一本线，这是注重本专业学生文化知识水平的具体举措。但专业水准究竟如何考查、如何培养，也引起了学界业界的热议和担忧。到底这样的招生考试对播音主持人才的培养作用如何，还有待时间和实践的进一步验证。

第二节　台湾世新大学口语传播课程启示

当我们把视线转向别处，即使在欧美等传媒产业高度发达、科学研究也高度精细化的国家和地区都没有将播音主持作为一门专业来进行教育和研究。但其相关的理论和实践一直层出不穷，比如西方有着两千多年传统的口语传播学对播音主持教育和人才培养有着重要的借鉴意义。

一、口语传播概念和口语传播教育

（一）口语传播概念和特点

口语传播是从西方的 speech communication 翻译过来的。有学者根据语言学中索绪尔有关语言和言语的划分，将其翻译为言语传播。旅美华人学者吕行、鲁曙明、林灿初等将其翻译为沟通交际学。中国台湾地区的辅仁大学、世新大学较早开展了这方面的研究和教学工作，一直使用口语传播这一称谓。根据 speech communication 的传播形态和研究实际，并考虑到华人社会学术交流的方便，这里沿用中国台湾地区“口语传播”的概念。口语传播学主要从人类的传播主旨出发，视人类传播为双向互动的沟通过程，研究主题除了聚焦在人类传播互动这一信息的产制、接收、技巧与解读的过程外，更强调上述过程中涉及的说服、协商、冲突解决以及意义共享等课题。口语传播学不同于我国传统修辞学研究的文章的遣词造句、辞格等内容，它探讨的是一种话语方式，研究如何最恰当地利用口语以及其他副语言形态来影响受众，改变人们的思想、观念、行为。从研究的焦点上看，口语传播主要专注于说服理论、倾听、副语言、受众研究等方面。从研究的领域来看，口语传播包括人内传播、人际传播、小组传播、团体传播、组织传播、公共传播等。

我国的传播学研究主要承袭了西方 20 世纪 80 年代大众传播研究的框

架结构，主要关注以大众传播媒介为手段的系统研究、效果研究。口语传播从研究焦点和领域方面，与我国目前的传播学研究存在着较大差异。口语传播学区别于大众传播学，侧重于以语言和非语言为交流手段的研究与实践。它将不同人际范围（同事、朋友、亲属、上下级、客户之间等）、不同文化范围（领域、行业、种族、国家）、不同场合（正式、非正式、公开、隐秘）的传播形态纳入其研究范畴。随着我国社会主义市场经济的不断完善和繁荣发展，中国人在文化理念、表达渠道、民主意识等方面逐步呈现出多元化特征，人与人之间的传播沟通活动越来越频繁。而与之相对应的口语传播学，无论在教学实践还是在学术研究上，在我国传播学领域中尚未引起足够的重视。

口语传播学传承自古希腊、古罗马时期以说服为主要理念的修辞学传统，后经历了中古世纪、文艺复兴时期、启蒙时代直至西方近代如理性主义、实证主义和行为科学等学说之冲击，同时亦在与语言学、心理学、社会学、人类学、政治学和组织管理学等学科知识的交织下，逐渐形成一个以跨领域为主体的学科。①

口语传播有四个特点：第一，口语传播是一个言语沟通的过程。强调过程，就是说口语传播的行为和现象伴随着多种因素，处于不断的发展变化之中，是传播和反馈并行的回环往复的过程。认识到这个过程中充满变化的内涵，才可能对口语传播中的各个环节有所调节、操控。第二，口语传播具有互动性、同动性。在口语传播过程中，人与人之间是一种以口语为主要形式的互动，是一种双向的沟通。这种互动无章可循，是传播和反馈并行的结果，即同动。第三，口语传播呈现出“无意识”和“有意识”两种状态。由于传播者的言语目的和接收者的言语理解不同，有时无意识的传播会受到有意识的解读，有意识的传播会受到无意识的忽视或误解。第四，口语传播行为是一个系统。在口语传播过程中，各个方面的要素之间会互相产生影响。因此研究口语传播时，必须从整体上系统把握才行。

① 秦琍琍，李佩雯，蔡鸿滨.口语传播[M].上海：复旦大学出版社，2011：3.

(二)口语传播教育的渊源

伴随着源远流长的口语传播思想的萌芽、发展与繁荣,口语传播教育在西方也有着悠久的历史。早在公元前5世纪,意大利西西里岛上就出现了两位名为Corax和Sicily的雄辩家。他们以帮助人们提高演讲能力,传授演讲技巧和知识为职业。据说当时学生众多,兴盛一时。我们可以将之视为口语传播教育的滥觞。

公元95年,古罗马的雄辩家昆体良写下了《雄辩术原理》一书。在书中,昆体良详细阐述了演讲的教学方法和课程计划。他十分注重对演讲者道德修养的培养,认为好的演讲者一定是受过良好演讲教育的人。这本书被很多从事演讲教学的人当作教材来使用。中世纪时期的圣奥古斯丁,大力倡导古希腊古罗马时期的演讲教学,并使之为宗教传播服务。欧洲长期以来的修辞传统对美国早期的学校课程设置产生了很大影响。哈佛大学作为美洲大陆上的第一所大学,在建校之初就开设了"演讲学"这门课程,为风起云涌的美洲大陆培养了一批优秀的演讲者。康奈尔大学也是早期开办演讲学专业的大学之一。1914年,美国从事演讲教学的教师们组织成立了The National Association of Academic Teachers of Public Speaking。这一组织为推动演讲学教育从传统的精英教育转向广大平民的普及教育作出莫大贡献。1920年演讲学的学位教育开始有了飞速发展。1926年康奈尔大学开始授予演讲学博士学位。截至1948年,美国820所大学、学院中开设演讲学系的院校有430所,占52.4%。19世纪50年代晚期,传播学领域掀起了实证研究的浪潮。这股浪潮吹向演讲学系,使得早期的演讲学系转换成口语传播学系。传统上的修辞学、演讲学研究都被内涵和外延更为广阔的口语传播学所代替。1970年,The National Association of Academic Teachers of Public Speaking改名为Speech Communication Association(口语传播学会)。直到今天,在美国的大学教育中,口语传播专业仍是深受学生欢迎的专业,报考率居高不下。在设有传播学系的大学里,多数都设有口语传播学专业。全美目前有70多所大学授予口语传播学的博士学位。在美国,本科、硕士、博士这三级完整的高等教育体系为社会培养了大量言语沟通人才。现代社会口语传播学教育的繁荣,与美国市场经济高度发达、社会分工高度细化的现实是分不开的。20 世纪 80 年代，中国台湾地区的世新大学开设了第一个华人口语传播学系。其教师绝大多数获得了欧美大学颁发的口语传播博士学位，他们在专业建设和教学中对国外口语传播学教育有很好的学习借鉴。

二、世新大学口语传播教育分析

中国台湾地区世新大学的口语传播人才培养的模式，值得大陆高校的播音主持专业学习借鉴。培养既有知识，又有开创能力的沟通人才是世新大学口语传播系的主要目标。无论是从沟通技巧层面的演说、辩论、表达、说服、协调、领导，还是从影响社会运作更深层面的语艺与思辨、语言与权力、语言与社会化、语言与文化等议题来看，世新大学口语传播系的核心知识既是其他传播相关科系所需的基础知识，也是执行与成就人们各种生活层面的基本技能。因此，基于该系的特色与课程设计，他们期望培养出一批既能适应今日职场需求，也能开创社会美好未来的学生。这一愿景是基于该系"三大学程的建制""四大素养的陶铸""五大职能的培育"来实现的。"三大学程的建制"：主要是在既有学术领域的范畴中，顺应社会的变迁与大学教育的转型，而重新聚焦浓缩成的"媒体表达学程""访谈与沟通学程""冲突与协调学程"。"四大素养的陶铸"：希望经由基本学程的养成，使学生具有新时代社会公民所需的"修辞素养""人际素养""组织素养""跨文化素养"。"五大职能的培育"：培养新时代职场人才所需的"领导与沟通""简报与表达""协调与谈判""说服与营销""企划与执行"能力。① 同时，世新大学在口传系、中文系、广电系、新闻系均开设主持播报课程（表8-1，表 8-2）。

---

① 世新大学口语传播学系.课程设置与规划[EB/OL].(2012-02-03).http://cc.shu.edu.tw—speech/,2012-02-03.

表 8-1　世新大学主持播报学程课表(一)

<table>
<tr><th rowspan="2">课程类别</th><th rowspan="2">开课年级</th><th rowspan="2">学科简码</th><th rowspan="2" colspan="2">科目</th><th rowspan="2">授课时数</th><th colspan="2">学分数</th><th rowspan="2">备注</th></tr>
<tr><th>上</th><th>下</th></tr>
<tr><td>必修</td><td>二</td><td>CHI328</td><td>中国现代文学史</td><td rowspan="2">二选一</td><td>4</td><td>2</td><td>2</td><td>中文系</td></tr>
<tr><td>必修</td><td>一</td><td>CHI107</td><td>现代散文研读及习作</td><td>4</td><td>2</td><td>2</td><td>中文系</td></tr>
<tr><td>必修</td><td>二</td><td>RTF252</td><td colspan="2">播音技巧</td><td>4</td><td>2</td><td>2</td><td>广电系</td></tr>
<tr><td>必修</td><td>一</td><td>SPCM114</td><td colspan="2">身体表达艺术</td><td>2</td><td>2</td><td></td><td>口传系</td></tr>
<tr><td>必修</td><td>二</td><td>SPCM235</td><td colspan="2">广播电视主持</td><td>2</td><td></td><td>2</td><td>口传系</td></tr>
<tr><td>必修</td><td>三</td><td>JOUR352</td><td colspan="2">基础电视新闻实作</td><td>2</td><td>2</td><td></td><td>新闻系</td></tr>
</table>

表 8-2　世新大学主持播报学程课表(二)

课程类别	开课年级	学科简码	科目	授课时数	学分数		备注
					上	下	
必修	三	JOUR353	进阶电视新闻实作	2		2	新闻系
选修	三	SPCM335	故事表达	2	2		口传系
选修	二	RTF257	化妆学	2	2		广电系
选修	一	JOUR118	新闻编辑	2		2	新闻系
选修	三	JOUR338	新闻伦理	2		2	新闻系

世新大学口语传播系一至五届学生就业情况如表 8-3 所示(调查人数共 219 人):

表 8-3　台湾世新大学口语传播系一至五届学生就业情况①

序号	职业类别	人数	百分比
1	新闻、广告及大众传播	27	12.3%
2	公关及文宣	9	4.1%
3	专业导览	1	0.5%
4	业务代表、销售人员	21	9.6%
5	市场营销、产品企划	27	12.3%
6	出版编辑	15	6.8%
7	教育文化	26	11.9%
8	行政	32	14.6%
9	客服	5	2.3%
10	服务业	6	2.7%
11	公家机关	4	1.8%
12	军	2	0.9%
13	其他	44	20.2%

通过上表我们发现，世新大学口语传播系的教学口径过于宽泛，学生就业呈现出分散的态势，没有集中的就业方向。面对该系学生对未来职业规划的咨询时，世新大学也总是引导学生在大学阶段辅修一个学科或选修一个学科的主干课程。世新大学有教授认为，大陆的播音主持专业有较强的针对性，学科特点明显。而口语传播能力的人文性越强，其就业方向的针对性就越弱。人人都具备的能力，就不能算是专业能力。

我国的播音主持专业教育以播音员主持人为培养目标，在世界高等教育体系中是独一无二的。在近半个多世纪的办学历程里，播音主持专业保持了一定的中国特色，尤其是有声语言发声学的教学和研究独树一帜，为我国的广播电视事业培养了一批批有中国气派的播音员主持人。当今这个时代，社会分工高度发达，知识的传播和累积激增。在坚持自身特色的同时，我们更需要以开阔的胸怀办好播音主持专业，发展好播音主持专业。未来的播音主持艺术教育要加强与口语传播学的学科交叉，开阔学术视野，强化

① 世新大学口语传播学系．口语传播系简介[EB/OL].(2012-02-03). http://cc.shu.edu.tw/?speech/,2012－02－03.

理论支撑。当前,节目主持人的受欢迎程度似乎大大超过了播音员,但是,播音员的地位无法被主持人取代。播音在信息传播过程中具有突出的清晰性、简洁性、蕴含性,与新闻客观公正的原则紧密契合。即便在BBC、CNN、CBS、ABC等世界知名的广播公司,播报新闻的依然是播音员。在我国,播音教育教学已取得显著成果,尤其在朗读学、发声学等方面的研究独具中国特色。中国传媒大学等高校的多位播音教育学者被国外华语广播聘为播音指导专家,甚至港台一些播音员也以在大陆受过播音专业教育为荣。因此,我们自己也要格外珍视,并继承和发展好播音教育。

当前,口语传播学对播音主持专业教育的积极影响逐步得到人们的认同。有高校尝试创办口语传播专业,或将原有的播音与主持艺术专业变为口语传播专业。我们认为,即便是培养口语传播人才,也应该立足于现有的播音与主持艺术专业,而不用“另起炉灶”吧?即便将来口语传播在高等院校成为一门公共课或者通识课程,是否依然可以沿用播音主持课程这一众所周知的名称,而不用“改旗易帜”吧?

第三节　上海复旦大学新闻传播课程启示

复旦大学新闻学院在通识课程基础上,采用“2+2”模式对新闻采编和传播人才进行培养。经过调研分析,笔者认为这种模式对高等院校特别是综合性大学的播音主持专业人才培养有一定的参考价值和借鉴意义。

复旦大学新闻学院(以下简称新闻学院)前身为复旦大学新闻系,创办于1929年,是中国历史最久、办学质量最优的新闻传播教育机构之一。新闻学院毕业生以较强的综合能力、扎实的专业素质、开拓性的创新意识而为各大用人单位所青睐,其中有许多已成为各大新闻媒体、电视台、党政机关及新媒体中的中坚力量。

21世纪以来,随着媒体专业化趋势的加快和新媒体的不断发展,高校新闻传播专业培养模式与当代传媒行业需求的错位逐渐暴露了新闻传播教育的危机。媒体的用人口径逐渐放宽,更加倾向于招收有其他专业背景的复合型人才，其中，经济金融、法学、管理学、计算机等专业的学生尤其受到青睐。毕业生素质怎样适应越来越综合而多变的就业环境成为摆在新闻教育者面前的难题。复旦大学的通识教育由来已久，各院系专业在长期探索中形成了卓有成效的复合型人才培养模式，新闻学院承袭复旦大学"宽口径、厚基础、重能力、求创新"的本科生教育精神，率先将通识教育、专业教育与媒体融合教育相结合，首创性地提出了学界与业界相结合，专业教育与行业实践相结合的"2＋2"培养模式。复旦大学新闻学院的模式创新或可为播音主持专业育人方式的改革提供借鉴。

一、复旦大学本科生通识教育模式

复旦大学对通识教育的探索开始于20世纪80年代，借鉴国际先进的本科生培养经验，复旦大学于2005年成立"复旦学院"，率先在国内实质性地推行通识教育改革。通识教育是以人为本的全面素质教育，将"教"与"育"放在同等重要的位置，以"育人"为先为基，将"教学"做实做深，力图培养具备完全的人格、跨学科综合素质、扎实专业素质的复合型人才。

从宽口径大类招生入手，将通识教育精神贯穿于选拔招生、专业分流、课程教学以及校园生活的各个层面。复旦大学形成了以"大类招生"为起点，"通识课程"为主轴，"住宿书院制"和"导师制"为辅翼的通识教育培养体系。现行的通识教育方案(于2015级起施行)，是基于2012年"复旦大学提高本科教学质量研究"而进行的整改，突出体现了学生修读自由度、尊重学生个性发展、培养学生自主选择能力的特色。

在招生工作中，复旦大学按照宽口径大类招生的原则，将各院系专业按照相关性划分为若干大类，新生入学第一年将在大类课程体系中统一接受基础课程教育，在大一结束后，学生对本大类所包含的若干专业有了基本的认识和理解，填报自己的专业分流志愿，各专业并按照自愿与选拔相结合的原则开展分流工作。招生大类主要包括"中国语言文学类""历史学类""哲学类""新闻传播学类""社会科学试验班""自然科学试验班""技术科学试验班""经济管理试验班"等。其中，"新闻传播学类"包括"新闻学""传播学""广播电视学"及"广告学"四个专业。

复旦大学本科生课程结构由“通识教育课程”“大类基础课程”“专业教育课程”三部分构成。

(一)通识教育课程

通识教育课程面向全体本科生开设,强调德、智、体、美的相互渗透,注重课程间的综合、交叉与渗透。学生通过通识教育课程学习获得必要的价值分析、探究方式与能力的训练,明确今后的修读目标和主攻方向,体现了分流培养与个性发展的原则。通识教育课程由“通识教育核心课程”“专项教育课程”“通识教育选修课程”“书院新生研讨课”“暑期国际课程”五部分组成。

1.通识教育核心课程

通识教育核心课程包括思想政治理论课程模块(14 学分)与通识教育核心课程七大模块(8—12 学分)。其中,“模块课程”是复旦大学通识教育中的亮点。

“模块课程”旨在培养学生对人类文明多样性与丰富性的理解,对中华文化与智慧的传承,使学生具有全球化时代的国际视野以及跨学科的方法论与批判性思维。每个模块包含 20 余门可修读课程,学生在每一模块中最多可修读 2 学分(1 门课程),既使学生在选读每一模块时有充分的选择空间,又保证了学生修读课程的广度与兼容性。

随着传媒技术的不断发展,信息传播速度和容量都大幅增加,人们对于信息广度与深度的要求也随之提高,兼具人文素养、批判精神与国际视野的媒体人,无疑能更好地在当下的媒体环境中站稳脚跟。“模块课程”就提供了这一渠道。七大模块课程如下(表 8-4)。

表 8-4 复旦大学通识教育核心课程模块①

第一模块:文史经典与文化传承	通过阅读古今中国文化经典,获得对文化传统的了解认识,提升学生的文化底蕴,培养学生的人文情怀与对文化传承的担当意识。如:“《史记》导读”“《红楼梦》与人生”“中国新诗导读”等。

① 本表为笔者根据调研访谈资料及复旦大学网站资料整理而成。

续表

第二模块： 哲学智慧 与批判性思维	通过研读哲学原典，讲授东西方哲学思想，培养学生独立的反思批判精神与思辨能力。如："《艺术即经验》导读""思辨与论辩的逻辑学""《理想国》导读"等。
第三模块： 文明对话 与世界视野	通过带领学生领略世界不同文明发展的历史与现状，加深学生对人类文明多样性的理解，探索文明沟通与对话的途径。如："欧洲文明的现代历程""中西文化交流史""希腊悲剧"等。
第四模块： 社会研究 与当代中国	本模块是2015年版培养方案当中新加入的模块，通过对社会科学理论的介绍以及适当的社会科学方法的训练，培养学生以社会科学的视角审视社会现实、反思社会问题的能力。如："用经济学智慧解读中国""媒介与社会""犯罪与文明"等。
第五模块： 科学探索 与技术创新	通过讲授数学、自然科学与工程技术的重要知识点、发展历程、现状与趋势，增长学生的基础科学素养，建立对世界的科学态度与求实创新精神。如："高分子世界""力学思维与现代工程""航空与航天"等。
第六模块： 生态环境 与生命关怀	通过对于生命科学、医学、生态学等领域知识的讲授，引导学生了解自然与生命的发展规律，关注人、自然与社会的协调发展，实现科学精神与人文关怀的渗透交融。如："中西医学大师与人文素养""微生物与人体健康""生态文明的伦理与法理"等。
第七模块： 艺术创作 与审美体验	通过艺术审美教育，增强学生对古今中外优秀艺术作品的了解以及感性鉴赏能力，使学生得到对人类文明真善美理念的熏陶，如："中国戏曲——昆曲""中国古陶瓷鉴赏与收藏""室内设计基础""爵士乐鉴赏"等。

2.专项教育课程

专项教育课程包括大学本科生教育阶段所要求的体育、军事理论、大学外语、计算机基础等课程。值得注意的是，在2015版培养方案中，专项教育课程加入了"创新创意创业"的"三创"课程。为更好地成为创新型人才，学生可通过修读"创新创意与行业发展"等课程，或听取"创新创意创业讲座"获得学分。

3.通识教育选修课程

通识教育选修课程包括人文科学与艺术、社会科学与行为科学、自然科学、医学与药学四组共计300余门课程。学生需在通识教育选修课程中修满4学分。在选课过程中，复旦大学秉承"专业远离"的原则，即学生不得修读自己院系开设的通识教育选修课程，并建议学生修读和自身专业跨度大的课程，如新闻学院学生修读理工类课程。

4.书院新生研讨课

“书院制”的创立，将通识教育融入学生日常生活。书院新生研讨课是立足于书院制，面向大一新生开设的小班研讨课程，注重教师与学生、学生与学生之间的互动与交流，培养学生参与学术研究的兴趣与热情，提升自主学习能力。其学分等同于通识教育选修课程。

“书院制”是复旦大学借鉴国际高校先进经验，结合校情开创的学生管理制度。书院按照学校的住宿区域划分，物理空间相对独立，基本按照学科交叉和大类融合的原则安排，是实现文化育人的生活园区，也是学生自我管理的平台。学校现有五个四年制住宿书院，分别以复旦历史上五位老校长的名或字命名："志德书院"（包括新闻学院、外国语言文学学院、社会发展与公共政策学院、数学学院等）、“腾飞书院”（包括物理学系、材料科学系等）、“克卿书院”（包括基础医学院与护理学院等）、“任重书院”（包括哲学学院、历史学系、中国语言文学系、管理学院等）以及希德书院（包括经济学院等）。书院生活是复旦大学的第二课堂与校园文化的重要组成部分，学生在书院自我管理委员会的组织下积极开展“经典研读沙龙”“书院文化节”“导师下午茶”等主题活动，对于提高学术兴趣与文化素养具有非常重要的作用。

“书院制”的建立使复旦大学的宽口径通识教育不仅仅停留在课程设置与教学的层面，还渗透进学生的校园生活中，有效地利用了学生的主观能动性与创新性，使学生时时生活在浓厚的学术氛围中。

5.暑期国际课程

暑期国际课程是自2012年起为推进复旦大学国际化进程而开设的全英暑期课程，吸纳了来自世界各地高校的国际学生与本校学生共同参加，课程涉及历史文化、政治经济、跨国与跨文化研究等方面。

（二）大类基础课程

大类基础课程是复旦大学通识教育的突出特色，是将通识教育精神渗入基础专业教育的尝试。本课程按照基础性、公共性和学术性原则设置，具备完整规范的知识体系，使学生能够获得严格的学科基础训练。全校设置人文（包括“哲学导论”“中国文学经典”“新闻学概论”等课程）、社会科学（包括“法理学导论”“社会研究方法”“经济学原理”等课程）、自然科学（包括“数学分析”“大学物理”“现代生物科学实验”等课程）、技术科学（包括“线性代数”“程序设计”“模拟电子学基础”等课程）和医学（包括“有机化学”“现代生物科学导论”等课程）五大基础课程。学生可以根据自己专业的相关要求在指定大类当中修读相应的学分。

（三）专业教育课程

专业教育课程由各院系面向本院系学生开设，一般由专业必修课程与专业选修课程两部分组成。专业必修课程以规范严谨、精练优质为建设目标；专业选修课程注重知识的交叉跨度，强调专业前沿信息与复旦科学研究特色的传播。学生在修读过程中将获得本专业学术研究的初步经验和投入专业工作实践的基本能力。

二、通识教育背景下新闻学院的“2＋2”模式

新闻学院的培养方案以培养目标为出发点和落脚点。对于大类招生下的新闻传播学类本科生，新闻学院的培养目标是：培养具备宽厚人文、社会科学和自然科学基础知识，能以马克思主义的立场、观点、方法观察分析新闻传播现象，掌握系统的新闻传播学及其他相关学科理论、知识和技能，熟悉媒体的发展趋势与运作机制，熟悉我国新闻传播的政策法规；适应社会发展需要，具有高远的职业理想与良好的职业道德；胜任报刊社、广播电台、电视台、互联网等新闻传播机构专业工作，胜任党政机关、企事业单位的宣传与公关岗位，胜任广告等商业传播机构以及其他公共传播、艺术传播工作的高素质专门人才。

从培养目标中可以看出，新闻学院将宽厚的各领域视野与职业适应性摆在了突出位置。据此，新闻学院对新闻传播学类本科生施行以“2＋2”模式为核心的培养模式。

“2＋2”模式从2012年开始实施，在此之前，新闻学院实行与其他院系类

似的“1＋3”模式，即第一学年接受全校统一的通识教育和大类基础课程教育，第二学年进行专业分流并在剩余三年中接受该专业的专业教育。“2＋2”模式延长了学生接受通识教育的时间，并让学生更加深入地修读除新闻传播学之外的专业。该模式将四年制培养进程分成两个阶段：第一阶段（第一、第二学年），学生须在经济学方向、社会学方向、电子信息科学与技术方向、汉语言文学方向、法学方向、国际政治方向、政治学与行政学方向、行政管理方向中任选一个方向，按所选方向培养方案进行学习（包括21—29学分的大类基础课程及6—14学分的该方向专业教育课程），同时统一修读“新闻学概论”等新闻传播学大类基础课程；第二阶段（第三、第四学年），学生在“新闻学”“传播学”“广播电视学”“广告学”四个专业中选择自己的专业方向，并按照专业要求接受专业课程教育。

在“2＋2”方案的具体设计中，新闻学院以学生为本，充分尊重学生的特点和兴趣，注重以下几个方面的情况：

(1)在大一选择方向及大三选择专业时，充分尊重学生个人学术兴趣与意愿，原则上完全按照学生填报的志愿进行分流，基本上不会涉及高考成绩、绩点等。

(2)为避免大一学生因刚升入大学对各个方向不够了解而选择与个人兴趣不相适应的专业，学生在大一下学期将有一次调整方向的机会。

(3)学生在修读所选方向专业教育课程时，与该专业本科生同步同班修读，并采取相同的考核标准。如选择“汉语言文学方向”的学生将在大一、大二阶段与中文系本科生共同完成“现代汉语”“文学概论”“外国文学史”等课程的学习。意在使学生对该专业的了解不浅尝辄止，而能深入其中，真正具备该专业的学科素养与基本能力。

(4)在学分与课程安排中，新闻学院突出强调实习与实践的重要性。在本科生阶段学生需要完成两个教学实习（共6学分）：在大二下学期的暑期完成教学小实习（2学分），在大四上学期完成教学大实习（4学分）。实习单位的安排采取院系分配与个人选择相结合的方式，学生既可以选择院系指定的相关实习单位（如电视台、通讯社、广播电台等），也可根据自己意愿自行选择实习。

从总体上来讲，复旦大学的通识教育模式与新闻学院“2＋2”模式的改革代表着当代中国本科生教育，特别是媒体人培养模式改革的总体方向。对于如何使学生在拥有扎实专业素养与技能的前提下，享有更广阔的专业背景，在职业发展中打下更扎实的基础，复旦大学新闻学院交出了自己的答案，也为其他院校的传媒人才教育提供了借鉴。

三、对播音主持专业人才培养的启示

播音主持专业和新闻学专业可以称为“近亲”，新媒体时代以及今后的媒介融合时代对播音员主持人提出了更高的要求。复旦大学通识教育模式与新闻学院“2＋2”模式为播音主持专业教育提供了一个有价值的人才培养思路：一方面，播音主持专业通识课程的建设，有利于播音员主持人综合文化素质和宏观知识结构的形成；另一方面，“2＋2”新闻课程的学习模式，解决了长期以来，播音员主持人相关学科知识学习不足的问题，使播音员主持人在拥有广博的通识知识的基础上，又拥有一门坚实的学科知识，同时还具备专业的口语表达、口语传播能力。朝此方向发展，我们的高等院校播音主持专业就会培养出更多更好的应用型复合型高级传媒人才，成为新媒体环境下的新时代明星。

结　语

现代大学的基本功能是人才培养、科学研究、服务社会、文化传承与创新。培养高级专门人才的主要途径是高等学校教育。在高等院校首要的人才培养的教育教学活动中，课程居于教育事业的核心，是教育的"心脏"。基于媒介融合的传媒背景以及现代教育理念，本研究聚焦高等院校播音主持专业人才培养和课程体系的设计开发，对各类高校的播音主持相关专业以及传统媒体和新媒体进行观察反思，同时对业界的播音员主持人及管理者，对播音主持专业教师、学生进行深度访谈，另外结合笔者自身在媒体的播音主持经历以及现在所从事的播音主持教学工作进行反思。

播音与主持艺术专业的缘起、发展和繁荣与中国特有的历史文化语境、媒介文化观念和媒介机制体制等因素密不可分。在研究中，笔者发现本专业随着时代的发展变化，自身也处在不断完善和调整中。从1963年北京广播学院设立播音专业，到1994年《中国播音学》的问世标志着中国播音学的诞生；从20世纪60年代开始以北京广播学院为代表进行广播播音员的培养课程的创立，到80年代随着主持人节目和节目主持人的"引进"以及中国电视事业的大发展，90年代初以上海戏剧学院为代表开始了对电视节目主持人培养课程的探索。随后播音专业也拓展为播音与主持艺术专业。如今面对新媒体的发展，播音主持专业人才培养也应与时俱进，由培养广播电视节目播音员主持人向培养具有互联网传播特征的网络音视频节目主持人方向演进。

播音与主持艺术专业是在广播电视传统媒介的基础上发展起来的，有人认为面对新媒体的迅猛发展，传统媒体过时了，培养播音员主持人的课程体系也过时了。我们说播音主持是年轻的学科和专业，播音主持的多学科性以及播音主持职业的复杂性和综合性，决定了播音员主持人是新闻工作者、语言工作者、艺术工作者。工作岗位对播音员主持人提出了思想素养、语言素养、文化素养等方面的要求，无论是传统媒体还是新媒体，极强的语言功力都是播音员主持人必备的条件。“有稿播音锦上添花，无稿播音出口成章”在新媒体中更应该强化，“德才兼备、声形俱佳”“有声、上相、内涵深”仍然是专业的特色要求和美学追求。当然，面对新媒体的出现，播音员主持人也要注意提高自己的综合传媒素养。

中国高校播音员主持专业人才的培养具有自己的特色，我们应该充满文化自信。从课程与教学论的国家课程、地方课程、校本课程的概念和理论分析，笔者认为，相对于“世界课程”或“全球课程”来说，中国播音学属于中国的“国家课程”，播音与主持艺术专业在世界上独树一帜。播音主持在美国等国家虽然没有形成专业，但其不少大学都开设了公共演讲、口语传播课以及播音主持等课程，这其实与中国播音主持人才培养异曲同工、殊途同归。同时，对国内学者关于主持人应该有相关的文理科等学科背景的观点，笔者认为，本科攻读其他学科专业，后来又有机会主持所学专业相关节目的人，比如法学专业的人主持法律节目、经济学专业的人主持财经节目，是非常有优势的。然而对播音主持专业在校生来说，再去辅修其他专业的课程，一方面学生的时间精力是有限的，学习能力及效果难以达到要求，另一方面，这对学校的教学组织管理来说也不现实。我们认为，播音主持能力是一种职业能力，播音主持也是一门语音传播艺术。

中国播音学是新兴学科、交叉学科，播音主持理论不断吸收新鲜的实践经验，不断加强与相关学科的互补，汲取了新闻学、传播学、语言学、艺术学、心理学、美学等学科的前沿研究成果。播音主持工作也涉及新闻学、广播电视传播学、语言学、心理学、社会学等，播音员主持人从某种程度上来说应该是拥有综合知识的“杂家”。教育是培养人的社会活动，本研究从高等学校播音主持专业课程与教学的视角进行研究，认识到研究的意义和价值，同时也深深感受到这一研究课题的深度和难度。一方面教育学本身博大精深，另一方面新媒体形态日新月异，传统媒体和新媒体今后将融合到何种程度，将会出现何种形态，我们共同期待。任何创新都是在继承中的创新，播音与主持艺术专业的发展及播音员主持人的培养，在新媒体环境下，在媒介融合进程中，在理论和实践的结合中应该努力做到在传承中创新，在守望中前行。

参考文献

一、中文译著

1.麦克卢汉.理解媒介[M].何道宽,译.北京:商务印书馆,2001.
2.斯蒂芬森.美国播音主持实用教程:媒体演播指南(第3版)[M].林小榆,陈一鸣,译.北京:清华大学出版社,2014.
3.布鲁纳.教育过程[M].邵瑞珍,译.北京:文化教育出版社,1982.
4.申克.学习理论:教育的视角[M].韦小满,等,译.南京:江苏教育出版社,2003.
5.杰克森.什么是教育[M].吴春雷,等,译.北京:中国人民大学出版社,2014.
6.帕克.当代课程规划[M].孔德芳,译.北京:中国人民大学出版社,2014.
7.豪斯曼,等.美国播音技艺教程[M].王毅敏,刘日宇,译.上海:复旦大学出版社,2014.
8.泰勒.课程与教学的基本原理[M].施良方,译.北京:人民教育出版社,1994.
9.卢卡斯.演讲的艺术[M].顾秋蓓,译.北京:外语教学与研究出版社,2014.
10.舍恩.反映的实践者[M].夏林清,译.北京:教育科学出版社,2007.
11.舍恩.培养反映的实践者[M].郝彩虹,等译.北京:教育科学出版社,2008.
12.派纳,等.理解课程(上)[M].张华,等译.北京:教育科学出版社,2013.
13.派纳,等.理解课程(下)[M].张华,等译.北京:教育科学出版社,2013.
14.施拉姆,波特.传播学概论[M].何道宽,译.北京:新华出版社,1984.
15.杜威.民主主义与教育[M].王承绪,译.北京:人民教育出版社,2008.
16.杜威.我们怎样思维·经验与教育[M].姜文闵,译.北京:人民教育出版社,2013.
17.杜威.艺术即经验[M].高建平,译.北京:商务印书馆,2013.
18.布鲁贝克.高等教育哲学[M].王承绪,等译.杭州:浙江教育出版社,2014.
19.佐藤学.课程与教师[M].钟启泉,译.北京:教育科学出版社,2003.
20.佐藤正夫.教学原理[M].钟启泉,译.北京:教育科学出版社,2001.
21.斯宾塞.斯宾塞教育论著选[M].胡毅,王承绪,译.北京:人民教育出版社,2005.
22.洛克.教育漫话[M].杨汉麟,译.北京:人民教育出版社,2006.

二、中文专著

1.毕一鸣.播音与主持艺术概论[M].南京：南京师范大学出版社，2005.

2.别敦荣，王根顺.高等学校教学论[M].北京：高等教育出版社，2008.

3.蔡宝来.现代教学论的反思与建构[M].兰州：甘肃人民出版社，2001.

4.蔡宝来.现代教育学——理论和实践[M].上海：上海教育出版社，2011.

5.蔡帼芬.明星主持与名牌节目[M].北京：北京广播学院出版社，2004.

6.曹莉萍.教师应用语文训练教程[M].长春：吉林人民出版社，2003.

7.柴璠.播音语言表达技巧[M].北京：中国广播电视出版社，2002.

8.陈建华.基础教育哲学[M].北京：北京大学出版社，2009.

9.陈念祖.节庆晚会编导手册[M].上海：上海音乐出版社，2012.

10.陈犀禾.当代美国电视[M].上海：复旦大学出版社，，1998.

11.陈侠.课程论[M].北京：人民教育出版社，1998.

12.陈旭远.课程与教学论[M].北京：高等教育出版社，2012.

13.陈永明.教师教育学[M].北京：北京大学出版社，2011.

14.程春云.艺术教育概论[M].昆明：云南大学出版社，2009.

15.丛立新.课程论问题[M].北京：教育科学出版社，2000.

16.单丁.课程流派研究[M].济南：山东教育出版社，1998.

17.丁念金.课程论[M].福州：福建教育出版社，2007.

18.方伟，周翰雯，等.演员艺术语言基本技巧[M].北京：文化艺术出版社，2000.

19.房林玉.学校课程规划研究[M].北京：中央编译出版社，2011.

20.付程.播音创作观念论[M].北京：北京广播学院出版社，2000.

21.付程.实用播音教程(语言表达)[M].北京：中国传媒大学出版社，2002.

22.高孝传.课程目标研究[M].北京：教育科学出版社，2001.

23.巩晓亮.电视节目主持人品牌研究[M].上海：复旦大学出版社，2014.

24.郭庆光.传播学教程[M].北京：中国人民大学出版社，2011.

25.郭晓明.课程结构论[M].长沙：湖南师范大学出版社，2002.

26.郭元祥.综合实践活动课程：设计与实施[M].北京：首都师范大学出版社，2001.

27.郝雨，白净.媒体大变局与传媒教育改革[M].上海：上海大学出版社，2016.

28.赫冀成，张喜梅.课程体系与人才培养比较[M].沈阳：东北大学出版社，1994.

29.胡弼成.大学课程体系现代化[M].长沙：湖南大学出版社，2007.

30.胡弼成.高等教育学[M].长沙：湖南师范大学出版社，2015.

31.胡先锋.中国当代朗诵史[M].北京：中国传媒大学出版社，2013.

32.黄伯荣,廖序东.现代汉语[M].北京:高等教育出版社,2002.
33.黄甫全,王本陆.现代教学论学程[M].北京:教育科学出版社,1998.
34.黄济,王策三.现代教育论[M].北京:人民教育出版社,2012.
35.黄幼民.主持人形象塑造[M].武汉:华中科技大学出版社,2006.
36.教育部人事司.高等教育学[M].北京:高等教育出版社,1999.
37.金重建.播音主持艺术导论[M].北京:中国传媒大学出版社,2016.
38.靳玉乐.潜在课程论[M].南昌:江西教育出版社,1996.
39.靳玉乐.现代课程论[M].重庆:西南师范大学出版社,1995.
40.靳玉乐.新课程改革的理念与创新[M].北京:人民教育出版社,2003.
41.李秉德,李定仁.教学论[M].北京:人民教育出版社,1991.
42.李臣之.校本课程开发[M].北京:北京师范大学出版社,2015.
43.李方.课程与教学基本原理[M].广州:广东高等教育出版社,2002.
44.李凌,黄林非.高职院校主持与播音专业人才培养模式研究与实践[M].长沙:湖南科学技术出版社,2013.
45.李雁冰.课程评价论[M].上海:上海教育出版社,2002.
46.李元授.知名主持人妙语评点(上下册)[M].华中科技大学出版社,2005.
47.李佐丰.广播电视语言[M].北京:北京广播学院出版社,1998.
48.廖哲勋,田慧生.课程新论[M].北京:教育科学出版社,2003.
49.刘伯奎.教师口语——表达与训练[M].上海:华东师范大学出版社,1994.
50.刘明华,徐泓,张征.新闻写作教程[M].北京:中国人民大学出版社,2002.
51.刘秀梅.媒介主持论[M].北京:中国传媒大学出版社,2016.
52.鲁景超.电视口语传播理论与实践[M].北京:中国传媒大学出版社,2012.
53.鲁景超.广播电视即兴口语表达[M].北京广播学院出版社,2000.
54.陆锡初.节目主持人概论[M].北京:中国广播电视出版社,2006.
55.栾轶玫.融媒体传播[M].北京:中国金融出版社,2014.
56.罗莉.当代电视播音主持教程[M].北京:中国传媒大学出版社,2011.
57.罗莉.文艺作品演播技巧[M].北京:中国广播电视出版社,2003.
58.牛印文.广播电视语言应用[M].成都:四川辞书出版社,1990.
59.潘懋元,王伟廉.高等教育学[M].福州:福建教育出版社,2013.
60.潘懋元.新编高等教育学[M].北京:北京师范大学出版社,1996.
61.彭少健.中国卓越传媒人才培养的探索与实践[M].北京:中国传媒大学出版社,2015.
62.启中平.现代教育学(新编本)[M].北京:高等教育出版社,2000.

63.沈鹏飞，沈健.播音文体基础教程[M].北京：中国传媒大学出版社，2008.

64.施良方，崔允漷.教学理论[M].上海：华东师范大学出版社，2010.

65.施良方.课程理论——课程的基础、原理与问题[M].北京：教育科学出版社，1996.

66.施良方.学习论[M].北京：人民教育出版社，2012.

67.施旗.广播电视语言[M].北京：中国广播电视出版社，1988.

68.时间，乔艳琳.实话实说的实话[M].上海：上海文化出版社，1999.

69.宋怀强.脱口秀——主持人语言技巧训练[M].北京：上海音乐出版社，2006.

70.宋欣桥.普通话水平测试员实用手册[M].北京：商务印书馆，2000.

71.王本陆.课程与教学论[M].北京：高等教育出版社，2004.

72.王处辉，庞守兴.高等教育社会学[M].北京：高等教育出版社，2009.

73.王群，曹可凡.广播电视主持艺术[M].上海：上海外语教育出版社，2006.

74.王伟廉.高等学校课程研究导论[M].广州：广东高等教育出版社，2008.

75.王伟廉.课程研究领域的探索[M].成都：四川教育出版社，1988.

76.王宇红.朗读技巧[M].北京：中国广播电视出版社，2005.

77.魏薇.播音主持论[M].成都：四川大学出版社，2003.

78.吴弘毅.播音主持艺术语音发声[M].北京：中国广播电视出版社，2001.

79.吴弘毅.广播电视语言文字规范化研究[M].北京：中国广播电视出版社，2007.

80.吴弘毅.实用播音教程(普通话语音与播音发声)[M].北京：中国传媒大学出版社，2002.

81.吴洪林.主持艺术[M].上海：上海三联书店，2007.

82.吴洁茹，王璐.播音员主持人语音发声教程[M].北京：中国传媒大学出版社，2006.

83.吴康宁.教育社会学[M].北京：人民教育出版社，2013.

84.吴庆棠.传媒角色论[M].上海：上海社会科学院出版社，1999.

85.吴为章.新编普通语言学教程[M].北京：北京广播学院出版社，1999.

86.吴郁，曾志华.播音主持专业人才培养研究[M].北京：中国传媒大学出版社.2009.

87.吴郁.当代广播电视播音主持[M].上海：复旦大学出版社.2005.

88.吴郁.广播电视新闻语言与形体传播教程[M].北京：中国人民大学出版社，2003.

89.吴郁.中国电视节目主持人综合素质研究[M].北京：中国广播电视出版社，2007.

90.吴郁.主持人的语言艺术[M].北京：北京广播学院出版社，1999.

91.吴郁.主持人思维与语言能力训练路径[M].北京：中国广播电视出版社，2006.

92.吴郁.主持人语言表达技巧[M].北京：中国广播电视出版社，2002.

93.谢利民.教学设计[M].北京：中央广播电视大学出版社，2004.

94.严三九,李亚虹.播音创作理论基础[M].北京:中国广播电视出版社,2004.

95.杨德广.高等教育学概论[M].上海:华东师范大学出版社,2010.

96.杨树勋.现代高等教育学[M].北京:化学工业出版社,1999.

97.姚喜双.播音导论教程[M].北京:中国广播电视出版社,2001.

98.姚喜双.播音主持概论[M].北京:高等教育出版社,2012 年.

99.姚喜双.新媒体时代广播电视语言研究[M].北京:语文出版社,2012.

100.应天常.节目主持人通论[M].武汉:武汉大学出版社,2007.

101.应天常.节目主持艺术论[M].北京:北京广播学院出版社,1999.

102.於春.中国电视节目主持三十年研究[M].北京:中国传媒大学出版社,2013.

103.俞虹.节目主持人通论[M].北京:中国广播电视出版社,2004.

104.曾志华.中国电视节目主持人文化影响力研究[M].北京:北京大学出版社,2009.

105.战迪,刘琦.播音与主持艺术批评[M].北京:中国广播影视出版社,2015.

106.张楚廷.高等教育学导论[M].北京:人民教育出版社,2010.

107.张楚廷.课程与教学哲学[M].北京:人民教育出版社,2004.

108.张华.课程与教学论[M].上海:上海教育出版社,2000.

109.张颂.播音创作基础[M].北京:中国传媒大学出版社,2004.

110.张颂.播音语言通论[M].北京:北京广播学院出版社,2002.

111.张颂.播音主持艺术论[M].北京:中国传媒大学出版社,2009 年.

112.张颂.广播电视语言艺术[M].北京:北京广播学院出版社,2001.

113.张颂.朗读学[M].长沙:湖南教育出版社,1990.

114.张颂.语言传播文论[M].北京:北京广播学院出版社,1999.

115.张颂.中国播音学[M].北京:北京广播学院出版社,2003.

116.赵兵,王群.朗诵艺术创造[M].上海:上海人民出版社,2008.

117.赵忠祥,白谦诚.主持人技艺训练教程[M].武汉:武汉大学出版社,2003.

118.钟启泉.课程与教学概论[M].上海:华东师范大学出版社,2004.

119.周金浪.教育学[M].上海:上海教育出版社,2006.

120.主持人节目研究委员会.主持人 1—10 辑[M].北京:中国广播电视出版社,1991—2003.

三、中文期刊

1.白月桥.课程标准实验稿课程目标订定的探讨[J].课程·教材·教法,2004(9).

2.蔡宝来,车伟艳.课堂有效教学:内涵、特征及构成要素[J].教育科学研究,2013(1).

3.蔡宝来，晋银峰.课程改革中教育理论创新问题[J].课程.教材.教法，2007(10).
4.蔡宝来，李清臣.教学回归生活的目的：为了学生的发展[J].教育科学研究，2009(2).
5.蔡宝来，王立国.回归生活的教学论：重心位移与主题预设[J].教育研究，2005(12).
6.蔡宝来，张诗雅.慕课与翻转课堂：概念、基本特征及设计策略[J].教育研究，2015(11).
7.蔡宝来.出路与展望：现代教学论的未来发展[J].西北师范大学学报，2002(3).
8.蔡宝来.传统教学论的产生及发展历程[J].教育研究，2000(6).
9.蔡宝来.教学改革基本理论研究：问题域、进展及走向[J].教育研究，2008(12).
10.蔡宝来.课堂教学文化：理论诉求及实践重构[J].教育研究，2008(4).
11.蔡宝来.生活世界观主导下的教学论反思[J].教育理论与实践，2006(1).
12.蔡宝来.我国教学论研究范式转型的时代境遇与逻辑路向[J].教育研究，2010(8).
13.蔡宝来.现代教学论学科发展：研究规范与生长点[J].教育理论与实践，2002(3).
14.蔡晨.关于播音主持艺术魅力的实践探索[J].今传媒，2013(7).
15.蔡贺，张睿.新媒体对播音主持艺术专业发展的影响分析[J].电化教育研究，2016(5).
16.蔡雯.媒介融合前景下的新闻传播变革与新闻教育改革[J].今传媒，2009(1).
17.蔡雯.媒介融合前景下的新闻传播变革与新闻教育改革[J].今传媒，2009(1).
18.蔡雯.美国新闻教育改革的经典个案(上)[J].国际新闻界，2005(5).
19.蔡雯.美国新闻教育改革的经典个案(下)[J].国际新闻界，2005(6).
20.蔡雯.培养具有媒介融合技能的新闻人才[J].今传媒，2005(5).
21.蔡雯.融合：新闻传播正在发生重大变革[J].新闻战线，2009(06).
22.陈蕾，卢静.高能素质是播音主持人才培养的内驱力[J].现代传播，2011(2).
23.程淑华，等.课堂教学如何实现三维目标[J].人民教育，2002(7).
24.崔允漷.有效教学：理念与策略(上)[J].人民教育，2001(6).
25.崔允漷.有效教学：理念与策略(下)[J].人民教育，2001(7).
26.崔允漷.国家课程标准与框架解读[J].全球教育展望，2001(8).
27.崔允漷.教学目标——不该被遗忘的教学起点[J].人民教育，2004(2).
28.崔允漷.课程实施的新取向：基于课程标准的教学[J].教育研究，2009(1).
29.邓江玉.高等教育质量教育思想的提出及其论证[J].中国高教研究，2000(6).
30.范蔚.实施综合实践活动对课程资源的开发利用[J].教育科学研究，2002(3).
31.范晓玲.高师生评定教师课堂教学评价指标的调查[J].高等师范教育研究，1990(1).
32.付程.广播电视语言传播的专业教育与人才培养.[J]中国广播电视学刊.2001(3).
33.高钢.媒体融合：追求信息传播理想境界的过程[J].国际新闻界，2007(03).
34.辜建德.高等教育的创新意识与人才素质的多元化[J].中国高等教育，1999(2).

35.郭元祥.课程观的转向[J].课程.教材.教法,2001(6).

36.韩和鸣.课程目标问题探讨[J].教育理论与实践,2006(1).

37.韩敏.播音与主持艺术专业课程体系研究—以综合性大学为例[J]..现代传播.2008(3).

38.韩敏.西部高校播音与主持艺术专业培养模式研究[J].西南民族大学学报.2010(3).

39.胡灵敏.关于教师教育问题的研究[J].黑龙江高教研究,2002(3).

40.胡正荣.新闻传播学教育的特色化生存[J].中国社会科学报,2009(12).

41.黄建友.媒介融合趋势下新闻教育改革探讨[J].当代传播,2008(06).

42.贾宁.追求播音主持语言创作"说话"的实质——论"播音腔"的含义[J].今传媒,2013(8).

43.姜乃力.新闻传播学教育的特色化生存[J].中国社会科学报,2009(12).

44.蒋宏,徐剑.新媒体导论出版[J].新闻记者,2007(1).

45.金重建.论电视播音主持副语言创作的功能与规律[J].现代传播,2014(9).

46.靳玉乐.课程实施:现状、问题与展望[J].山东教育科研,2001(11).

47.靳玉乐.国外基础教育课程目标的特点及其启示[J].外国教育研究,2000(8).

48.景东,苏宝华.新媒体定义新论[J].新闻界,2008,(3).

49.匡文波."新媒体"概念辨析[J].国际新闻界,2008(6).

50.李长吉.我们需要什么样的过程与方法[J].新课程研究,2005(6).

51.李洪岩.多维传播语境中播音主持的功能与拓展[J].现代传播,2013(8).

52.刘旦.新媒体时代:融合与重构[J].青年记者 2010(16).

53.刘建平.大学通识教育的困境、反思与对策[J].江西财经大学学报,2008(2).

54.刘启迪.课程目标:构成、研制与实现[J].课程·教材.教法,2004(8).

55.吕宪军,王延玲.发展性课程评价的基本特点[J].现代中小学教育,2004(3).

56.马万华.关于大学教学问题的理论探讨[J].现代大学教育,2002(1).

57.潘懋元.高等学校的社会职能[J].高等工程教育研究,1986(3).

58.潘涌.论课程理念创新与课堂教学的价值取向[J].北京教育,2003(1).

59.彭波,胡弼成.论"一主多元"的大学课程生成机制[J].现代大学教育,2004(2).

60.沙玉英,燕柳,张玉峰.对布鲁姆教学目标论的反思[J].洛阳大学学报,1999(2).

61.史学正,徐来群.施瓦布的课程理论述评[J].外国教育研究,2005(l).

62.孙立仁.关于教师课堂教学行为聚类分析的实验研究[J].北京教育学院学报,1994(3).

63.孙艳.教师应努力构建"和谐一有效"的教学行为[J].内蒙古师范大学学报,2004(4).

64.陶贤都.分化与融合:互联网环境下科技传播的变革与创新策略[J],科技传播,2014(20).

65.童兵.中国新闻教育创新的压力和动力[J].中国记者,2010(9).

66.汪霞.课程实施:一个值得关注的问题[J].教育科学研究,2003(3).
67.汪霞.课程开发的过程模式及其评价[J].外国教育研究,2003(4)
68.王海荣,李萍.论研究型体育课程体系的构建[J].宁波大学学报(教育科学版),2009(1).
69.王宏民.试论高校文艺类素质教育课程体系的构建[J].牡丹江教育学院学报,2005(1).
70.王敏勤.如何理解和落实三维的课程目标[J].天津教育,2006(1).
71.王牧华,靳玉乐.课程目标研究的生态主义解读[J].河北师范大学学报,2003(5).
72.王萍.论课程内容的预期性生成:原点、原则[J].现代中小学教育,2006(9).
73.王伟廉.课程理论—高等学校教学改革中不应忽视的重要领域[J].高教探索,1999(1).
74.吴海荣.凤凰卫视媒介融合策略探析[J].西南民族大学学报.2006(9).
75.谢利民.学校发展规划的制定、实施与评价[J].教育研究,2008(2).
76.新媒体蓝皮书:中国新媒体发展报告(2011)[J].新闻知识,2011(7).
77.徐丹,胡弼成.国内外大学办学指导思想研究[J].清华大学教育研究,2002(3).
78.徐树华.论美国广播电视播音教育和研究的流变[J].现代传播,2011(10).
79.言靖.媒介融合时代的人才培养[J].新闻大学,2009(9).
80.杨德广.加强人文教育,提高人文素质[J].教育研究,1999(2).
81.杨小锋.张颂:一个播音学者的文化自觉[J].中国电视,2013(3).
82.易森林,袁桂林.试论课程评价多元化趋势[J].外国教育研究,2001(1).
83.尹弘鹰,李子建.再论课程实施取向[J].高等教育研究,2005(1).
84.张春.对我国成人教育课程体系设置的思考[J].继续教育研究,2009(1).
85.张等菊,息中平.对层次教育目的思考[J].教育科学,2001(4).
86.张洪高."知识与技能、过程与方法、情感态度与价值观"的整合[J].教育评论,2005(3).
87.张华.论课程目标的确定[J].外国教育资料,2000(1).
88.张华.论课程实施的涵义与基本取向[J].全球教育展望,1999(2).
89.张华龙.课程目标的一体化与体悟教学[J].课程·教材·教法,2004(3).
90.张俐蓉.技术与教育整合的案例研究:课堂教学录像[J].电化教育研究,2004(5).
91.张楠.新闻传播教育改革的现实困难[J].扬州大学学报(高教研究版),2001(02).
92.张清芳,夏丹.实施创新教育的途径和方法[J].佳木斯教育学院学报,2002(4).
93.张威,唐俊红.课程目标涵义之层面观[J].中国成人教育,2007(9).
94.张增田,靳玉乐.论解释学视域中的课程实施[J].比较教育研究,2004(6).
95.张政法.新生态下播音主持教育的适应与调整[J].现代传播,2016(12).
96.钟启泉.追寻课程与教学的本真意义[J].教育科学论坛,2008(2).

97.钟志贤.知识时代，我们需要怎样的能力[J].远程教育杂志，2005(2).

98.朱莉，许盈.构建大学生创新教育理论与实践课程教学体系研究[J].高教论坛，2010(10).

99.朱晓彧.与时俱进—面向未来的播音与主持专业教学改革[J].新闻知识.2008(10).

100.祝捷.播音主持语言评价问题研究[J].语言文字应用，2012(5).

四、外文文献

1.WILSON. Constructivist Learning Environment: Case Studies in Instructional Design [M].Englewood Cliffs, NJ: Educational Technology Publications, 1996.

2. BANATHY. Comprehensive Systems Design in Education—Who Should Be the Designers [J].Educational Technology, 1991, 31 (9).

3.BARAB.Our Designs and the Social Agendas They Carry [J].The Journal of the Learning Sciences, 2007, 16(2).

4.BARREN.Experiential Learning in Practice as Research: Context, Method, Knowledge [J].Journal of Visual Art Practice, 2007, 6(2).

5. BOUD, KEOGH, WALKER. Reflection: Turning Experience Into Learning [M]. London: Kogan Page, 1985.

6.BRENNAN.Imagining, Creating, Playing, Sharing, and Reflecting: How Online Community Supports Young People as Designers of Interactive Media [J]. Emerging technologies for the classroom, 2013: 253-268.

7.BUDGE.A Chaotic Intervention: Creativity and Peer Learning in Design Education [J]. International Journal of Art & Design Education, 2013(2).

8. CARVER. Theory for Practice: A Framework for Thinking About Experiential Education [J].Journal of Experiential Education, 1996, 19(1).

9.CHARLES.Design Research Building the Knowledge Base [J].Design Studies, 1998, 19 (1).

10.GRIGG.Graduate Education [M].New York: The Center for Applied Research in Education, Inc., 1965.

11.RUDD.The Highest Education, A study of Graduate Education in Britain [M].London and Boston: Routledge & Kegan Paul, 1975.

12. EWBANK. Studies in the Techniques of Radio Speech. [J] Q. J. S., 18 (4). international, 2008.

13.SCHWAB.The Practical Translation Into Curriculum [J].In School Rcvicwl973.81(4).

14.STARK.Shaping the College Curriculum [M].Boston:Allyn and Bacon.1997.

15.STARK.Testing a Model of Program Curriculum Leadership [J].Research in Higher Education,Vol.43,2002(1).

16.JOHNSON.Definitions and Models in Curriculum Theory.[M] Educational Theory 17,No.2.1967.

17.WOOD.Communication in Our Lives [M].Wadsworth Publishing CoInc;5th.

18.ARROW,COTTLE,et al.Education in a Research University [M].California:Stanford University Press,1996.

19. Lewy. The International Encyclopedia of Curriculum. [M]. Oxford: Pergamon Press,1991.

20.NCRAD,JUNE,MILLER.Graduate Education in the United States [M].New York:Garland Publishing,1997.

21.NODDINGS.The challenge to Care in Schools:An Alternative Approach to Education.[J] New York:Teachers college Press,1992.

22.OLIVA.Developing the Curriculum (3 rd Ed.) [M].Boston & Toronto:Little,Brown and Company,1992.

23.GUMPORT,SNYDMAN.The Formal Organization of Knowledge [J].The Journal of Higher Education,Vol.73,2002(3).

24.GEIST, et al. Communicating Health: Personal, Cultural, and Political Complexities [M].Wadsworth Publishing,2002.

25.HOFSTADTER,SMITH.American Higher Education [M].London:The University of Chicago Press,1967.

26.BURGESS.Postgraduate Education and Training in the Social Sciences,Processes and Products [M].London and Bristol,Pennsylvania:Jessica Kingsley Publishers,1994.

27.ROBERTS.A Philosophical Examination of Experiential Learning Theory for Agricultural Educators [J].Journal of Agricultural Education,2006,47(1).

28.BAMETT,Super Complexity and the Curriculum [J].Studies in Higher Education,Vol.25,2000(3).

29.STEINAKER,BELL.The Experiential Taxonomy:A new Approach to Teaching and Learning [M].New York:Academic Press,1979.

30.JOHN.Theories of Human Communication [M].Engage 2007.

31. TOMLINSON, TIGHE. Integrating Differentiated Instruction and Understanding by Design [M]. Alexandria, VA: ASCD, 2006.

32. TOWNSEND. Factors of Influence in Radio Speech[J]. Q.J.S., 1994, 30(2).

33. TYSON. The Radio Influences Speech[J]. Q.J.S., 1933, 19(2).

34. WILLIS. Research in Radio and Television by Graduate Students in Speech. Q.J.S., 1955, 41(3).

35. WILSON. Metaphors for Instruction: Why we Talk About Learning Environments [J]. Educational Technology, 1995(9-10).

后 记

中国播音教育重要创始人之一、中国播音学学科体系创立者张颂先生曾指出：在播音主持专业教育中，教师应遵循“实践、教学、科研”这“三位一体”的科学路径；在理论研究和实践探索中，要“乐于在场，勇于出席，善于发言”。张颂先生为中国播音学的建立和完善呕心沥血、殚精竭虑，他的治学精神及学术观点，激励着我们，引领着我们。

历史学本科阶段培植了辩证思维，文学硕士阶段浸润了人文情怀，教育学博士阶段拓宽了认知视野。广播电视播音主持岗位养成了新闻职业精神，高校播音主持讲台深化了对播音学的理解。伴随着笔者不断求学和职业生涯的变化，逐步积累并生发出对本课题的研究兴趣和热情。

曾冥想着、感悟着王国维先生在《人间词话》中描述的治学的三重境界：“昨夜西风凋碧树，独上高楼，望尽天涯路”；“衣带渐宽终不悔，为伊消得人憔悴”；“众里寻他千百度，蓦然回首，那人却在灯火阑珊处”。在课题研究中，置身于书堆里，坐在电脑前，时而乱箭穿心，时而茅塞顿开；时而乌云密布，时而雨过天晴；时而翻江倒海，时而风平浪静；时而山穷水尽，时而柳暗花明。所有这些经历和感受繁杂交织着、回环往复着。面对新媒体时代尤其是AI智能主播的出现，播音主持面临着极大的挑战。学生问：播音员主持人还有未来吗？播音主持专业教育还有价值吗？老师答：面对“未来已来”的今天，播音主持“让我欢喜让我忧”；让我们“再回首”播音主持的昨天，希望我们“把根留住”；展望播音主持的明天，让我们共唱“同一首歌”，期待“明天会更好”。

拙作是笔者对播音主持专业教育的所思、所想、所感、所悟。其中学习和借鉴了诸多专家、学者、同人的研究成果，均已在书中作了标注，因为文献资料繁杂，也许标注会有疏漏，敬请批评指正。由于时间仓促、水平有限，一些谬误和纰漏在所难免，恳请学界专家、业界同人和广大读者不吝赐教，以便不断修正完善。在痛并快乐着的过程中，得到诸位专家学者、亲朋好友、领导同事、历届学生、出版编辑们的大力支持和无私帮助。在此一并深深致谢！

理查德·卡尔森在《你永远有做不完的事》一文中发出感慨："我们通常会说服自己，忙得不可开交只是暂时的，一旦做完该做的事，我们就能平静、放松下来，并且心情愉快。事实上这样的境界永远不会到来，因为旧的事情刚做完，新的事情便会接踵而至……"

一切都将过去，一切都将到来。一段时光即将结束，一段时光即将开启。

高祥荣

2019 年 4 月 29 日

于上海师范大学学思湖畔